教育要素研究丛书　　　　主编：孙杰远

校本教研主体互动论

谭天美 / 著

中国社会科学出版社

图书在版编目(CIP)数据

校本教研主体互动论/谭天美著. —北京：中国社会科学出版社，2021.6
(教育要素研究丛书)
ISBN 978-7-5203-9011-8

Ⅰ.①校… Ⅱ.①谭… Ⅲ.①中小学—教学研究 Ⅳ.①G632.0

中国版本图书馆 CIP 数据核字(2021)第 176129 号

出 版 人	赵剑英
责任编辑	赵 丽
责任校对	刘 娟
责任印制	王 超

出　　版	中国社会科学出版社
社　　址	北京鼓楼西大街甲 158 号
邮　　编	100720
网　　址	http://www.csspw.cn
发 行 部	010-84083685
门 市 部	010-84029450
经　　销	新华书店及其他书店
印　　刷	北京明恒达印务有限公司
装　　订	廊坊市广阳区广增装订厂
版　　次	2021 年 6 月第 1 版
印　　次	2021 年 6 月第 1 次印刷
开　　本	710×1000　1/16
印　　张	20
字　　数	296 千字
定　　价	108.00 元

凡购买中国社会科学出版社图书，如有质量问题请与本社营销中心联系调换
电话：010-84083683
版权所有　侵权必究

《教育要素研究丛书》总序

教育要素即构成教育活动的成分，既是教育研究的逻辑起点，也是决定教育发展的内在条件。

教育研究领域的学者们对教育基本构成要素进行了归纳，比较有代表性的有三要素、四要素、五要素和六要素说。综而观之，无论是三要素说还是六要素说，虽然在要素对象范畴上有所不同，但其核心要素基本相同，即涵盖了教育者、受教育者、教育内容、教育手段、教育环境等教育活动的主体、内容和媒介。学校教育是当前教育活动的主要形式，从教育要素的视角来看，学校教育的本质是各教育要素之间相互作用的过程。依此逻辑，教育领域的学者所要进行的基础性研究是教育要素自身或教育要素之间存在的关系。然而，随着科学知识的爆炸式增长，教育学科自身不断分化，与其他学科不断交叉融合，使教育研究的领域迅速向外扩展。这种现状，一方面扩大了教育研究的视野，避免了传统研究范式中"就教育而论教育"之不足；另一方面，致使教育研究无论从内容还是形式上，既显示了指向"宏观"的偏好，也存在喜欢"越界"的现象，呈现出忽视"本真"，"舍本逐末"的趋向。

教育研究既要克服"自说自话"的"闭门造车"模式，走向开放和包容，同时，也要克服"抛却本真"的"盲目借鉴"模式，立足根本而深入挖掘。基于此，研究团队从管理学、心理学、社会学、经济学等多学科视角对教师、学生、课程、教学等教育基本要素进行了深入研究，形成了这套《教育要素研究丛书》。其中，《高校外籍教师工作压力分析及其管理对策研究》、《中小学教师研究成果传播研究》和《校本教研主体互动研究》分别以教师职业压力管理、教师研究成果转化和教师校本教研为主题对教育活动中的关键要素——教育者进行立体化研究;《学习自由的技术批判与重构》和《论"学习问题"导向教学》则是基于实践哲学和学习认知理论对学校教育中最重要的环节——"教与学"所进行的理论思考和实践探究。《大学课程资本视野下我国高校课程管理的改革研究》则是从社会学视角对教育活动中的另一重要要素——"教育内容"进行的理论思辨,在大学课程资本理论视域下,针对课程管理中的课程开发、课程实施流通、课程评价等环节剖析我国高校课程管理改革。

  种种原因,本套丛书必然会存在缺点和疏漏,祈望方家指正。

孙杰远
2020 年 5 月于桂林

序

很高兴拿到天美博士的书稿并为之作序。从2014年9月成为我的博士生开始，她给我的印象是人淡如菊、温柔娴淑、沉稳踏实。西南大学三年读博顺利毕业，到广西师范大学工作，生孩子、拿课题、上讲台……似乎一点都没有耽误，但对一个女博士而言，个中的艰辛是可想而知的。之所以勇敢前行，是因为对事业的热爱与专注、对工作生活的智慧与兼顾、对个人的严格要求以及对人生的整体规划，这是我很认同的人生姿态，也很乐意分享她的点滴进步。

2018年1月20日颁布的《中共中央国务院关于全面深化新时代教师队伍建设改革的意见》明确指出，教师承担着传播知识、传播思想、传播真理的历史使命，肩负着塑造灵魂、塑造生命、塑造人的时代重任，是教育发展的第一资源，是国家富强、民族振兴、人民幸福的重要基石。到2035年，教师综合素质、专业化水平和创新能力大幅提升，要培养造就数以百万计的骨干教师、数以十万计的卓越教师、数以万计的教育家型教师。为此，《意见》中将"分类施策"作为基本原则之一，立足我国国情，借鉴国际经验，根据各级各类教师的不同特点和发展实际，考虑区域、城乡、校际差异，采取有针对性的政策举措，定向发力，重视专业发展，培养一批教师。《意见》给我国的教师教育及教师专业发展指明了方向、增添了动力。已有研究表明，教师专业发展受多种影响因素，其中来自教师自身内部的因素和促进教师专业发展的"内生机制"尤为关键。当前，如何提高教师教研的针对性和实效性，是迫切需要解决的问题。已有的、多样化的促进教师专业发展的途径方法，有必要不断改进完善以充分发挥其应用的功能。无论是线上线下的集中培训、校本研修，还是扎根学校的"师徒制""合作教研"等，都要注重为教师专业发展提供个性化的服务和指导。在国家高度重视教师队伍建设的今天，天美博士的专著《校本教研主体互动论》得以出版，真可谓是恰逢其时。

这本专著是作者在自己博士论文的基础上，结合自己正在做的国家社科青年课题，聚焦校本教研以及教研主体的有效互动作出的深入思考和积极探索。在这本书中，我们不难看到一个教育战线上的新兵，对教育科研的敬畏与严谨，大量深入现场的调研和一个个鲜活的案例，勾描出样本学校校本教研及主体互动的真实样态，而基于直观感知和现象描述基础上的归纳提炼以及进一步的学理论证，也反映出作者良好的专业基础和科研能力。这本书以作为校本教研主体的教师在校本教研中的互动行为为切入点，以主体互动促成教师教研自由和专业自觉，是一个比较独特的视角。这一研究视角紧扣当前学校倡导和践行合作教研的实际，也注意到教师个体成长的诸多影响因素，尤其是多元主体交互作用对教师个人成长的作用，能够帮助我们拓宽眼界和思路，充分认识到促进教师专业发展不能停留于泛泛而谈诸如"从外推转向内生"或"内因外因形成合力"之类的原则要求，而是可以抓住一个关键问题并深入具体的实践之中。比如校本教研这样一个最普遍最经常的实践之中，真实触摸校本教研的方方面面，透过表象具体探明影响校本教研主体互动的多种因素、揭示多元主体互动的过程、总结多元主体有效互动的作用机制和实际成效。这种源于实践又高于实践的研究，不仅能够给实践以有益启示，也能够为丰富相关研究作出积极努力。希望这本书有更多的读者，也希望有更多的专家、同行提出宝贵的意见和建议，给天美博士更多的鼓励和指导，更希望天美博士在自己选定的科研教学之路上，越走越远，越来越好！

范　蔚

2020年3月2日于重庆北碚

目 录

第一章 导论 …………………………………………………… (1)
    第一节 研究缘起 ………………………………………… (4)
    第二节 文献综述 ………………………………………… (12)
    第三节 研究目的与意义 ………………………………… (37)
    第四节 研究创新点 ……………………………………… (38)

第二章 校本教研主体互动的本体意蕴探源 …………………… (40)
    第一节 校本教研：教师"以校为本"的教学研究活动 ……… (41)
    第二节 主体互动：教师生发校本教研活动的社会条件 …… (54)
    第三节 校本教研主体互动：以教师为主体的相互作用
           过程 ……………………………………………… (67)

第三章 校本教研主体互动个案研究设计与过程 ……………… (84)
    第一节 研究问题的提出 ………………………………… (84)
    第二节 研究方法的选择 ………………………………… (86)
    第三节 研究思路的设计 ………………………………… (89)
    第四节 研究过程的展开 ………………………………… (90)
    第五节 研究效度、伦理及可能存在的局限 …………… (106)

第四章 校本教研主体互动的生活世界考察 …………………… (111)
    第一节 从"老学校"到"新学校"：X小学的教研传统、
           问题与发展 …………………………………… (112)
    第二节 从"封闭式"到"开放式"：X小学的教研组织和
           管理制度改革 ………………………………… (124)

第三节 从"有迷惘"到"生智慧"：X小学的校长教研
领导力提升之路 …………………………………（139）
第四节 从"少交往"到"常互动"：X小学校本教研中的
团队精神培育 ……………………………………（148）

第五章 校本教研主体互动的现实过程解析……………………（154）
第一节 校本教研主体以"教"为载体的互动过程 ………（155）
第二节 校本教研主体以"研"为载体的互动过程 ………（184）
第三节 校本教研主体以"训"为载体的互动过程 ………（200）

第六章 校本教研主体互动的影响因素分析……………………（222）
第一节 主体因素：教研主体作为校本教研主体互动的
基本单元 …………………………………………（226）
第二节 关系因素：互动关系作为校本教研主体互动的
结构系统 …………………………………………（240）
第三节 文化因素：教研文化作为校本教研主体互动的
共生环境 …………………………………………（246）

第七章 结论与建议 ………………………………………………（254）
第一节 研究结论：校本教研作为主体互动的过程 ………（254）
第二节 研究建议：走向自由的校本教研主体互动 ………（265）

参考文献 …………………………………………………………（280）

附　录 ……………………………………………………………（300）

后　记 ……………………………………………………………（308）

第 一 章

导　论

　　教师拥有研究的机会，如果他们能够抓住这个机会，他们将不仅能有力地和迅速地推进教学的技术，并且将使教师工作获得生命力和尊严。

　　　　　　　　　　　　　　　　　　　　——［美］白金汉姆

　　那日，春暖花开，山城暮霭依旧。当我正沉浸书海之时，悦耳的电话铃声响起。大学本科时期的室友M（目前在一所小学任教）来电，按下接听键，但话筒里边传来的声音并没有平时的欢悦。

　　M：我想跟你聊一聊，今天我非常郁闷，因为我花费了很多时间和精力准备的一节教研课，却没有得到任何人的"正视"，上完后也没有得到任何反馈。

　　笔者：教研课？什么类型的教研课，既然是教研课为何没有人重视呢？

　　M：这种教研课是我们学校教研活动的其中一个"同课异构"活动，每个年级每个学期都有规定的授课次数。一般都是教研组内成员共同选定授课内容，然后由不同的任课老师根据自己独特的理解和自己所教班级的实际情况，自行备课后再分别来讲授这一节的内容。刚开始的时候大家还算积极，至少都会来参加活动并轮流点评一下。现在可能因为每个老师都很忙吧，要么就请假不来参加，要么就是来听课但一言不发。说到这里我真的很气愤，因为我休完产假回来领导就告诉我，由我来担任我们语文组的教研组长。

笔者：你做了教研组长不是就可以好好计划和安排教研活动了吗？

M：是啊，刚开始我虽然觉得有点任务重，但我也很高兴，心里想既然领导重视我，叫我来担任组长，我就要努力将我们的教研活动做好，真正起到解决问题、改进教学的目的。可是做了一段时间我才发现这个目标要真正落实有多么艰难。主要是同事不配合，很多同事因为各种事由不来参加教研活动，由于没有制度保障，我也不能把他们怎么样；领导也不重视，我跟领导反映教研课大家都不发言，导致不能很好地达到教研课的目的，领导却轻描淡写地说："上完课有活动记录就行了……"

笔者：为什么大家对待教研的态度会是这样的呢？

M：对于老师们在教研活动中都不发言的问题，我也进行了反思。可能是我经验不足没有把教研活动筹划好，平时听课大家不发言我就带头来说，因为我任教年限也不长，所以我想抛砖引玉让我们教研组比较有经验的老教师多指导大家。可是，他们却不针对问题来评价任课老师的教学，只是泛泛而谈地表扬或者说一些无关痛痒的小问题。这样对改进教学工作没有任何效果，我们教研组的教研活动只停留在表面，大家的互动和评价没有实际意义。针对这些情况我私底下还去问了一些和我关系较好的老师，他们几乎都认为评课的时候问题说多了怕同事"记仇"，会在日后工作中为难自己。

今天早晨为了做足课前的准备工作，搞好这一次教研活动，我起了个大早提前一小时到了学校准备教具、试放课件等。结果有的老师因为有事不来参加了，来了的老师听完课后也不给任何反馈就匆匆走了……

同事的不理解、不配合，领导的忽视使我不知道自己一个人对教研活动的坚持还有什么意义？（2015年3月29日晚19：00，根据通话记录整理）

扎根教育教学一线的好友在教研中遇到的问题使我陷入沉思。究竟谁才是校本教研的主体？校本教研主体之间应是一种什么样的关系？近年来，提倡一线教师担起校本教研主体之角的声音甚多，但仅靠个别教师单打独斗进行教学研究能够使校本教研有效开展，并发挥提升基础教育质量和促进教师专业发展的作用吗？以学校为主阵地、以解决基础教育改革过程中学校和教师面临的共性问题为目标的校本教研，不仅需要学校一线教师之间的相互协作，也离不开在校本教研中起到重要作用的校外专家（高校理论工作者、教研员）、学校教研管理者、学生等相关人员的参与。校本教研倡导"自我反思、同伴互助、专家引领"的理念，这暗含着校本教研主体之间相互影响和相助作用的关系。正如雅斯贝尔斯所言"人与人的交往是双方（我与你）的对话和敞亮，这种我与你的关系是人类历史文化的核心"。[①] 在校本教研中，教研主体之间的关系亦如此，与具有共同际遇的主体展开交往与互动远远胜过独自一人在无人反映的空寂中思索。尤其是"思想工作者之间的团体交往气氛，为免不了愈来愈孤独的科学工作提供了极佳的准备条件"。[②]"每一项科学成就的重要部分均是个人的功劳，但是通过多人的合作才使得这一成就锦上添花。由此看来，合作也就是科学的交往，它能让每个人的动力、清晰性和吸引力都达到巅峰状态。"[③] 校本教研"是否能够有效地引发中小学教学实践的改进，取决于教师是否亲自'主动参与'教学研究，取决于教师是否在'自我反思'的基础上打开心灵的窗户，与他人保持某种'对话关系'（包括'同伴互助'和'专业引领'）"。[④] 然而，校本教研实践领域在功利主义思维的操控下，校本教研主体的主体意识缺失，主体间交流被隔绝，最终导致校本教研主体陷入"共存"生态下的"独身"境遇。

因此，我们亟须关注教师在校本教研中的主体性回归，关注校本教研主体之间如何实现有效的交往与互动？基于这一核心问题需要继续追问这样几个具体问题：在校本教研活动中，有哪些主体？校本教研主体之间进行互动的意义是什么？校本教研主体之间互动不足的根源在哪

[①] [德]卡尔·雅斯贝尔斯：《什么是教育》，邹进译，生活·读书·新知三联书店1991年版，第2页。

[②] [德]卡尔·雅斯贝尔斯：《什么是教育》，邹进译，生活·读书·新知三联书店1991年版，第171页。

[③] [德]卡尔·雅斯贝尔斯：《什么是教育》，邹进译，生活·读书·新知三联书店1991年版，第173—174页。

[④] 刘良华：《校本教学研究》，四川教育出版社2003年版，第3页。

里？影响校本教研主体之间互动行为的因素有哪些？只有对这些问题进行一一剖析，才能明晰校本教研主体之间如何通过互动合作以促进校本教研有效开展，进而起到促进教师专业成长、学生全面发展、学校特色建设等作用。

第一节　研究缘起

教学研究（简称教研）在中国中小学的开展已有将近70年历史，它在推动教育改革、提高教育质量方面起到了不可替代的作用。21世纪初，第八次基础教育课程改革树立了崭新的课程理念、提出了全新的课程实践要求。为进一步促进课程改革理念的落实，中国在传统教研制度的基础上，结合西方的"教师成为研究者"和"校本"理念，提出以校为本的教学研究（即校本教研）。在基础教育改革持续推进的过程中，校本教研成为基础教育改革和发展的重要手段和坚实支撑，在促进教师专业成长、学生全面发展、学校特色建设等方面被寄予厚望。此后，校本教研成为基础教育研究领域的一个热点话题，大量研究成果聚焦于此。本书以主体互动作为研究校本教研的切入点，源自于自身对教育实践工作的关注，直接的启发来自好友的一个"倾诉"电话。在肯定校本教研对基础教育改革和发展具有重要作用的前提下，深入思考校本教研主体如何有效地开展校本教研的问题。希冀通过探求教研主体之间互动的有效性规律和策略来提升校本教研的实际效果，推动中小学教师从教研自主走向教研自觉，最终走向校本教研的自由[①]之路。

一　时代发展之必然：校本教研是推动基础教育发展的有效途径

基础教育改革理念不断更新的形势和复杂多变的教育实践情境，尤

---

① 注：本书所指的自由是主体互动的基本旨趣，是校本教研活动的一种理想状态。在这里自由不跟限制、专制相对，而是表明达到"自主、自觉"之后的一个更高层次的状态，其旨趣在于强调校本教研主体在校本教研活动中的参与程度。

其是当前时代背景之下促进学校特色建设理念的落实和学生发展核心素养的全面推进，对深处实践领域的教师的专业能力要求日益提高。这就需要教师在实践中不断反思、钻研和探究，提高将理论知识和实践经验相互转化的能力。"基于学校、在学校中、为了学校"的校本教研在促进教师专业素质的成长、帮助教师将抽象的理论与具体的教育实践相结合、推动学校特色建设等方面具有重要作用。

首先，校本教研是促进教师专业发展的重要手段。在社会不断发展进步的同时教育事业也在不断改革完善，任何一项教育改革的顺利推进不仅依赖于各级政府的行政推动、专家学者的策划引领，更重要的是一线教师的执行和落实。日新月异的教育改革形式和复杂多变的教育情境，对教师的专业能力提出了更高的要求，教师不仅需要知道传授什么知识，还需要知道怎样针对不同的学生、不同的教育情境、不同的知识类型应该采取不同的策略来传授知识。加拿大著名教育家迈克尔·富兰就非常重视教育变革中教师的作用，他认为教育变革的成败取决于教师的所思所为，许多变革的失败并非它本身存在问题，而是因为变革根本未曾实施。[1] 日本著名教育家小原国芳曾说："教育的关键问题是教师问题。对于教育，兴之抑或亡之，在于教师。"[2] 显然，教师专业能力是基础教育改革理念付诸实践的关键。为实现教师专业化以更好地适应基础教育改革发展的要求，《国家中长期教育改革和发展规划纲要（2010—2020年）》提出："通过研修培训、学术交流、项目资助等方式，培养教育教学骨干、'双师型'教师、学术带头人和校长，造就一批教学名师和学科领军人才。"[3] 强调一线教师应通过研修培训及教学研究等活动不断提高自身专业水平。英国学者白金汉姆在他的《教师的研究》（Research for Teacher）中提道："教师拥有研究的机会，他们

---

[1] ［加］迈克尔·富兰:《教育变革新意义》，教育科学出版社2005年版，第87页。

[2] ［日］小原国芳:《小原国芳教育论著选（下卷）》，刘剑桥等译，人民教育出版社1993年版，第46页。

[3] 国家中长期教育改革和发展规划纲要工作小组办公室:《国家中长期教育改革和发展规划纲要（2010—2020年）》，2010年7月，(http://old.moe.gov.cn/publicfiles/business/htmlfiles/moe/info_list/201407/xxgk_171904.html?authkey=gwbux)。

如果能够抓住这个机会，不仅能有力地和迅速地推进教学的技术，还将使教师工作获得生命力和尊严。"① 范梅南曾提出"教育学根本上是一门实践的学问，他呼唤人们不要从抽象的理论论文或分析系统中去寻找，而应该在生活的世界去寻找"。② 的确，教育学是一门实践的学问，教育的真谛，教学的至理应该潜藏在教育教学的"生活世界"——学校之中，因为，学校是教育发生的地方，是教育改革的出发点也是落脚点。现象学强调"知识在它之外还有一个生活世界作为它的背景，这个生活世界是它最初的前提"。③ 学校作为教师实践性知识的生活世界，对于教学实践问题最具有解释权和发言权。并且每一所学校、每一个教师都面临着一系列不同的问题、不同的困惑、不同的矛盾，而要真正解决问题、化解困惑、消除矛盾，仅靠理论研究者们所提供的理论知识难以达到最佳效果，需要借助于学校自身、教师自我针对性的研究才能找到解决具体实践问题的途径和方法。因此，以学校教师为核心主体，从学校实际出发的校本教研，不仅是使教师专业能力得以适应新的时代背景下基础教育改革理念和要求的有效途径，也是推动基础教育改革理念贯彻落实的重要手段。

其次，校本教研是促进学生发展核心素养的有力抓手。中国教育部2014年印发的《关于全面深化课程改革 落实立德树人根本任务的意见》（以下简称《意见》）中提道："教育部将组织研究提出各学段学生发展核心素养体系"④，这是中国首次提出"核心素养"这一概念。同时，中国正在进行的普通高中课程标准修订也将核心素养作为重要育人目标之一。可见，核心素养已经被置于国家深化课程改革、落实立德树人目标的关键地位。随着时代的发展，国际竞争日益激烈，社会对人

---

① 裴娣娜主编、全国十二所重点师范大学联合编写：《教学论》，教育科学出版社2007年版，第360页。
② ［加］马克斯·范梅南：《教学机智——教育智慧的意蕴》，李树英译，教育科学出版社2001年版，第42—43页。
③ 宁虹：《教师成为研究者——国际运动、理论、路径、实践》，首都师范大学出版社2002年版，第53页。
④ 教育部：《全面深化课程改革 落实立德树人根本任务》，《中国教育报》2014年6月23日第8版。

的综合素养提出了更高的要求，也赋予了学校教育更大的责任。核心素养体系的构建和学生核心素养的发展成为应对国际教育改革趋势和国际综合实力竞争的重要环节。教育要担起新时代背景下增强人才核心竞争力的重大责任，落实学生发展核心素养的培养是关键。核心素养如何落实？这也是近年来广大专家学者和教育实践者重点探讨的问题。而以学生全面、健康成长为旨归，以解决学校教育教学中的实际问题为出发点，以最了解学生的教师为研究主体的校本教研，为学生核心素养的培育提供最为合理的抓手。学生核心素养的培育应渗透在课程、教学、实践活动等学校的日常教育教学活动之中，面向教育教学实践、面向学校实际问题的校本教研为教师掌握培养学生核心素养的能力提供了一个够得着的"脚手架"。校本教研帮助教师从学校实际情况出发，形成一系列基于学生发展核心素养的教学案例和实施方案，让学校教师在教学研究的实践中逐渐摸索出什么样的课堂教学、什么样的课程体系、什么样的学校文化能更有利于学生核心素养的发展。所以说，校本教研是在时代不断发展进步的过程中，学校、教师用以增强内生动力，落实日新月异的教育改革理念的有力抓手。

最后，校本教研是促进学校内涵式发展目标实现的灵魂。学校是教育教学真正发生的地方，是师生成长的摇篮，故而学校的发展是师生发展的前提和基础。《国家中长期教育改革和发展规划纲要（2010—2020年）》明确指出："树立以提高质量为核心的教育发展观，注重教育内涵发展，鼓励学校办出特色、办出水平，出名师、育英才。"[①] 显然，在新时代背景下提高学校教育质量，促进师生共同成长，应立足于学校内涵式发展。内涵式发展道路的选择不仅是当前社会转型和教育改革的需要，更是学校自身发展进步的内在诉求。内涵式发展是建立在数量上的质量发展，其发展途径更强调通过内部深入改革，激发内在生命活力，增强自身实力，在量变引起质变的过程中实现实质性的跨越式发

---

① 国家中长期教育改革和发展规划纲要工作小组办公室：《国家中长期教育改革和发展规划纲要（2010—2020年）》，2010年7月，（http://old.moe.gov.cn/publicfiles/business/htmlfiles/moe/info_list/201407/xxgk_171904.html?authkey=gwbux）。

展。基于此，学校的内涵式发展更应立足于学校自身实际，体现在学校办学价值取向、学校内在运作机制、校园特色文化建设等方面的质量发展，是一种以学校内部人（学生、教师、管理者）的全面发展为终极目标的新型发展形势。走内涵式发展道路，就要在学校的办学定位、培养目标、课程设置、课堂教学等方面做研究、下功夫。因此，面向学校实际教育教学问题解决的校本教研能够帮助学校管理者、学校教师抓住这些能够促进学校内涵式发展的核心要素，能够使学校教师在相互协作、共同探究中理解和把握学校发展进步中的关键问题，及时解决学校发展中出现的问题。因此，开展以校为本的教学研究不仅可以提升教师专业能力以担起推动学校内涵式发展的重任，而且是促进学校内涵式发展目标有效落实的最实用的路径，更是学校内涵式发展应该坚定追求的灵魂所在。

二 现实困境之诉求：主体互动的缺失致使校本教研效率不高

自"校本教研"在中国基础教育领域提出以来，各级教育部门对校本教研的重视，使得校本教研在实践中取得了较大发展。教育理论工作者越来越重视对教师个人素质、专业水平以及研究能力在教育改革中的作用，广大一线教师也对开展校本教研投入了极大的热情和精力。但是，由于受传统教研思维及工具理性观念的影响，二元对立的思维方式和自上而下的线性思维在校本教研实践领域仍然存在。校本教研的开展掺杂着工具化、技术化和功利化取向，这虽然对校本教研有一定的促进作用，但也导致了校本教研主体的异化及主体间互动的缺失，进而影响校本教研的有效开展。

首先，二元对立思维下校本教研主体身份的错位与教师教研主体性的遮蔽。中小学开展校本教研是希望教师从纯粹的"教师"身份向"教师"和"研究者"合二为一的教师研究者身份的转变，以达到"教师即研究者"的应然状态，其根本目的在于转变教学领域长期存在的理论与实践二元对立的实践困境。一方面，传统"教""研"二元对立思维使"教研"主体身份模糊，主体间互动流于形式。由于对校本教研本质的认识不足，教师意识不到自身在校本教研中的主体性作用，习惯性将"教学"和"研究"相互分离，并坚持研究高于教学并指导教学的认识论观点。教师并未意识到教学本身作为研究、教师本身作为研究者的意义与价值，这是一种典型的二元对立式思维方式。这种思维方式导致很多教师在校本教研实施中把"教"与"研"、"教师"与"研究者"对立起来，从而导致有些教师坚持"教师"的身份，有些教师意图转型为"研究者"的身份，出现"教而不研"或"研而不教"的"教""研"分离现象。学校校本教研管理者或少数骨干教师为了完成学校教研预期目的而主导的教研活动，只能按照预定的程序和规则进行，脱离了教师的日常教学实际，成为一种漠视教研主体情感和精神价值的"例行"教研活动。另一方面，理论研究者（专家）与教师（中小学教师）两大阵营的二元对立使教研主体身份淡化，主体之间互动关系失衡。理论与实践二元对立的思维方式直接体现在"专家"和"教师"两个群体中。专家在校本教研中常常把自己在理论研究领域的"话语特权"带入校本教研活动中，忘却了自己在校本教研中仅仅作为参与者、合作者、引导者的身份，在教研活动中越俎代庖，"导致教师对专家身份的盲目依赖和对专业自主的逃避"[1]。在校本教研中两者长期的不协调、不契合、不搭调，导致教师对专家要么过于依赖，失去教研自觉；要么存在一定误解和排斥心理，产生抵制情绪，长此以往，导致了二者在校本教研中慢慢处于共存但不共生的境况。

其次，"下行式"校本教研管理体制下的主体间"伪协同"状态。教师研究课堂是一种名副其实的校本教学研究，这种研究不仅是教师个体的研究，而且是教师群体的研究；不仅是教师群体的研究，而且是与专业研究群体合作的研究。[2] 但由于中小学长期实行科层式管理模式，培养了教师上传下达、自上而下的线性思维方式。例如在校本教研实施过程中，通常是专家或校长发出指令、教研室接受指令、教师分配执行的教研管理模式，即"下行式"校本教研模式。受这种

---

[1] 李茂森：《论校本教研的困境与对策》，《辽宁教育研究》2008年第8期。
[2] 王鉴、李泽林：《教师研究课堂：意义、路径和模式》，《教育研究》2008年第9期。

"科研"课题"下行式"实施模式的影响,校本教研各层教研主力习惯性地依赖于上级下达的"命令",往往依照由上到下单向直线式的运行方式开展教研活动。这不仅限制了校本教研各层主力之间物质、能量、信息的交互流动,也形成了以线性思维为主导的教学思维和研究思维。这种教研思维导致"教师的内在发展需要并没有被唤醒,教研文化建设与教师发展之间的相互滋养、互动共生的良性运作模式也未得以确立"。[①] 因此,当前的校本教研处于一种非共生态的困境。出现校本教研的非共生态有内外两方面的原因。一方面,"下行式"科层教研文化是导致非共生态校本教研存在的外部表征。校本教研相对于传统教研而言是新生事物,新事物的出现总会引来传统派的质疑和阻碍。当前校本教研由于没有成熟的教研管理机制,没有自觉的教研意识,没有科学合理的教研评价机制,使校本教研成为少部分人(校外专家或校内骨干教师)的事,成为可为也可不为的"身外事"。因此,教研文化氛围往往难以形成,甚至连一些教师的教研自觉力也被这种"不良"的文化氛围吞噬在摇篮之中。另一方面,单向线性思维方式是非共生态校本教研形成的内在动因。这种思维使教师适应了由上到下被动地执行任务的领导方式,从而忽视了校本教研由下而上的实际运行需要,直接放弃了通过校本教研发现、研究和解决学校乃至自己实际教育教学问题的良好契机,甘愿做一个被动的行为执行者,而不是一个发现问题、分析问题、解决问题的教研主体。这种"下得来,上不去"的单向线性管理思维限制了校本教研主体之间多向互动关系的建立,使校本教研活动收效甚微。

当前,在这种"共存"但不"共生"的校本教研失衡生态中,教研主体之间互动关系的阻隔与互动行为的异化,主要原因在于校本教研主体对自我身份的认识不明确以及主体间缺少有效的联系与互动。而校本教研实践意义的实现是由一个个活生生的教研主体的实践所赋予的,校本教研理论的丰富和完善也是由主体的实践经验所积累提升的。因此,构建有利于校本教研有效开展的校本教研生态,发挥校本教研在基

[①] 孙元涛:《学校教研文化重建论略》,《教育科学论坛》2007年第10期。

础教育改革中的实际价值,需要关注校本教研主体的主体性复归及增进教研主体之间相互联系的程度,使校本教研主体之间的交互关系走向协同、合作、共生的境遇,形成有利于教研开展的校本教研氛围,最终提高校本教研实际效果。①

三 研究现状之需要:校本教研元研究有待进一步探究和检验

"知识在对话中生成、在交流中重组、在共享中倍增。"② 校本教研主体之间的对话交流、互动协作确乎是解决校本教研开展的现实困境的有效途径,这也契合了校本教研"自我反思、同伴互助、专家引领"的理念之根本。

从中国当前的校本教研的研究现状来看,研究者们对教师在校本教研中的主体性以及教师与学校管理者、校外专家等校本教研参与者之间的互助协作关系已经有了较为深刻的认识。有学者就曾提出,追求实效的校本教研必须警惕教师主体性的湮没,彰显教师的主体性,让教师充分地体验到校本教研是教师自己的研究,并且积极地探索主体性彰显的外在支持机制。③ 教师在校本教研中的主体性确立是激发教师积极主动开展教学研究的前提,但是一味地片面追求教师的教研主体性,容易形成单一的主体性教研文化,使校本教研主体之间缺乏平等对话、交流的氛围。因此,有研究认为以集体协作、合作探究为主要存在形式的校本教研,更加需要的是在校本教研主体之间"建立一种主体间性的教研文化,即主体间建立在理解、对话基础上的平等交往、共享合作、求真求善的一种思维方式和行为方式,在开放性、对话性、生态性、动态生成性的文化氛围中实现主体间知识的积聚与融合。"④ 在众多有关合作互助开展校本教研的研究当中,多数是从组织机构间合作、区域或校际合作等宏观层面着手,如 U-S(University-School)合作教研⑤、区域协

---

① 范蔚、谭天美:《校本教研生态失衡的根源探析》,《中国教育学刊》2015年第10期。
② 倪文锦:《高中语文新课程教学法》,高等教育出版社2004年版,第107页。
③ 葛孝亿:《教师主体性:校本教研应有之义》,《现代教育科学》2009年第2期。
④ 符淼:《主体间性哲学视野下的中小学教研文化探析》,《教学与管理》2012年第10期。
⑤ 徐祖胜:《基于校本教研的U-S合作模式研究》,《现代中小学教育》2014年第7期。

作教研①、校际教研共同体建设②等。而对实践和推行校本教研的主体之间小范围的、即时即地发生的面对面互动这种微观互动行为和互动关系的研究并不多见。但是，宏观是由无数个微观构成的，院校合作开展校本教研、区域或校际合作教研等宏观方面互助合作的达成，必须由每一个参与校本教研活动的教研主体之间的微观互动行为来实现。因此，进一步落实校本教研对基础教育改革的推动作用，必须关注校本教研主体之间的合作互动。

然而，校本教研主体之间如何才能摒弃形式化的合作样态，走向真实的互助协作？校本教研主体之间的互动如何走向合理化？这些无疑依赖于最根本的人与人之间的交往理性，校本教研主体互动所体现的就是交往理性在校本教研实践中的运用，其旨归在于校本教研主体在合乎理性的互动中获得主体性回归。本书以交往理性作为方法论基础，以期透过交往理性的视角审视校本教研主体互动的现实图景，探寻破解校本教研主体互动异化困境的出口。

第二节 文献综述

本部分将结合研究目的，对国内外有关校本教研的相关研究、校本教研主体的相关研究以及校本教研主体间合作教研方面的相关研究展开文献回顾。

一 校本教研的相关研究

梳理与校本教研相关的国内外文献，发现已有研究主要从校本教研的产生、校本教研的概念理解、校本教研的构成要素、校本教研的影响因素、校本教研的功能及校本教研的实践策略等多个方面对校本教研展开了大量研究。为了全面地展现校本教研方面既有的研究图景，本书将

---

① 方明：《区域协作背景下教研训一体化教研组建设的实践与探索》，《上海教育科研》2006年第7期。

② 沈美华：《校际协作教研：教师专业成长的新空间》，《上海教育科研》2012年第7期。

从以下几个方面对相关文献展开论述。

(一) 校本教研的产生

"校本"(school-base)这一概念是在西方国家伴随着"教师成为研究者"理念而兴起的,在西方的教育发展历程中有着深刻的历史渊源。20世纪初期,在制度化教育的背景下,传统教育制度自上而下的运行方式僵化禁锢了学校的发展,学校体制僵化,缺乏生命活力。社会的不断发展,知识经济、信息化社会的加速发展使教育领域,尤其是学校教育不断地面临新的挑战和问题,制度化教育模式管理下的学校缺乏相应的应变能力和灵活性来应对新的情形。这就要求学校自身以学校为本来展开研究、探索,以解决学校不断面临的具体问题,促使教育领域引发了"校本"思想。学校开展研究对提高教师专业化水平的要求日益凸显,引出教师专业能力的高低就不应该仅仅由"生产教师"的师范大学说了算,而应该由其最终的用户——学校来判断。英国要求师范生大约70%的时间在中小学度过,美国也建立了近千个教师发展学校,让教师在学校中学习、在学校中发展。[①] 于是,20世纪中叶,英美等发达国家在"教师成为研究者"等运动的推进和实施中,逐渐深入认识到教育研究若要真实地反映教育实况、研究成果很好地应用于教育实践,没有学校的参与,特别是教师的参与是行不通的。"教师成为研究者"的倡导者斯腾豪斯谈道:"如果没有得到教师这一方面对研究成果的检验,那么就很难看到如何能够改进教学,或如何能够满足课程规划。如果教学要得到重大的改进,就必须形成一种可以使教师接受的,并有助于教学的研究传统。"[②] 这种提倡教师参与研究的研究传统在与学校解决实际问题的需求结合之下,逐渐演变成直指学校问题,将学校实践活动密切结合在一起,大力倡导学校教师参与研究的校本研究。基于此,"走向校本"成为国际教育改革的发展方向,"以校为本"的观念不断渗透至教育改革的各个领域。为了实现教师专业化和促进学校自主发

---

① 邵水潮:《以组织文化变革提高校本教研有效性》,《中国教育学刊》2013年第11期。
② 瞿葆奎主编:《教育学文集(教育研究方法)》,叶澜、施良方选编,人民教育出版社1988年版,第16页。

展，国际上先后出现了与校本教研相辅相成的校本培训、校本课程、校本管理等以校为本的教育改革理念。

有关学校教研的系统研究，国内开始于21世纪伊始，根据已有的文献，目前较为一致的观点认为中国关于"校本"的研究源于国际上"以校为本"的教育思潮，具体体现为校本研究（校本教研）、校本培训、校本管理、校本研修等系列以校为本的教育改革制度。以校为本的教研制度在中国教育领域的尝试始于20世纪80年代左右，在继承和超越中国传统教研制度的基础之上，以校为本的相关研究在个别学校拉开了帷幕，"他们在结合学校当地的实际进行校本课程的开发，把国家课程资源转化为学校的课程、总结学校科研的特色、提升自己的理论水平、发展教师队伍等方面做过不少有益的尝试。"[①] 而对"以校为本"的教育研究真正大规模地广泛关注和深入研究是在推进第八次基础教育课程改革实践的内需的推动下开始的。2002年12月，教育部印发《关于积极推进中小学评价与考试制度改革的通知》提出："学校应该建立以校为本、自下而上的教学研究制度——校本教研。"这是教育部第一次在官方文件上使用"校本教研"一词。2003年1月的全国基础教育工作会议上再次提出当年工作的十个要点之一，即"开创以校为本的自下而上的教育研究制度"，把以学校为主体的教研制度建设提上了日程。此后，相关教育部门陆续又出台了文件进一步完善和强调以校为本的教学研究，鼓励在全国各地开展校本教研相关项目与实验。2003年12月正式启动了由教育部基础教育司批准的"创建以校为本教研制度建设基地"的重大项目。全国84个县（区）被教育部确立为"全国首批创建以校为本教研制度建设基地"，各省、市、区也随之建立了一批省级校本教研基地。在此背景下，全国各地很多学校开始进行以校为本的教学研究的实践尝试。随之而来的是有关以校为本的研究持续开展，大量有关校本教研的文献不断发表。

（二）校本教研的概念理解

各国都在开展具有相同理念和内涵的以校为本的教研活动，但是在

---

① 沈凌：《校本教研新视野》，国家行政学院出版社2012年版，第24页。

称谓上并不统一称为"校本教研"。在日本这种中小学教师校内研修的活动被称为"授业研究"（jugyokenkyn）或"校内研修"，即研究、考察教学实践。① 这种研究形式后来被美国教师引入之后，被译成"课例研究"（lesson study），并受到美国学者莱维斯（C. Lewis）的倡导和推广，他认为课例研究是教师专业发展的方式，是改进教学的策略。② 源自日本的"课例研究"引起了世界各国的普遍关注和积极推进。此外，西方国家有关校本教研的活动还有"校本行动研究"（school-based action research）、"基于课堂的行动研究"（classroom-based action research）、"教师即研究者"（teacher as researcher）、"反思性实践者"（reflective practitioner）、"反思性教学"（reflective teaching）、"课堂行动研究网络"（action initiates reflection）等。在这里仅对"校本教研"这一概念的研究作详细梳理。

在中国，校本教研是一个外来词，结合中国教育的实际情况而提出的一种具有中国特色的教研活动。在此主要从研究者们对"校本教研"的界定、研究者们对系列"校本"概念的理解和辨析两个方面来对校本教研的概念进行分析。

首先，研究者们对"校本教研"的界定。校本教研（school-based research），亦称校本研究。是随着课程改革向纵深推进的需要，针对中国传统的中小学教研制度的弊端，结合当前中小学课程改革实践和中小学科研实际提出的一种崭新的教育理念。而对于校本教研的定义，目前尚无统一定论，研究者们从不同的角度对其进行了界定和说明。"教"和"研"连在一起作为一个词语即"教研"，由于"教"即可指广义的"教育"，也可指狭义的"教学"，故学者们对其意义的理解还因为使用领域的不同而不同。广义上，"教研"即指以解决教育工作中的问题，促进教育发展为目的的教育研究。由于教和学是教育活动中最核心、最关键的

---

① Clea Fernandez, Makoto Yoshida:《课例研究》，马晓梅、邓小玲译，河北人民出版社2007年版，第36—37页。

② Catherine Lewis, Rebecca Perry and Aki Murata, "How Should Research Contribute to Instructional Improvement? The Case of Lesson Study", *Educational Research*, Vol. 35, No. 3, April 2006.

组成部分，相应的"教研"的狭义理解就特指教师以教学工作为对象而进行的研究，即教学研究。根据所掌握的文献和中小学开展教研活动的实际情况，当前学界对校本教研的概念理解存在广义和狭义之分。校本教研的广义理解，即以教师（包括教师、教育管理者、校长等）为主体，针对教育、教学、课程、管理、评价等各类教育实践问题的研究。郑金洲认为校本教研作为校本活动，应该是以学校所存在的突出问题和学校发展的实际需要为选题范围，以学校教师作为研究的主要力量，通过一定的研究程序取得研究成果，并且将研究成果直接用于学校教育教学的研究活动。[①] 张行涛、李玉平认为校本教研是一种学习、工作和研究三位一体的学校活动和教师行为。它不是一种具体的研究方法，而是一种研究的取向；它不仅是一种教师的专业发展活动，还是一种经验的理论提升过程；不仅是教师的个人行为，还是学校提高教育质量，创建个性化、特色化学校的主要途径之一。[②] 狭义上，校本教研即以校为本的教学研究。朱慕菊在为《校本教研在行动》所作的序言中指出，校本教研，即以校为本的教研，是将教学研究的重心下移到学校，以教学实践中教师所面对的各种具体问题为研究对象，以教师为主体，理论和专业人员共同参与的教研。刘良华认为校本教学研究就是教师为了改进自己的教学（for the teaching），在自己的教室里发现了某个"教学问题"（of the teaching），并在自己的教学过程中（in the teaching）以"追踪"或汲取"他人的经验"解决问题。[③] 从以上具有代表性的几种关于校本教研的定义可以看出，研究者们对于校本教研的概念的理解和解释在表述上存在细微差异，但是对于校本教研的本质的认识还是较为一致的。校本教研是一种在理论指导下的实践性研究，其将学校的教育实践活动与教育研究密切地结合在一起，即注重对教育实践中实际问题的解决，又注重经验的总结、规律的探索、理论的提升，是保证学生全面发展、教师专业成长、学校特色建设和新课程改革向纵深发展的新的推进策略。

---

① 郑金洲：《校本研究指导》，教育科学出版社2002年版，第18页。
② 张行涛、李玉平：《走进校本教研》，光明出版社2003年版，第1页。
③ 刘良华：《校本教学研究的几个问题》，《教育发展研究》2003年第10期。

其次，研究者们对系列"校本"概念的理解和辨析。在以校为本系列制度的大背景下，有关"校本"的几个相关概念存在交叉的内容和指向，并非界限分明。有学者认为："在中国，校本研修又称校本教学研究、以校为本的教学研究、基于学校的教学研究、校本研修或校本教学研修，等等。"① 也有学者提出，"把'校本教研'称为'校本研修'更为合适，因为后者既是教师教学方式、研究方式的一次深刻变革，也是教师学习方式、历练方式的一次深刻变革。校本研修让教师成为教学、研究和进修的真正主人。"② 从这一定义来看，更关注教师专业发展的内在需求，是试图改变教师在"教研"或"培训"中的被动地位，从而突出教师的自主学习和自主发展，是站在教师的职业特点、认知特征和情感需求上来定义以校为本的教研制度的。虽然类似概念在某些方面具有一定的共通性，但仔细推敲还是具有各自的独特性的。因此，在对校本教研的内涵与本质进行界定的基础上，有学者进一步从提出序列、词义、来源、思维方式四个方面对与校本教研相关的校本研修、校本研究、校本科研这几个概念间的关系进行探讨，表明校本研修在出现时间上稍晚，在词义上涉及的内容多、涵盖范围广、外延也最大，包含了校本研究、校本培训、教师自修等方面。校本研究、校本教研、校本科研这三个词语是互用的，指代同一回事，但有时也各有其特定的指代内容。如校本教研关注的是课堂教学研究，校本科研主要指向非课堂教学研究活动，二者又都属于校本研究的范畴。四个词语都有存在的必要，不同的用法反映了校本层面上的不同实践活动，和不同研究者对这些活动的不同认识。③ 也有研究从校本培训和校本研修的比较入手，提出校本研修是校本培训的继承与超越，在校本研修活动中教师由"受训者"转变为"研修者"。突出了教师的主体地位，能够给予教师更多的"自主"，提供有利于教师成长的学习环境，是教师自主成长的可持续发展之路。④ 综合学者

---

① 吕敏霞：《中美校本教研比较研究》，博士学位论文，华东师范大学，2008年。
② 顾泠沅：《校本研修应成为教师的内在需求》，《教育发展研究》2007年第4期。
③ 郑金洲：《若干教育术语辨析》，《教育理论与实践》2008年第91期。
④ 王祖琴：《继承与超越：从"校本培训"到"校本研修"》，《现代中小学教育》2006年第10期。

们的看法,在理论上,不同研究者对这些概念具有不同认识,反映了不同研究者的不同立场和对"以校为本的教研制度"理解的多元性特点。但已达成共识的是:不管是校本教研还是校本研修等其他以校为本的教学研究制度,都具有"以校为本"的共同特征和"为了学校、基于学校、在学校中"的共同的理念。在实践中,每个概念反映了校本层面上的不同实践活动以及活动的不同出发点和关注点。如校本研修是站在教研主体视角,更加关注教师个人专业成长的主体地位。校本教研更偏向于关注教师对学校层面教育教学问题的研究和解决,它具有整合校本培训、校本管理和校本课程的纽带功能,并且与校本研修相辅相成。

(三)校本教研的要素

从校本教研概念的相关研究,不难看出校本教研是一个要素繁多、结构复杂的动态系统。校本教研的要素代表着校本教研的构成,体现的是校本教研的静态结构层面。因此,深入分析校本教研的要素,是对校本教研核心构成和实践形态的进一步理解和把握。已有研究从不同角度对校本教研的要素进行研究。

一是按照校本教研的参与主体划分。有研究从校本教研的参与主体出发,认为教师个人、教师集体、专业研究人员是校本教研的三个核心要素。[①] 这三大要素是校本教研的核心参与人员,都是对校本教研起着主导作用的主体。

二是按照校本教研的系统构成要素划分。系统论把系统的"整体性"作为思维的逻辑起点,作为整体的系统是由若干的要素构成的。部分研究从系统论的角度出发,认为校本教研是一个复杂的行为系统,主要由教研主体(教师个体或群体)、教研课题或主题、教研方式与方法、教研环境与资源、教研机制与策略五个基本要素构成。[②] 校本教研作为一个复杂、动态的系统,各要素之间相互联系、共同作用,构成校本教研整体,发挥系统的功能和动力。系统本身的复杂性要求研究者必须首先深入了解其各构成要素,及各要素在系统中的角色与功能,以便兼顾、

---

① 余文森:《论以校为本的教学研究》,《教育研究》2003年第4期。
② 胡庆芳、汤立宏等:《校本教研实践创新》,教育科学出版社2007年版,第9—11页。

梳理、把握、协调各要素的内在联系，使系统整体的力量大于部分之和，促进教研活动的有效开展。

三是按照校本教研的活动类型划分。有研究根据校本教研活动的三类参与主体（教师个人、教师集体、专业研究人员）及各主体实践活动的类型，将校本教研的要素进一步划分为教师个人的自我反思、教师集体的同伴互助、专业研究人员的专业引领。[1] 有学者针对校本教研制度的类型就校本教研的要素进行分析，提出校本教研制度是"三位一体"的，具体由自我反思的制度、同伴互助的制度、理论学习和专业引领的制度三个核心要素构成。[2] 这是研究中比较有代表性的要素划分方式。

以上对校本教研要素的分析，不难发现校本教研相对于传统教学研究来说具有独特的要素构成及理念追求，并为开展校本教研提供了思维的切入点。无论从哪个角度来看校本教研的构成要素，都强调在校本教研实践中，要将校本教研系统的各要素通过某种方式促成联系，形成清晰可见的运作模式，以便校本教研活动的有序开展。总之，校本教研是一项系统工程，系统内各要素本身水平的提升及各要素之间的相互作用与关系的协调，是完善校本教研的整体结构、有效推进校本教研的关键。

（四）校本教研的影响因素

从校本教研构成要素的复杂性、动态性等特征不难看出，影响校本教研有效性的因素非常多，影响因素也决定着校本教研的实践效果。根据已有文献，研究者们主要从外部和内部两个方面来谈校本教研的影响因素。

外部因素主要包括："学校的运行机制和管理水平、学校教育环境、评价方式"[3]、行政干预[4]、教师工作负担[5]、外部保障机制[6]、同事关系、教研组氛围、校长对教研活动的态度、专家引领方式、学校的

---

[1] 余文森：《自我反思、同伴互助、专业引领——以校为本的教学研究的三个基本要素》，《黑龙江教育》2013年第10期。
[2] 金孜红：《校本教研的实施策略》，《教学与管理》2003年第35期。
[3] 常学勤：《中小学校本研训：内涵、运行机制与影响因素》，《中国教育学刊》2007年第12期。
[4] 张伟平、赵凌：《当前中小学校本教研的问题与对策》，《教育研究》2007年第6期。
[5] 高峡：《校本教学研究的发展与面临的问题》，《教育科学研究》2005年第6期。
[6] 李敏：《校本教研现状之分析》，《教育理论与实践》2005年第3期。

教研文化、院校协作程度、教师生存压力、教育政策[1]等方面。

内部因素主要包括：教师科研素质、教师教研心理[2]、教师自身素质和研究能力[3]、教师责任感、教研意识、教师对自身的期望、教研活动目的、教研信念、教师个人经历和生活环境以及教研活动本身的机制类型、内容、方式[4]等方面。

（五）校本教研的功能

校本教研的出发点就是研究学校自身在教育教学方面存在的问题，改进学校的教育教学质量，促进教师专业发展、学生全面成长，最终实现促进师生以及学校共同发展的目标。因此，根据所查阅的文献和中小学校的教研情况来看，校本教研的开展逐渐体现出了促进学校内涵式发展、特色建设、教师专业成长、学生全面发展等功能。

校本教研促进学校自主发展。校本教研是一种以"在学校中、基于学校、为了学校"为基本理念的教育研究，提高学校办学质量、促进学校内涵式发展、推动学校特色建设等以学校发展为核心的目标是开展校本教研的宗旨。因而，校本教研，对于学校而言，"是创办学校特色的重要支撑"[5]，"是学校内涵发展的理性抉择"[6]，也是"科研兴校"方针的有利抓手，有利于学校的自主发展[7]。余文森对校本教研的要素、类型和方法做过详细探究，他指出校本研究是学校的一种研究制度，更是教师专业成长和构筑学习型学校的有效途径。[8]

校本教研与教师专业发展相辅相成。校本教研以教师为主体，校本教研的有效开展中教师起着重要作用，反之，校本教研的开展对教师专业发展具有重要的意义与价值。"校本教研与教师专业发展是一种相互

---

[1] 李国红：《区域性初中地理教研活动有效性研究》，硕士学位论文，辽宁师范大学，2006年。
[2] 张伟平、赵凌：《当前中小学校本教研的问题与对策》，《教育研究》2007年第6期。
[3] 高峡：《校本教学研究的发展与面临的问题》，《教育科学研究》2005年第6期。
[4] 王煜：《教研室教学研究的现状分析与对策探讨》，硕士学位论文，华东师范大学，2009年。
[5] 卢琳：《论校本教研》，《教育导刊》2002年第12期。
[6] 夏心军：《校本教研：学校内涵发展的理性抉择》，《教育理论与实践》2010年第9期。
[7] 姜丽华：《校本教研内涵、特征及其价值》，《教育科学》2004年第12期。
[8] 余文森、洪明：《校本研究九大要点》，福建教育出版社2007年版，第1页。

促进的关系，教师参与校本教研的过程，是一个不断学习与进步的过程，促进教师的转型与提高。而教师的专业成长能够提高校本教研的质量与水平。"[1] "教师成为研究者"是校本教研的发展目标，因此，实现教师专业发展是开展校本教研的着眼点和立足点，开展校本教研是实现教师专业发展的有效和现实途径，两者共同作用于课程改革目标的落实和教学质量的有效改善。[2] 有学者认为开展校本教研可以充分发挥教师在教研活动中的主体作用，促进教师的个性发展，以形成独特的教学风格。[3] 有学者认为以学习培训、校本教研、课题研究、教学反思、教科研结合等形式开展的教育科研在教师理论水平的提升、专业知识的拓展、专业能力的提高、专业自我的形成等方面作用突出。[4] 另外，研究者们进一步从如何促进教师专业发展[5]以及农村教师专业发展[6]、具体学科教师专业发展[7]等方面展开策略探究。

此外，校本教研还具有促进学生素质全面发展[8]、改善传统的教研制度机制[9]、解决基础教育课程改革中遇到的教学问题[10]等功能。

(六) 校本教研实施策略研究

校本教研的策略研究，即"如何更有效地开展校本教研"的研究，不管在哪个国家，开展校本教研的主要目标都为了解决学校存在的问题、提高教育教学质量、提升学校办学水平、促进教师专业发展及学生全面发展。在具体做法上各国具有相同的地方，但也各具特色，这引起了各国相互借鉴学习的热潮。

---

[1] 肖川、胡乐乐：《论校本教研与教师专业成长》，《教师教育研究》2007年第1期。
[2] 教育部基础教育司、教育部师范教育司：《普通高中新课程研修手册——校本教研与教师专业发展》，高等教育出版社2004年版，第103页。
[3] 余保华：《校本教研与教师专业发展》，《教育探索》2004年第8期。
[4] 郭晓勋：《教育科研促进教师专业发展的作用和途径》，《教育探索》2010年第7期。
[5] 李龙飞：《健全校本教研制度 促进教师专业发展》，《现代中小学教育》2012年第4期。
[6] 孙来勤、秦玉友：《校本教研与西部农村教师专业发展的契合及促进》，《教育理论与实践》2012年第2期。
[7] 范玲：《建立校本教研制度推进高职英语教师专业发展》，《教育与职业》2010年第14期。
[8] 徐锐：《校本教研的核心价值追求》，《物理教学》2014年第6期。
[9] 王艳霞、董守生：《校本教研制度建立的价值审视》，《教育理论与实践》2007年第2期。
[10] 姜丽华：《校本教研：〈内涵、特征及其价值〉》，《教育科学》2004年第6期。

1. 校本教研制度研究

基础教育改革的贯彻与落实关键在于工作在实践一线的教师，在于教育发生的场域——学校。为此，各国不同程度地采取了以学校为本的相关制度，以保证学校的办学自主权和保障教师在教育工作中的自主自觉。苏联教育科学院院长 M. N. 康达科夫认为，千百万中小学教师是补充教育家和学者队伍的重要源泉，他们把中小学教师的教育科研作为整个教育科学研究事业的一个重要组成部分。《苏联普通教育学校暂行条例》规定学校应当成立教学法委员会，明确提出其职责是："支持社会完善和发展青年的教学和教育的主动精神、教师的创造性探索和实验性工作……"苏联还非常重视中小学校与教育科学研究机构、师范院校的合作。在美国，教师教育的目标之一是培养教育"临床专家"，亦即以学校和现场为基地，通过"临床实践"与"现场实践"的训练，使教师掌握教育理论和在教育教学工作中进行分析、诊断、假设以及处理问题的能力，成为教育工作的"学者""革新者""交往者""决策者"[①]。

中国在校本教研的开展过程中也非常重视制度对规范和保障校本教研实施的重要作用。"将校本教研从非常态化活动向规范化教研制度转变，推进校本教研成为一种学校制度文化。"[②]"强化校本教研的基础性工作，增进对现有研究的反思，倡导校本教研制度建设和运行状况的实证研究，推动校本教研制度创新。"[③] 具有规约教研活动有效开展和保障教研活动不断完善的作用。"校本教研制度也不是凝固不变的，它会随着学校发展、课程发展和教师专业化要求，进行创造性的适应。"[④] "校本教研制度也是学校制度建设的重要组成部分。校本教研制度的建设不仅仅是建立制度，更是一个持续动态的发展过程，需要多种力量的支持。它要为教师专业化发展提供制度保障和环境，要为学校发展提供

---

① 董素静：《国外中小学教师校本科研能力的培养——教师专业化发展的重要途径之一》，《外国中小学教育》2005年第4期。
② 韩江萍：《校本教研制度：现状与趋势》，《教育研究》2007年第7期。
③ 李保强：《校本教研制度建设研究回顾与前瞻》，《教育理论与实践》2007年第5期。
④ 顾泠沅、王浩：《校本教研：从制度建设到聚焦课堂》，《人民教育》2007年第19期。

重要支撑。"① 可见，校本教研制度是在学校层面促进学校发展、教师专业化、学生成长的一项重要制度。那么，如何发挥校本教研制度的实际效果呢？研究者们就此展开了深入讨论。认为校本教研的实施还需要外在制度的规范与管理，即"校本教研制度是为有效开展校本教研而建立的规范体系，其具体体现为一系列显在和潜在的规则"。② 主要包括建立健全教育行政部门的教研管理制度、教研部门的教研指导制度和学校组织开展的校本教研制度在内的教研体系，③ 校本教研激励制度和激励措施④等。来自一线的教师研究者结合自身开展校本教研的体会提出：制度保障、评价激励是推进校本教研健康发展的有效手段，课题研究制度、评价制度、教学成果奖励制度等都是中小学开展校本教研活动的具体教研制度。⑤

2. 校本教研模式研究

对校本教研模式的探讨有助于增强校本教研制度实施的可操作性。从校本教研模式相关研究的宗旨来看，无论以何种角度建构的校本教研模式都具有共同的运行理念：协调与合作。日本的"授业研究"以"授业"为对象，是一个由多要素构成的复杂系统。在具体的实施模式上，并不是指向改进某一节课，而是以教师为导向的实践性循环活动，主要包括授业的设计、实施、讨论这三个部分，关键在于讨论的过程中，授业者个人和所有参与者对授业的反思和修正，以及再实践，最终达到改善授业的目的。⑥ 在美国，一项完整的校本教研活动主要包括需求评价、目标制定、规划设计、实施与监控、活动评价这几个环节。有研究者对中美校本教研进行比较研究的过程中总结得出，美国校本教研主要有教师专业发展学校模式、学校内部生成模式、学区领导模式以及

---

① 和学新、乌焕焕：《校本教研制度建设的意义与价值审视》，《教育科学》2010年第1期。
② 董守生、魏薇：《校本教研制度建立的意义与价值探析》，《中国教育学刊》2005年第7期。
③ 周岳：《校本教研制度及其建设》，《上海教育科研》2008年第2期。
④ 刘兵：《有效的激励机制：校本教研治本之策》，《中国教育学刊》2011年第8期。
⑤ 崔振红：《以制度建设促进校本教研》，《中小学管理》2010年第6期。
⑥ 包春影：《日本授业研究探析——作为校内研究基本方式的授业研究》，硕士学位论文，东北师范大学，2011年。

其他校际、区际合作的教研模式。① 在中国，学者们就"教师同伴互助的校本教研模式"②"网络校本教研的实践模式"③"大学与中小学合作的 U-S 校本教研合作模式"④ 等进行了探讨和研究。同时，研究者们还结合具体实践案例来分析校本教研的具体实践模式。例如，杭州市余杭区教育局与华东师范大学课程所合作，以区域推进校本教研制度建设着手，通过专业引领、校长和教师的大胆探索，在实践中探索出"读书沙龙型""反思实践型""行动—感悟型""课例研讨型""课题推进型""区域联动型"等丰富多样的校本教研实践模式。不仅保证了课改的深入推进，改善了学校管理，还有效地支持了教师的学习和发展。⑤ 山东省胶州市第二实验小学开展的"四人一课"与"一人四课"活动，从教研开展的意义、解决问题的方式、途径以及操作流程与保障等几个方面，对有效校本研修模式进行了深入探讨，以积累式"研课"为主导，带动校本研修走向常态化、制度化，对引领教师自我反思和教学专业成长具有较强的现实意义。⑥ 江苏省羊尖高级中学开展的"反思课堂、变革课堂、激活课堂"系列主题型教研活动，其具有明确主题，通过整合学校多方面资源，精心设计方案，保障了教研活动本身的科学性、系统性、计划性和实践性，最终还能实现教师的整体发展。⑦ 内蒙古自治区乌海市海勃湾试验区在与北京师范大学基础教育研究中心联合举办的"校本教研实践策略研讨会上"分享了海勃湾区"问题解决，螺旋式上升"的基本模式，详细探讨了海勃湾区"教学小现象""现实真问题"两个校本教研的具体实践方式。⑧ 显然，校本教研作为一个极

---

① 吕敏霞：《中美校本教研比较研究》，博士学位论文，华东师范大学，2008 年。
② 朱宁波、张萍：《教师同伴互助的校本教研模式探析》，《教育科学》2007 年第 6 期。
③ 钟和军：《网络校本教研的实践模式与推进策略》，《中国电化教育》2004 年第 9 期。
④ 徐祖胜：《基于校本教研的 U-S 合作模式研究》，《现代中小学教育》2014 年第 7 期。
⑤ 闻国强：《支撑每个教师学习和发展的校本教研——区域推进校本教研制度建设的行动案例》，《全球教育展望》2005 年第 12 期。
⑥ 薛发武、韩佳亮：《有效校本研修模式探析——给予"四人一课"与"一人四课"的思考》，《中国教育学刊》2008 年第 10 期。
⑦ 陈平、周静元：《主题型校本教研个案研究》，《中国教育学刊》2011 年第 8 期。
⑧ 张行涛：《问题解决与研究者成长——校本教研实践策略研讨会综述》，《教育理论与实践》2005 年第 1 期。

具复杂性、动态性、不确定性的运行系统，其实践形式可以根据不同学校的具体情况进行针对性、创造性的设计。

3. 校本教研文化和生态建设研究

文化氛围和生态环境是校本教研有效开展的重要因素。随着校本教研在理论上的深入研究和实践中的持续开展，人们试图通过改善校本教研的文化、生态来提升校本教研活动的有效性。来自基层的研究人员通过调查研究之后发现，教师对教学研究缺乏兴趣和参与热情，最本质的原因就是长期以来学校缺乏滋养教师职业精神的教研文化，缺乏促进教师专业发展的教研生态环境，影响了教师的可持续发展。[①] 因此，有学者认为"文化是校本教研的核心"[②]。顾泠沅教授在有关校本教研的"四个转向"中也重复强调文化和生态的重要性，即从技术熟练取向转向文化生态取向；从关注教材教法转向全面关注教师和学生的行为；从重在组织活动转向重在培育研究状态；从关注狭隘经验转向关注理念更新和文化再造。[③] 有研究者认为，"校本教研制度建设旨在营造一种团队成员人人向上、主动学习研究，人人获得发展和提高的新型学校教研文化"[④] 有研究从共生理论的视角对当前校本教研生态进行审视，认为二元对立的思维方式和自上而下的线性教研思维是导致校本教研生态失衡的根源。[⑤] 基于此，学者们开始思考如何建设有利于校本教研开展的教研文化和生态。有学者从文化建设的角度对校本教研的精神文化、制度文化、行为文化进行分析，提出了校本教研文化建设的思考和建议。[⑥] 有学者展开了进一步细化的研究认为，对校本教研中中小学教师和教育专家之间冲突的理解，有助于从精神文化的维度分析校本教研文化，把握校本教研的关键，进而促进中小学教师观念和价值系统的专业

---

① 陈兴中：《校本教研走向的思考》，《教师之友》2005年第1期。
② 李朝辉：《校本教研文化的转型与重建策略》，《教育科学研究》2010年第10期。
③ 王浩、顾泠沅：《校本教研：行动与文化的变革》，《中国教育报》2007年7月13日第005版。
④ 鲁爱东：《利用团队影响消除校本教研制度建设中的"边缘状态"》，《河北教育》2006年第1期。
⑤ 范蔚、谭天美：《校本教研生态失衡的根源探析》，《中国教育学刊》2015年第10期。
⑥ 金春兰：《校本教研文化研究》，《教育研究》2007年第4期。

发展。①有学者在总结归纳20世纪西方教师研究运动经验的基础上，提出当前中国还没有真正成型的教研文化，并认为校本教研文化建设应该明确校本教研文化的结构，然后从其构成要素及要素之间的关系着手研究建设问题，同时还要注意不同学校的种类、性质以及教师结构等因素而带来的校本教研文化多样性问题。②继而，有学者提出"一体双翼式"校本教研生态范式，围绕课堂展开教学研究活动，构建多层级的"一体双翼式"校本教研生态，促进有效教学，助力学校内涵式发展。③基于校本教研理论发展和实践推进的需要，校本教研开展的文化、生态、环境等问题成了当前研究的关注点，但是对校本教研运行系统的内在机理和外部环境等整体性、全局性、系统性的研究还比较薄弱。

二 校本教研主体的相关研究

校本教研自其诞生之日起就明确提出教师作为教研主体的身份，并且在后续研究中研究者们也反复强调教师在校本教研中的主体地位。校本教研既然是以教师为主体，那么作为主体的教师是否能在实践当中转变自身角色成为具有主体性的研究者？校本教研实践是否仅仅需要关注教师这一主体就能有效开展？这些问题不得不引起理论和实践领域的深思。因此，从教师成为研究者口号的提出到校本教研这一术语的面世，再到今天校本教研的深入开展，研究者们始终密切关注着校本教研活动的各类参与人员（教师、学校教研管理者、校外专家等）在校本教研中的身份、作用，尤其是最为贴近教育教学一线的教师在校本教研活动中主体身份的体认等问题。

（一）教师在校本教研中主体身份的研究

校本教研自其诞生之日起就已经明确了教师作为教研主体的身份，并且在后续研究中研究者们也反复强调教师在校本教研中的主体地位。

---

① 吴刚平、余闻婧：《冲突与发展：有关校本教研的文化分析》，《河北师范大学学报》（教育科学版）2011年第12期。

② 李方安：《二十世纪西方教师研究运动发展脉络与启示》，《华东师范大学学报》（教育科学版）2009年第4期。

③ 张明琪：《"一体双翼式"校本教研生态范式》，《教育理论与实践》2013年第23期。

早在1926年，白金汉姆在名为《教师的研究》一书中，就表达了这样的思想，他认为"教师应该有研究的机会，并且这样的机会将赋予教师工作以生命力和尊严"。另外，英国课程论专家斯腾豪斯提出的"教师即研究者"的口号，就是将教师角色上升到研究者的高度。他在1975年出版的《课程研究与开发导论》中描绘了一幅理想蓝图"每一个课堂都是实验室，每一名教师都是科学共同体的成员"。他认为教师不再是纯粹的教书匠，而是可以自己检验教学成果，自己改进教学过程，主张教育教学中必须形成一种可以使教师接受并有助于教学的研究传统，并提倡教师在行动研究中去改善自己的教学实践。当前，面对中国基础教育课程教学改革形势，主动参与教研成了教师实现自我突破的重要出路，教师要让自己从传统的知识传授者转变成为研究者、探究者，教研能力的训练和教研素养的提高尤为关键。在提升教师教研能力方面比较有代表性的研究有顾泠沅教授推出的学校教育教研活动的新方法——让教师在教育实践和教育行动中成长。他提出了"行动教育"的新概念，即以课例为主要载体，在教学实践和行动中开展教师教育，主要涉及教师的专业理论和专业发展，简称"行动教育"模式。"行动教育"主要包括课例、教师与研究人员三个要素，三者之间主要以课例为基础进行理念树立、过程设计、评价反馈等多方面深度合作研究。[①] 顾泠沅教授领衔的全国中小学教师继续教育上海研究中心与上海市青浦区教师进修学院合作的"教师在教育行动中成长——以课例为载体的教师教育模式研究"为解决先进理念向教学行为的转化提供了一种可资借鉴的研修模式。

（二）校长在校本教研中角色和作用的研究

随着"校本"思想在教育中的不断发展，不少国家强调校长在校本教研中的示范带头作用，并把教育科研能力作为校长任职的条件之一。对于校长在校本教研中的作用，学界比较一致地认为"校长是校本教研的第一责任人"。英国规定中学校长"不仅有教学和科研任务，还应经

---

① 顾泠沅：《教师在教育行动中成长——以课例为载体的教师教育模式研究》，《课程·教材·教法》2003年第2期。

常深入第一线去了解教学,研究教学问题。"① 日本明石小学校长太原久和就以身示范,参与进该校教师的科研当中,从人的整体发展角度,对小学低年级学段的儿童进行了长达8年的研究,形成了"明石综合教学模式"。② 日本学者佐藤学在他的"三年改变学校的教研方略"中也提到其中最大的难关就是校长。③ 北京市教研部校本教育研究室主任陶礼光结合传统教研活动中校长的角色,对"校长是校本教研的第一责任人"做了详细诠释:"在传统的教师培训活动中,校长只是培训院校的'代办',是培训经费的'管家',往往游离于教研活动之外。而在校本教研中,如果没有校长的积极参与,校本教研就是一句空话。校长要首先转变观念,制定规划,创造必要的条件,并在校本教研中率先垂范。校长对校本教研亲自参与,就抓住了'校本'核心,从而校长是这所学校的校本教研取得成功的关键。"研究者们也结合校长在校本教研实践中的角色,对校长在校本教研中的作用做了详细分析。如有人认为,校长"是教师危机的预警者、信息提供者、专业引领者,是校本教研制度的领导者、研究者、组织者和服务者"④。有人认为,校长是"校本教研制度的组织者、保障者、引领者、激励者"⑤。有人认为,校长"必须了解教研、参与教研、指导教研、保证教研"⑥ 等。校长的角色及其对校本教研的态度和行为对校本教研制度的建设和发展无疑起着重要的作用,但这种作用的性质和特点究竟是什么,至今尚无明确定论。

(三) 专业研究人员在校本教研中专业引领价值的研究

"专业研究人员"是校本教研三大核心要素之一,专业研究人员的"专业引领"是开展校本教研和促进教师专业化成长的三大基本力量之一⑦。"专业引领,是指专家为教师开展教学研究提供必要的帮助

---

① 黄日强:《英国中学校长的主要任务》,《特区教育》1984年第4期。
② 张谦:《日本明石小学综合教学实验模式评价》,《外国中小学教育》1996年第4期。
③ [日]佐藤学:《静悄悄的革命》,李季湄译,长春出版社2003年版,第59页。
④ 兰秀玲:《校本教研制度的建立与校长角色》,《辽宁教育》2003年第9期。
⑤ 关翠贞:《校长是校本教学研究制度建设和实施的第一责任人》,《辽宁教育》2003年第9期。
⑥ 邓雅学:《校本教研制度的建设与创新》,《广西教育》2004年第5期。
⑦ 余文森、洪明:《校本研究九大要点》,福建教育出版社2007年版,第2页。

和指导。这里所说的专家,既包括大学或研究机构的专业研究人员、各级教研室的教研员,也包括中小学教师中的骨干教师"[1]。在专家层面,教研员是引导校本教研开展的核心力量,他们处于教育研究的中间层面,是理论和实践的纽带和桥梁,也是大家在研究中较为关注的点。如有学者提出建立校本教研员制度,设立专门机构和人员,统筹规划和指导实施校本培训、校本研究、教师发展、教育交流等问题的策略体系。[2] 另外,研究者们大多基于传统教研员和校本教研中教研员的比较,深入探讨了校本教研中教研员的作用[3]、角色定位[4]以及校本教研员制度建设[5]等问题。根据所查阅的文献专门论述专业人员在校本教研中的作用的文献较少,研究者们大多集中于专业人员如何促进校本教研有效开展、专业引领的内容和方式[6]、专业引领的形式[7]等方面展开探讨,如有调查研究得出教师需要与课堂教学相结合的引领方式[8];有研究提出专业研究人员一定要在"专业""研究"上下功夫,并从"专业""研究"的角度促进校本教研的开展。[9] 骨干教师的专业引领方面,顾泠沅曾就专业引领方式的效率问题进行过调查研究,"在课程教学改革的过程中,怎样的专业指导对教师的帮助最大?"选择较多的是:课改专家与经验丰富的教师共同指导课堂教学(36.7%);身边经验丰富的教师在教材教法方面的指导(35.7%)[10]。可见,有效的专业引领要尽可能地贴近教师的教学实践和使用教师较为容易接受的引领方式。

---

[1] 教育部基础教育司、教育部师范教育司组织编写:《校本教研与教师专业发展》,高等教育出版社 2004 年版,第 64 页。
[2] 李健:《呼唤校本教研员》,《中国教育报》2005 年 6 月 28 日第 007 版。
[3] 陈文:《略论教研员在校本教研中的作用》,《教育探索》2006 年第 10 期。
[4] 邹尚智:《教研员在校本教研中的角色定位》,《教学与管理》2006 年第 1 期。
[5] 李健:《新课程背景下的校本教研员制度设计》,《教学与管理》2006 年第 2 期。
[6] 李萍、张立:《新课程改革中教研员如何"专业引领"》(http://jcjykc.cersp.com/post/zzyc/200605/423.html)(2006/5/2)。
[7] 柳夕浪:《专业引领的形式》(http://www.pep.com.cn/xiaoyu/book/xy_dsyz/sw3/xysw5/201008/t20100824_720169.htm(2004/7/14))。
[8] 顾泠沅、杨玉东:《教师专业发展的校本行动研究》,《教育发展研究》2003 年第 6 期。
[9] 余文森:《专业人员如何促进校本教研》,《人民教育》2003 年第 3 期。
[10] 顾泠沅、杨玉东:《教师专业发展的校本行动研究》,《教育发展研究》2003 年第 6 期。

三 校本教研主体间合作教研的相关研究

校本教研是"为了学校、在学校中、基于学校"的教学研究活动,故而集体研究、合作研究是校本教研的主要运行形式,合作是校本教研有效开展的重要手段。那么,校本教研活动中各类参与人员之间以及各级教研机构之间如何合作互助促进校本教研有效开展成了研究者们关注的焦点。

(一) 对各类参与者之间合作方式的关注

一方面是对教研行动中合作式参与的重视。在教育改革的背景下,实践中的问题是复杂的学生全面发展及创新能力培养的问题,不是靠个人的力量就可以完全做得到的,[①] 而集体协作能提高研究和实践的效率。早期的行动研究者就已经关注到参与者之间的合作对于教师开展科研工作的重要性。科里(S. Corey)以及后来的埃利奥特(J. Elliott)、凯米斯(S. Kemmis)等人坚持行动研究应该是整个学校范围的"校本行动研究"。科里坚持有效的校本行动研究必须具备六个条件,即对问题的公开、学校教师有创新的机会、鼓励尝试错误、教师群体之间的合作、重视资料收集、有足够的时间。在斯腾豪斯、凯米斯、埃利奥特等研究者的不断研究和完善之下,行动研究的四个特征(参与、改进、系统、公开)逐渐显现出来。刘良华在其著作《校本行动研究》中提出,除"参与""改进""系统""公开"之外,也可以将"合作"视为行动研究的第五个特征。并且"合作"可理解为"参与"的一个内在特征,因此亦可将其称为"合作参与"。"合作参与"重视参与行动研究的教师由个人化的、孤岛式的研究走向群体合作性研究。这种合作包括教师与教师之间以及教师与校外研究者之间保持主题式的对话关系,也包括教师、专家、学校管理者、地方教育管理者之间的相互"协作"与"支持"。[②] 美国课程理论专家约瑟夫·施瓦布在研究了教师小组商讨的作用后提出,教师应该"构建学习共同体,进行相互合作、

---

① 李·S. 舒尔曼:《理论、实践与教育的专业化》,王幼英、刘捷编译,《比较教育研究》1999 年第 3 期。

② 刘良华:《校本行动研究》,四川教育出版社 2002 年版,第 9—10 页。

讨论",强调教师在合作性的探究中实现研究的目的。显然,行动研究既可以是教师个人化的"反思性教学实践"——由教师个人反思自己的教学实践,但更强调的是一种参与者合作式的行动研究。西方学者乔依斯和许瓦斯的一项实证研究表明,学校内教师之间的相互听课和指导能使教师将在职培训所学到的知识和技能更好地运用到日常课堂上。[①]日本教育专家佐藤学则认为,学校从内部发生变革的最大原动力在于教师作为专家构筑起亲和与合作的"同僚性"。[②] 学者马忠丽针对校本教研与教师专业成长互动关系中存在的问题进行了深入的思考,并提出校本教研必须发挥教师的主体性、积极性和创造性,发挥校长和骨干教师在校本教研中的课程领导作用。[③]

另一方面是关于主体间性教研文化建设的探索。有学者提出,追求实效的校本教研,必须警惕教师主体性的湮没,应该要彰显教师的主体性,让教师充分地体验到校本教研是教师自己的研究,并积极地探索主体性彰显的外在支持机制。[④] 教师主体性的张扬在一定程度上激发了教师教学研究的积极主动性,形成主体性教研文化,但主体性过强的教研文化特有的孤立性和保守性,使得教研主体间缺乏平等的对话和沟通。校本教研是以教师为主体、学校为基本单位的教育教学研究,与专家以学校为调研或实验对象所开展的研究以及单个教师针对自己的教育教学面临的问题所进行的研究具有一定的区别。校本教研在学校层面上展开,解决学校层面面临的问题,往往涉及不同的参与人员。因此,校本教研通常体现为一种集体协作式的教研活动,需要参与者相互之间的合作互助,形成团体的教研合力来从事研究活动,最终达到校本教研的根本目的。基于此,研究者们逐渐意识到"建立主体间性教研文化,即主体间建立在理解、对话基础上的平等交往、共享合作、求真求善的一

[①] Joyce, Bruceand Showers, Beverly, "The Coaching of Teaching", *Educational Leadership*, Vol. 40, No. 1, January 1982.

[②] [日]佐藤学:《学校的挑战:创建学习共同体》,钟启泉译,华东师范大学出版社 2010 年版,第 165 页。

[③] 马忠丽:《校本教研与教师专业成长互动关系的研究》,硕士学位论文,西北师范大学,2009 年。

[④] 葛孝亿:《教师主体性:校本教研应有之义》,《现代教育科学》2009 年第 2 期。

种思维与行为方式,在开放性、对话性、生态性、动态生成性的文化氛围中实现主体间知识的积聚与融合,发现问题、解决问题,构建教学实践智慧,促进教师专业发展的一种文化"① 显得尤为重要。

(二) 学校与校外组织机构间合作方式的研究

一是大学与中小学合作的相关研究。大学教师与中小学校合作开展研究(也称 U－S 伙伴关系)的形式在西方 20 世纪六七十年代已有尝试。这种形式主要是在当时理论长期脱离实践、不能有效指导学校实践的背景下提出的。一方面试图使教师转变成为研究者,从教师身上化解理论与实践之间的矛盾;另一方面强调专业研究者与实践工作者的合作,从实践中汲取营养,与实践者的合作中体现理论的价值和意义。② 美国基础教育学校的教育科学研究重视研究共同体的开发与合作,20 世纪 80 年代中期美国教育改革中出现了一种新型的中小学校运行机制——专业发展学校(Professional Development Schools,简称 PDSs)。1986 年美国的霍尔姆斯小组在其《明天的教师》这一报告中提出,自 19 世纪中叶以来,知识和社会对教师的需求量一直在以惊人的比例持续上升,但教师工作的性质和组织却没有多大的变化。基于此,20 世纪 80 年代后期,美国教育的一项策略就是:派出部分大学教师到中学做专任教师,指导中学教学改革和实践,这一共同体也被称为 U－S(University-School)联合体。③ 他们呼吁把教育学院和中小学结合起来,教师可以在这里学到东西,在这里进行有创建性的调查研究,改进专业实践。④ PDSs 是大学与中小学建立合作伙伴关系的产物,大学与中小学的合作关系使它不断在挑战中重新设计和建构,成为一种具有创新意义的机制,它通过探究取向的教学直接改进教育教学的实践,以教师的发展达到学生的发展。⑤ 中小学和大学的教育工

---

① 符森:《主体间性哲学视野下的中小学教研文化探析》,《教学与管理》2012 年第 10 期。
② 郑金洲:《校本研究指导》,教育科学出版社 2002 年版,第 113—114 页。
③ 金惠堂:《国外教育研究》,光明日报出版社 1989 年版,第 165 页。
④ 霍尔姆斯组织:《明日之教师——美国霍尔姆斯组织的报告》,葛正明、金松译,东北师范大学出版社 1992 年版,第 10—11 页。
⑤ 宁虹:《浅论教师发展学校》,《教育研究》2004 年第 5 期。

作者都意识到了研究与实践之间的鸿沟，也都意识到了在专业准备与学校改革的真实世界之间缺少清晰的联系。中小学与大学的教育工作者都在寻求发展一种结合体，这种结合体能够使大学和中小学从他们之间所建立的联系中获益。PDSs 正是能够满足这一需求的结合体。PDSs 不仅带来了中小学校机制的创新，同时，它对教师发展的关注，以及吸纳大学研究人员参与的合作研究为中小学校教师成为研究者带来新的活力。

随着教师成为研究者运动在国际上的推进，校本教研在中国中小学的深入开展，作为推动教师专业发展、学校改进的教师研究逐步被接纳，除了教学以外，"科研"也成为教师专业发展的核心内容。尽管如此，许多研究者质疑教师科研所产生的成果难以称其为"知识"，科研过程中教师采用的方法的严谨性与客观性也难以肯定。[1] 英国的麦金太尔与布莱克-霍金斯对英国的科研伙伴关系项目进行分析后也认为，在研究技能方面培训和协助教师可能是大学研究者最重要和最有价值的作用。[2] 荷兰的梅杰及其同事 2013 年的实证研究也得出类似结论，通过加入有大学人员参与的合作科研项目，前线老师有关"做研究"的知识和技能获得了增长。[3] 并且大学与研究者的参与、支持和协助，将能够训练和支持教师的研究技能，为教师科研的传播及与外部建立联结、重新建构专业知识的生产和传播等提供支持。[4] 从而有助于教师处理教育教学实践工作与教学科研工作之间的辩证关系，并把教学实践与教学研究在并存的基础上建立联结，促成"教"和"研"的共同发展。

---

[1] Cochran-Smith, M. and Lytle, S. L., "The teacher research movement: A decade later", *Educational Researcher*, Vol. 28, No. 7, 1999.

[2] McIntyre, D. and Black-Hawkins, K., *Reflections on school-university research partnerships cational research*, New York: Routledge, 2006, pp. 182–199.

[3] Meijer, P. C., et al., "Teacher research in secondary education: effects on teachers professional and school development, and issues of quality", *International Journal of Educational Research*, Vol. 57, 2013.

[4] McIntyre, D. and Black-Hawkins, K., *Reflections on school-university research partnerships cational research*, New York: Routledge, 2006, pp. 182–199.

二是区域与校际合作教研的相关研究。随着校本教研在实践领域的展开,研究者们认识到,校本教研不能囿于单一学校内的教研,一所学校如果缺乏与校外机构和人员的交流沟通,学校发展难以实现自我突破。有学者提出以校为本不单指"一校为本",校本教研不等于"本校教研"①。在校本教研实践中区域推进、校际交流教研活动日益受到重视。有研究者尝试在区域协作背景下开展教研训一体化的教研组建设②。太原市迎泽区教研室逐步明确了"课题引领下的校本教研区域推进"的思路,建构了以"四个课题研究型"的区域教研联盟,各学校从中选择适合的课题作为学校校本教研的主题,在全区范围内形成了四个"课题研究型"校本教研联盟,有效促进了全区校本教研向纵深发展。③ 有研究在区域教研的基础上提出建立校际教研共同体,校际共同体由参与主体、协调主体、监督主体构成,核心要素包括共同愿景、参与合作与分享、民主领导与决策,主体与核心要素的共同作用构成共同体的运行机制。并且无锡市教育科学研究院将这一理念运用在全市层面创新管理机制、统筹区域协作,于 2011 年年初在全省率先构建"无锡市中小学(幼)教科研共同体"。开展活动近三年,校际共同体顺应了学校教科研发展的需要,对改善中小学教科研环境、优化教科研活动管理和运作模式、提高全市教科研质量发挥了积极作用。④ 有研究提出以赛促训、走教(研)、网络诊断三种校际协作教研实践形式,使教研的功能得到最大发挥,促成教师成长。⑤

四 国内外研究现状述评及启示

通过文献梳理发现,国内外对校本教研的相关研究是与各国的教育

---

① 朱云福、姜建华:《区域教研从立足校本到走出学校》,《中国教育报》2010 年 4 月 2 日第 006 版。
② 方明:《区域协作背景下教研训一体化教研组建设的实践与探索》,《上海教育科研》2006 年第 7 期。
③ 程惠萍:《太原市迎泽区"四大联盟"引领下的校本教研区域推进模式探索》,《教育理论与实践》2015 年第 26 期。
④ 包智强、吴伟昌:《校际教科研共同体:区域教科研的新范式》,《上海教育科研》2013 年第 12 期。
⑤ 沈美华:《校际协作教研:教师专业成长的新空间》,《上海教育科研》2012 年第 7 期。

改革以及教育实践情况紧密联系的。这些研究成果为今后校本教研的研究和实践打下了良好的理论基础和现实指导，对本书也具有重要的参考价值。一方面，多数研究紧扣校本教研宗旨，在促进教师日常工作中树立教研理念、加强自身专业成长、促进学校注重结合自身条件加强学校特色建设等方面，无疑是有所增益的；另一方面，多数研究已经不再局限于传统校本教研的视野，而是结合时代发展的趋势，注重结合现代技术手段搭建校本教研平台，增进参与人员之间的互助指导。

（一）校本教研理论研究丰富而研究成果的实践应用乏力

当前理论界有关校本教研的研究成果已经十分丰富。研究者们从校本教研的源起、概念理解、基本理念、构成要素、实践策略等各个方面展开深入探讨，形成了一系列的研究成果。但是在校本教研的实践领域，还是存在很多障碍，教研理念的实施和执行缺乏力度。其深层原因主要在于以下两点，一方面是传统的教学观和教研观念的阻碍。在实践一线的中小学教师的观念中，"教研等同于理论研究，是一门高深的学问，所以，教研是理论研究者的事，一线教师的主要任务在于教学工作"这一认知根深蒂固。这使得实践一线的教师专注于传授知识的教学工作，无心关注教研以及理论研究者的研究成果如何在教育教学实践中合理应用的问题。因此，校本教研研究成果缺乏实践推进的力量；另一方面是理论和实践层面缺少真正的"合作"。当前校本教研中理论与实践层面的"合作"较多地体现在形式，大多数一线教师对理论工作者的要求主要在于"你教我怎么做就行了"，而部分理论研究者也往往过于"热心"而导致对一线的指导超过了"引领"的界限而走向了"代理"。要想让各种理论研究成果有效地应用于教育教学实践问题的解决当中，就不能客观地要求教师接受、照搬和实施，而是必须让教师真正地参与到研究中来，亲身体验、感悟和反思，形成理性知识，再运用于实践当中，这样才能真正使研究成果内化为教师的实践智慧，发挥理论对实践的指导作用。总而言之，校本教研的理论研究已经先行，实践推进仍需努力跟上。因此，今后校本教研的研究应该立足实践，注重理论研究者与实践工作者的互动与沟通，增强校本教研的实际效果。

（二）较为关注教研主体合作方式的研究而忽视教研主体互动行为运行于其中的文化环境的研究

尽管已有研究非常重视"自我反思、同伴互助、专家引领"的落实在校本教研中的重要作用，但是教师依然缺少研究的积极性，同伴互助和专家引领的实际效果仍然不明显，校本教研并未彰显本校特色等问题仍然存在。深层的原因在于长期以来，学校在校本教研活动开展过程中忽视了对学校的个性和特色的具体分析，未能很好地结合学校的物质文化和精神理念来开展本校教研工作，使得学校缺乏滋养教师教研自觉和促进校本教研主体积极互动的校本教研文化和生态环境，缺乏支撑整个学校校本教研持续开展的灵魂支柱。最终导致校本教研脱离学校实际，走向过于依赖校外专家的形式化教研。因此，校本教研要真正体现"本校"特色，应既要注重学校日常教研活动中活生生的人的主体性发挥，也要关注学校文化因素对校本教研活动中主体行为能动作用的研究。

（三）较多从微观和中观层面对核心主体之间的关系进行研究但对教研各主体间的互动关系缺乏宏观的系统研究

校本教研是一项要素繁多、结构复杂的系统工程，系统的复杂性、整体性、动态性等特征决定了教研推进的进程势必面临多重错综关系，这就需要研究者具有把握全局的宏观视角、系统思维，这样才能兼顾梳理、把握和协调系统内各因素的特性及其之间的关系。校本教研领域已有的研究从微观层面对校本教研系统中的个别重要参与人员及人员之间合作关系方面的研究成果已经非常丰富，但在对校本教研系统整体结构关系方面以及系统内各因素之间如何促进合作的互动关系方面还有待进一步深入研究。任何一个领域的发展，都离不开对微观、中观、宏观各层次问题的探讨。微观、中观问题的深入研究，为准确把握宏观问题打下了坚实基础，同样，关于宏观理性的系统研究对于领域发展可以起到高屋建瓴、引航指路的作用。为此，本书需要在微观研究和中观研究的基础上，以系统的思维加强对校本教研整体系统结构的研究。用系统的、复杂的、动态的思维审视校本教研系统内各因素及各因素之间的互动关系，掌握校本教研系统的基本运行模式，尽量降低限制整个教研系统发展因素的作用力，促进发展，使校本教研系统形成良性循环，达到系统平衡与和谐发展、优化校本教研主体互动的运行生态。

第三节 研究目的与意义

一 研究目的

本书的目的是要探寻校本教研如何通过主体互动提高实效，促成教师教研自由和专业自觉。本书旨在通过对校本教研主体互动的现状进行深入考察，了解校本教研主体互动的生活世界和实现过程，揭示影响校本教研主体互动的关键因素，以期有助于理解校本教研主体互动在基础教育改革实践中的地位和作用机理，为作为校本教研主体的教师、学校教研管理者、校外专家的教研行动提供实践策略。具体来说，本书有以下几个目的：

第一，以主体互动的视角考察校本教研的历史背景、发展阶段、概念演进，辨明主体互动的基本意涵，深化对校本教研主体互动内涵的认识。

第二，采用个案研究的方法系统考察校本教研主体互动的生活世界、分析校本教研主体互动的实现过程，揭示影响校本教研主体互动的影响因素，深化对校本教研主体互动实践过程的认识。

第三，在理论论证和实践考察的基础上，归纳总结校本教研主体互动研究的成功经验，并针对存在的问题提出校本教研主体互动的实践策略，以期为教师走向教研自由提供可行的路径，促进校本教研系统的良性运转，提高校本教研的实际效果，增强校本教研推进基础教育改革的内在动力。

二 研究意义

校本教研在传统教研活动的基础上，赋予了教师研究更加丰富的理论和现实意义。在教研主体上，校本教研强调以教师为核心主体，管理者、专家作为合作者、参与者积极参与；在活动形式上，从单向传达走向互动协作；在活动目的上，从建构宏观教育理论转向学校教育过程中现实问题的解决。因而,"校本教研主体互动"这一选题是推进中国基础教育改革与发展的需要,具有强烈的时代紧迫性和重大的现实意义。

理论意义:本书采用质性个案研究的方法,以主体互动作为校本教研研究的切入点,审视校本教研实践,开拓了校本教研的研究视阈;本书提出了校本教研是以教师为核心的多元主体的互动过程这一观点,丰富了校本教研理论;本书以交往行为理论为方法论指导,来探寻校本教研主体互动的实践路径,跳出主体—客体二元对立思维的限制,将自上而下的单向线性思维转换成多元互动的网络关系思维,为今后思考校本教研提供了一个新的视角。

实践意义:首先,校本教研主体互动研究有助于深化作为校本教研主体的教师、学校教研管理者、校外专家对校本教研的认识,为教师、学校决策者、教育理论研究者开展校本教研提供启示与借鉴;其次,校本教研主体互动研究有助于促进理论研究者与实践工作者的融合与互补,修补一直以来教育理论与实践之间的隔阂和空白;最后,在对校本教研主体互动的现状调查和研究的基础上,为校本教研主体互动提出具有操作性的实践策略,促进教师研究的可持续发展,实现教师教研自由,进而推动师生共同成长、学校内涵式发展,最终为中国基础教育改革的持续、深入增添动力。

第四节　研究创新点

在当前基础教育改革从理论走向实践的背景下进行校本教研主体互动研究。其创新性大致体现在以下几方面:

一是研究视角新。本书以交往行为理论为方法论基础,从校本教研主体互动的视角来审视校本教研,主张关注校本教研实践过程中的"校本教研主体"和校本教研主体间正在发生的互动行为,以此增进校本教研实效。这为发挥校本教研推动师生共同成长、学校特色建设、基础教育改革的功能提供了新的研究切入点。

二是研究观点新。通过基本理论论证和实证个案研究,提出校本教研是以教师为核心的多元主体互动过程,校本教研主体积极互动能够形成推动校本教研有效开展的合力的观点。在此基础上，本书从互动的价值取向、场域立场、行为准则和实践策略四个方面，为校本教研主体走向以互动为基本存在方式的自主、自觉、自由的教研做出新的尝试。这将为实践领域有效开展校本教研提供有益的建议。

第 二 章

校本教研主体互动的本体意蕴探源

> 人与人的交往是双方（你与我）的对话和敞亮，这种我与你的关系是人类历史文化的核心。可以说，任何中断这种我和你的对话关系，均使人类萎缩。
>
> ——［德］雅斯贝尔斯

校本教研虽然在21世纪初才伴随着第八次课程改革的推进逐渐进入国人的视野，但关于以校为本的教研思想和实践，在国内外却有着悠久的历史。要明确校本教研的基本概念，需要对校本教研的历史发展过程进行清晰的梳理，因为只有了解历史，才能清晰地认识现实，才会有对未来发展的基本判断。故而，本章的首要任务就是对校本教研兴起的历史背景进行必要的探讨，继而从教研主体的角度对校本教研的基本发展过程进行阶段性解析，再明确校本教研既有的概念。在明晰何为校本教研的基础上，欲明确校本教研主体互动的本质属性和基本内核，还须进一步明确何为主体、何为主体互动。因此，本章的第二节对"主体互动"这一概念进行哲学基础的探讨和基本内蕴的界定。在此基础上，本章第三节对"校本教研主体互动"这一核心概念进行研究假设式的分析和解读。

总体而言，本章的基本逻辑是，先明确校本教研的兴起背景、校本教研的概念内涵以及校本教研的发展阶段；进而探讨主体、互动和主体互动的基本概念和理论基础；在此基础上，重建校本教研概念，探讨校本教研主体互动的结构、要素和价值等基本问题。

第一节　校本教研：教师"以校为本"的教学研究活动

对校本教研兴起的历史背景的理解、校本教研发展阶段的逐一梳理、校本教研现有概念的回顾与澄清、校本教研主体互动危机的阐述，是为了进一步理清校本教研主体互动的必要性和可能性。这对校本教研主体互动内涵本质的探寻具有基础性意义。

一　校本教研兴起的历史背景

校本教研的产生与兴起具有深刻的历史背景和社会渊源。明确校本教研兴起的历史脉络，有利于进一步明确校本教研的本体论意义，进而为校本教研概念审视提供理论基础。

（一）"去中心化"的"人本"教育思潮诱发"校本"教育实践

20世纪60年代末，针对固定标准、封闭思想、单向结构的思想体系带来的困境，多元、开放、人性、自由、复杂、互动的后现代主义"人本"思潮在全球范围内逐渐兴起。"去中心化"的"人本"思潮进一步倡导开放式、扁平化、平等性的系统结构，强调多元性与异质性，反对同一性和总体性，强调整体性和主体间性，这提高了主（人）客体之间相互作用的程度和认知机能的平衡及认知结构的完善，有助于主体从自我中心状态解放出来。受传统教育制度禁锢的教育领域在"人本"思潮的冲击下，颠覆了由二元对立思维所导致的等级压抑，打破了行政中心和学校边缘的不可通约性，破除单方面的话语霸权，逐渐走向以"人"为中心的主体间性。无论是教育行政部门还是中小学校，其"民主"意识和观念都开始萌生，并日渐凸显出学校这一教育实践策源地在教育中的重要地位。各级教育行政部门逐渐下放权力，正视学校的需求，解放学校的思想，尊重学校内人（教师、学生）的主体性需要，努力为教师专业发展营造一个良好的人文环境。在这种强调发展人的潜能和树立自我实现观念的"以人为本"的教育思潮的影响之下，学校这一师生神圣的栖息之地被赋予了更多的自由，教师和学生逐渐成为学校名副其实的主人。在这个大背景下，基于自主、选择、决策的"校本"思想也应运而生。

此外，中国教育改革发展的需要和国家制度层面的支持，使得从"人本"思想延伸出来的"校本"思想得到更为肥沃的生存土壤。20世纪80年代，中国教育受传统计划经济体制的影响，一方面教育行政部门无视学校的特点和教师的主体性；另一方面学校自身过于强调办学的统一性，忽视本校的办学特色，缺乏生命活力，以至于学校的教育质量落后于社会经济发展的需求，学校培养出来的人才不能适应知识经济的发展需要。随着全球化、信息化时代的到来，社会对人才质量的需求不断提高，教育领域不得不做出相应的调整与改革。1999年，中国第三次全国教育工作会议提出国家、地方、学校三级课程管理体制，并规定学校课程在中学阶段可以占到课程总量的16%。这种课程管理体制实际上是自上而下地为"校本"在中国的推行提供了政策支持和实践的可能性。基于此，学校可以就现有资源和办学特色进行自主开发，教师的主体性发挥有了相应的空间，学校教育可以更好地照顾到学生的个性发展。教育领域的主体身份得到相应调整，学校、教师、学生的主体性受到广泛关注，这些都展现出了从"人本"思潮到"校本"教研实践的发展轨迹。

（二）"教师即研究者"运动为教师开展校本教研提供可能

如果说"人本"教育思潮为校本教研提供了思想上的指引，那么美国的"教师即研究者"运动则为校本教研的形成与发展提供了最为具体和突出的实践可能。实际上，教师研究在西方有着悠久的历史，"教师即研究者"运动的兴起是教育思想发展积累逐渐形成的产物。早在19世纪下半叶就有研究者提倡和鼓励教师参与教育实验研究。如帕克在其自身行动中践行教师研究并引导库克县的一些教师开展课堂研究；杜威作为进步主义教育运动的代表人物，建立了实验学校，并用行动积极倡导教师研究。

20世纪早期，受科学主义思潮的影响，在教育研究领域，研究者们极力地倡导用科学方法或控制实验来研究教育问题。由于教师对科学的教育研究方法掌握不够，教师对成为研究者的热情不足，导致这一时期教师在教育研究中只是一个从属的身份。20世纪四五十年代，美国兴起了行动研究，这为教师研究的再次发展提供了契机，但是由于教师研究未得到大学专业研究者的认可、教师研究评价标准的滞后和实践中的一些困难，导致教师研究在短暂辉煌之后一度停滞不前。

20世纪60年代，为了解决人文学科的课程和教学问题，英国学校委员会和拉菲尔基金会联合发起了"人文课程研究"项目。斯腾豪斯作为这一项目的负责人，在主持项目期间首次提出了"教师即研究者"的概念，并将教师的教学工作和研究结合起来，试图改变教师在课程、教学和学习中的定位。1966年，联合国教科文组织在法国巴黎召开"教师地位之政府间特别会议"，明确提出教师是专业人员，强调教师的专业地位。在实践中促使教师专业化的一个重要途径就是在真实教育情境中对自身工作的研究。至此，教师专业化成为世界教育的主流话语。要实现教师专业化发展，就得强调教师在传道、授业、解惑的基础上，以研究者的身份去探究教育教学中遇到的问题，做一名在教学中研究、在研究中促进教学和实现自身专业发展的教师研究者，这就是校本教研最初的样态。校本教研的提出正是在"教师成为研究者"的呼声中顺势而出。它是基于学校教育教学工作中遇到的实际问题，以教师为主体，融教学、研究和学习为一体的教师成长方式。

（三）基础教育改革从政策层面直接推动校本教研的发展

教育改革是将教育不断推向新高度的源动力和教育研究的核心任务，基础教育改革则是教育改革的重中之重。在全球化背景下，人才培养与社会发展的核心竞争力息息相关。因此，通过教育改革培养更具竞争力的人才也成为基础教育改革的首要任务。基础教育在人才培养中、在社会可持续发展中都起着举足轻重的作用。基于21世纪社会进步和人的发展的需求，深入思考为国民基本素质奠基的基础教育改革的出路，这无疑将是各国教育领域的重要工作。

就中国而言，随着基础教育改革的全面深入推进，三级课程管理制度的进一步完善，全国各地纷纷建立了以校为本的教研制度，一线教师参与到解决自身乃至学校面临的教育教学问题研究中的教研现象广泛出现。校本教研在中国的产生和发展过程中,政策的推动是其中最为直接和重要的原因之一。2002年12月,中华人民共和国教育部印发《关于积极推进中小学评价与考试制度改革的通知》,通知中明确提出:"学校应该建立以校为本、自下而上的教学研究制度——校本教研。"这是教育部第一次在官方文件上使用"校本教研"一词。2003年1月全国基础教育工作会议上再次提出当年工作的十个要点之一,即"开创以校为本的自下而上的教育研究制度",把以学校为主体的教研制度建设提上了日程。此后,相关教育部门陆续又出台文件,进一步完善和强调以校为本的教学研究,鼓励在全国各地开展校本教研相关项目与实验。2003年12月正式启动了由教育部基础教育司批准的"创建以校为本教研制度建设基地"的重大项目。全国84个县(区)被教育部确立为"全国首批创建以校为本教研制度建设基地",各省、市、区也随之建立了一批省级校本教研基地。2004年12月初召开全国基础教育课程改革工作座谈会,会上王湛副部长对课改实验工作进行总结时提道:"坚持加强教师培训,努力创建以校为本的教研制度,把课程改革和教师发展紧密结合起来,这是课程改革实验工作顺利开展的关键……建立以校为本的教研制度,是促进教师专业发展的必然要求,将有利于创造教师之间互相关爱、互相帮助、互相切磋、交流的学校文化,使学校不仅成为学生成长的场所,同时也成为教师成就事业、不断学习和提高的学习型组织。"[①] 基础教育改革的持续推进,一线教师会不断地遇到新的问题,这就要求教育教学研究工作重心下移至学校,需要最亲近、最了解这些问题的一线教师在自己的工作岗位上主动发现问题、探究问题,并最终解决问题。在此背景下,中小学开始进行以校为本的教学研究的实践尝试。

二 校本教研发展的基本阶段

从教师研究中教研主体身份和主体之间关系的演变历程进行梳理,

[①] 周卫:《区域推进校本教研制度建设——"以校为本教研制度建设研讨会"综述》,《教育发展研究》2004年第2期。

研究者发现教学研究的发展呈现出一个共同的发展趋势，即教研主体由传统教研的"单一的理论研究者为主体"向"以理论研究者为主体，扎根一线的教师为对象"，再向"理论研究者与实践者互为主体"的以校为本的新型教研转变。中国校本教研正是在这种转型过程中逐渐发展起来的。

（一）单一主体：理论研究者为教研主体的阶段

伴随着教育学科的成立和社会科学的制度化，教育工作被分化成专业化的教育理论研究工作和教育实践工作。在这一时期，整个社会的教育研究工作乃至贴近中小学实际的教育教学研究工作，均以理论研究者为中心展开，扎根于实践一线的教师仅仅是教育理论的"技术执行者"。教育理论研究工作主要由大学的教育理论研究者和研究机构的专业研究人员负责。他们主要针对自己感兴趣的教育基本理论问题、教育改革与发展的热点问题，以及各个阶段各类学校的课程、教材、教学的理论问题进行专门化的研究，以形成教育思想、提出教育理论。教育理论研究者关注宏观教育问题，不断提出教育理论知识，掌握着教育教学研究的主动权，甚至可以说占据了中小学基本教育教学研究的主体地位。而扎根于教育发生的现场——学校的中小学教师则未能以研究者的身份参与研究，且不知如何去研究自己所面临的真实处境和实际问题，他们仅仅是教育理论工作者所提出的理论的"机械的执行者"。由此，我们将校本教研的这一最初发展阶段称之为"以理论研究者为教研主体"的阶段。

在这一阶段，教育理论研究者开展的研究多为基础性研究，较少关注应用性研究。基础性研究多半以"书斋"为开展研究工作的基地，主要以理论"思辨"作为研究方法，呈现出远离教育的生活世界——学校，远离教育本身——教育教学实际问题，远离教育的直接参与者——教师和学生的特点。因此，本阶段的教育研究所形成的教育理论往往缺乏现实针对性、可应用性和可操作性，对教育教学实际问题的解决缺乏指导意义，这直接导致教育理论研究者和教育实践工作者二元对立局面的发生，教育理论和教育实践之间的鸿沟也越发明显。1939年，张敷荣先生在《小学教师对于教学问题应有的研究和认识》一文中曾详细分析了教师陷于"毫无生气的机器"的"厄运"的原因，并对小学教师应当研究的若干问题（教学目标、教科书、补充新教材、教学法等）进行了列举和分析①。可见，在20世纪初期，已经出现了使教师从事课堂教学研究的观点和提议，但当时他们的研究类型和水平一直是有限的，并且教师们还没有成为研究的主体，也不是完全的研究伙伴，他们只是研究的接受者。②但由于理论和实践之间的隔阂，实践者也不能深入理解和有效运用理论研究者所创造的理论知识。

（二）主辅并存：以理论研究者为教研主体、一线教师为辅助的阶段

随着"教师即研究者"运动的影响力不断扩大，倡导教师成为研究者的呼声越来越高，提倡教师参与到教育教学实践研究中来。但是，与学者们在理论上倡导教师成为研究主体相矛盾的是，教师在教育教学研究的实践中仍然扮演着教育研究对象的提供者、研究数据的搜集者及研究结果的实施者等辅助角色。美国印第安人事务局局长科利尔认为"既然研究成果必须通过管理者和非研究人员操作实施，而且必须经受他们经验的审查和批评，那么，管理者和非研究人员就应该根据他们自己的需要创造性地参与研究。"③ 实际上，一线教师一直以"教学"实践工作为主，几乎不存在教师开展教学研究的说法。"基于中小学教师课堂教学中较多的教学随意行为，教育部要求借鉴苏联的先进教育经验，加强视导员制度，制定统一的教学计划、研究学习统一的教学大纲与教材、加强对教材教法的研究与改进等。于是直接服务于教学质量提高的研究活动被正式提出了"。④ 1949年12月，中国教育部召开第一次全国教育工作会议，会上强调要在吸收旧教育有用经验的基础上，借鉴学习苏联的教育经验来建设新民主主义的教育。⑤ 此后，中国教师研究

---

① 靳玉乐、李森主编：《学术与人生——张敷荣教育学术思想研究》，西南师范大学出版社2004年版，第39页；原载《教育半月刊（第5卷）》1939年第2期。

② 宁虹：《教师成为研究者：国际运动理论路径实践》，首都师范大学出版社2002年版，第4页。

③ John Collier, "United States Indian Administration as a Laboratory of Ethnic Relations", *Social Research*, Vol. 12, No. 3, 1945.

④ 刘裕权、林伟：《国内外中小学教研组活动有效性研究文献综述》，《四川教育学院学报》2010年第10期。

⑤ 中国教育年鉴编辑部：《中国教育年鉴1949—1981》，中国大百科全书出版社1984年版，第147页。

逐渐被提上日程。20世纪50年代,"教师行动研究"运动在美国兴起,提倡教师在教育教学行动中开展研究。但在50年代末期,由于行动研究在传统研究的评价标准之下缺乏适应性而受到批判,教师研究的积极性日渐削弱,"教师行动研究"运动也逐渐走向衰落。20世纪60年代后期,英国课程改革专家斯腾豪斯明确提出"教师即研究者"的口号,认为"课程的研究与开发应当属于教师,在实践中实现这一理想有着广阔的前景"[1],主张基础教育教师应该参与到课程开发中来,将专业发展和课程开发融合在一起,共同发展。斯腾豪斯强调仅仅是教师的工作被研究是不够的,教师要自己亲身做研究,因为"教师是教室的负责人,而从实验主义者的角度来看,教室正好是检验教育理论的理想实验室。对那些钟情于自然观察的研究者而言,教师是当之无愧的有效的实际观察者。无论是从何种角度来理解教育研究,都不得不承认教师充满了丰富的研究机会"[2]。20世纪70年代后期和80年代早期,以反思为核心的教育研究理念得以出现和发展。施瓦布在《实践:课程的语言》一文中提道"'实践模式'、'准实践模式'和'折中模式'"[3],并意图以课程实施为依托,提倡"反思型实践"研究。然而,施瓦布并没有直接践行这种"反思型实践",而是舍恩在这方面做得更加彻底,舍恩认为教师作为专业人员是"反思的实践者",而不是工匠,他认为反思实践者应"在行动中求知",而不是"理论逐渐下行到实践"。他对主导认识论进行了尖锐的批判,反对理论和实践的关系是"自上而下"的观点。于是,"反思型实践者"观念成为联盟一线教师和理论研究者的源泉,尽管当时它还在教育专业领域缺乏深度经验和较大的影响。[4] 1978年,中国教育部

---

[1] L. Stenhouse, *The teacher as researcher: Controversies in Classroom Research* (2nd ed.) Martyn Hannersley (ed.), Buckingham: Open University Press, 1993, p. 222.

[2] 高慎英:《教师成为研究者——"教师专业化"问题探讨》,《教育理论与实践》1998年第3期。

[3] Schwab Joseph J., "The Practical: A Language for Curriculum", *The School Review*, Vol. 78, No. 1, 1969.

[4] L. Stenhouse, *An Introduction to Curriculum Research and Development*, London: Heinemenn Educational Books, 1975, p. 256.

对《全日制中学暂行工作条例（试行草案）》①和《全日制小学暂行工作条例（试行草案）》②进行修订，强调："教育行政部门和学校应加强对教学工作的领导，注意组织教师研究教材和教学方法，帮助水平低、经验较少的教师提高教学质量；特别强调要充分发挥教学研究组的作用，注意集体研究，有经验的教师要帮助新教师。"可见，当时中国中小学已经开始提倡"集体备课""师徒结对"等教研形式，教研内容则主要侧重于对教材的分析和对学生"双基"（基本知识和基本技能）的训练。

"教师成为研究者"理念的提出使得越来越多的学者相信教师从事研究能增强他们的专业性。许多国家组织成立了各种教师研究支持机构、合作团体，开展了丰富多样的教师研究工作，并取得了大量教师研究成果。③但是，行动研究在教育领域的开展主要还是通过大学或研究机构的理论研究者深入基础教育现场，引领教师进行研究。教师仍然是被动的研究者，甚至是理论研究者的研究对象，并未成为真正的研究主体，致使研究过程和结果都游离于实践之外，研究效果并不理想。

（三）互为主体：实践者与理论研究者互为主体的阶段

在提倡回到教育生活实际的校本运动和实现教师专业化的国际大背景之下，为了弥合教育研究和教育实践之间行之愈远的鸿沟，实现教师的专业自主，以"自我反思、同伴互助、专家引领"为理念的校本教研应运而生。"校本的出发点是学校自身存在的问题，落脚点是解决学校面临的关键问题，过程以学校自身人员参与为主。"④因此，提高扎根实践的教师在教学研究中的主体性，使教师以真正的教研主体身份参与教研是这一时期的突破点。20世纪80年代中期，西方研究者们在反思"教师即研究者""反思型实践"等观念的基础上，提出了"批判性实践"或"批判的教师研究"。卡尔和凯米斯将批判理论引入行动研究，认为教育研究的目的在于使人获得解放，而解放的前提性条件就是

---

① 《全日制中学暂行工作条例（试行草案）》，《安徽教育》1978年第12期。
② 《全日制小学暂行工作条例（试行草案）》，《安徽教育》1978年第12期。
③ Santa C. M. & Santa J. L., "Teacher as Researcher", *Journal of Reading Behavior*, Vol. 27, No. 3, 1995, p. 446.
④ 郑金洲：《校本研究指导》，教育科学出版社2002年版，第6页。

使分散的教师个人"联合起来",所以,他认为"校本课程开发"更胜于"教师成为研究者"。① 至此,教师行动研究从"解释"转向"解放"或"批判"。批判的教师研究不仅对静态的知识观和教师研究的实证主义思想进行批判,而且主张教师成为批判的专业人员,有能力投身改变教育制度化结构和改善课程。批判性教育实践不再是自上而下的由理论到实践,而是由理论指导实践并反过来从实践来反观理论,从而达到主动地理解实践的目的,理论和实践在动态的互动关系中共生、共进。20 世纪 90 年代,行动研究在中国的系统引介为中国教师成为研究者提供了方法论上的支持。研究者就行动研究在实践中的尝试(例如上海青浦实验等)为教师成为行动研究者提供了范例。随着 1997 年"素质教育"的提出,学校教育也越来越强调发挥学生的积极性、主动性,指导学生学会学习,使学生真正成为学习的主体;要求教师要更新教育观念,在新的教学观的指导下,进行教学方法、学习指导方法和考试方法的改革,提高教学质量和效益。中国中小学教研工作的重点逐渐从注重专研教材、关注教学程序的备课向关注学生的主体性、注重课堂的生成性转变。21 世纪初,随着国家对基础教育改革与发展的日益重视,教育部于 2001 年发布了《基础教育课程改革纲要(试行)》;为了有效推进课程改革,2002 年教育部组织相关专家在江苏昆山市召开了"以校为本教研制度研讨会",会议首次提出建立"以校为本"的教研制度。② 2002 年 12 月,教育部印发《关于积极推进中小学评价与考试制度改革的通知》提出:"学校应该建立以校为本、自下而上的教学研究制度——校本教研。"这是教育部首次在官方文件上使用"校本教研"一词。此后,校本教研成为新课程改革在全国基础教育阶段向纵深推进的重要举措,同时也是中国中小学教研的创新与转型。

这一时期教研重心逐渐由国家和地方转向真正发生教育的学校;教研的主体逐渐由单一的专业理论研究者转向以实践者与理论研究者互为

---

① Carr, W. and Kemmis, S., "Becoming Critical: Education, Knowledge and Action Research", *Canadian Journal of Education*, Vol. 13, No. 13, 1986.

② 韩江萍:《校本教研制度的回顾与展望》,《教育实践与研究》2006 年第 6 期。

主体，共同参与促进教研有效开展。

三 校本教研概念的追本溯源

理解"校本教研"需先从"校本"和"教研"两个概念的基本意义入手。在此，采用词源学的意义考察方法加以分析，并在此基础上进一步从语义学和社会学视角考察"校本教研"的基本内涵。

（一）"校本"的基本义理

"校本"是从西方引入的一个概念，其英文为"school-base"或"school-based"，一般翻译为"以学校为本"或"学校本位"，两种英文表述的使用率都较高。通常在"校本"后面的括号里注上"school-base"或"school-based"。中国研究者把这两个英文表述都译为"校本"。中文表述上没有明显的区别。"校本"一词中"校"即学校，作为具象性概念，指向一种情境或者环境，其意义没有过多争议。但"本"字却具有深刻的思想内涵。"本"在甲骨文字形中，本义为树的根和躯干，与"末"（树梢）相对，喻身体、农桑、实质、君主、祖先、初始等，固多认为"本"就是事物的根源、根本、基础。从字面意义来看，"校本"就是以学校为根本、以学校为基础。自"校本"被正式提出以来，研究者们对其内涵进行了深入探讨和阐释，如郑金洲[1]、余文森[2]等多数研究者认为"校本"即"为了学校，在学校中，基于学校"；丁伟红认为"校本"是"以学校为基础，以学校为焦点，以学校为中心，以学校为场所"[3]；彭刚把"校本"的三个基本理念概括为"基于学校，通过学校，为了学校"[4]等。

中国研究者对"校本"的表述虽然存在些许差异，但是对其实质的理解是一致的。概括起来主要体现为三个方面：第一，"校本"以解决学校自身所面临的实际问题、改进学校实践、实现学校可持续发展为目标指向。第二，"校本"以教师为教研的核心主体，置身于学校这一

---

[1] 郑金洲：《校本研究指导》，教育科学出版社 2002 年版，第 4—5 页。
[2] 余文森：《论以学校为本的教学探究》，《教育研究》2003 年第 4 期。
[3] 丁伟红：《校本的内涵与要素》，《教育理论与实践》2006 年第 1 期。
[4] 彭刚：《校本研究：基本规范与价值取向》，《教育研究》2004 年第 7 期。

师生"生活世界",有助于教师从其自身赖以生存发展的空间能动地发现问题、分析问题、形成方案,并在学校的教育教学实践中加以实施,从而有效地解决问题。第三,"校本"必须从学校面临的实际问题出发,充分考虑学校的特殊情况,充分挖掘和利用学校的各种资源,发挥学校自身的生命活力。

以上对"校本"的理解较为全面,本书遵循同行对"校本"的理解,即以学校自身存在的问题为出发点,以学校自身人员为主要参与者,协同校外专业研究人员力量,以解决学校面临的实际问题,促进学校特色发展为目标的一种理念。

(二)"教研"的主体意蕴

要准确地理解"教研"这一概念,需追溯"教研"的原初内涵。"教研"实际上是"教学(育)研究"的缩写词,因此可以将"教研"一词分解为"教学(育)"和"研究"两个词语。要明确这两个词语,需从"教"和"研"的汉语词源学追踪,探究其本质。

"教"最早见于甲骨文,且与"学"字同源,并共同组成了"教学"一词。从其甲骨文与小篆的字形上理解,其象征意义为施教者通过严格的教学组织纪律而向受教者传授系统的人类文化经典,即《说文解字》中"教,上所施,下所效也。"表述之意。从《说文解字》中对"教"的解释"上所施,下所效"可见,"教"是"上施下效"的整体行为,教师是"施"的主体,"教"是"施"的主体教师对"效"的主体学生所展示的一种示范。在这里"施"和"效"是在生命体的共同参与下同时进行的,显然,"教"是一种主体性行为,既具有广义的"教育"之意,也可指狭义的"教学"。相同的是,其育人功能的实现都依赖于教与学两类主体的充分参与。

"研"在《说文解字》中注为"研,䃺也。从石开声。"在古代也通砚,本义是细细研磨、碾,通过研磨、碾碎、拆解来达到对其基本组成元素、构造和本质的深入了解,故后引申为深入探究、研究之义,多理解为"研究"。而"研究"在《现代汉语词典》中的解释有两种:"一是探求事物的真相、性质、规律等;二是考虑或商讨

(问题)。"① 有学者从事物构成要素的角度，提出目的、过程和方法是研究的三个要素的观点，其中"目的"即指研究是一种有计划、有意图的活动，以发现事物的规律性、解决新问题或改进某种实际情境为宗旨；"过程"是指为了达到目的，按步骤、分阶段进行研究，有一套严格而系统的操作原则和程序；"方法"是指研究的过程，就是运用各种方法分析和解决问题的过程，方法以自己的尺度调节着整个活动的进程，它的正确选择与使用是研究成败的关键。② 还有研究者从词源学的角度，认为"研究"是一个外来词，英语写作"research"，这个单词的词根是"search"，意思是"寻找"，前面的"re"是前缀，含义是"又，再"，合在一起，就是"反复寻找"的意思。反复寻找什么呢？实际上就是寻找信息来解答自己的疑问。简单来说，"研究"就是主体在仔细审视所要研究的现象的基础上，认真地提出问题，并经系统的方法寻找问题答案的过程。③ 综合以上有关"研"的释义，可以看出"研"在学界多被理解为"研究"，而从学者们对"研究"的解释来看，"研究"是主体在心中有"问题"的前提下，怀着解决问题的目的，按照一定的方法和规律，反复探寻解决方案的过程。在这一研究的过程中可以是某单个研究者自己反复思考以寻找规律和解答，也可以是在研究者个人思考的基础上，与同伴之间相互研讨、对话、协商，在合作中共同反复探寻问题之答案。概言之，"研究"同样需要明确"谁"来研究这个根本问题，故而"研究"也是具有生命体参与的有目的的活动。

"教"和"研"连在一起作为一个词语即教育领域通常所说的"教研"。但由于"教"既可指广义的"教育"，也可指狭义的"教学"，故而学者们在其意义的理解上会因为使用领域的不同而采取不同的释义。因此，"教研"具有两种不同的内涵。从广义上讲，"教研"即指以探讨教育全过程、探寻教育规律、解决教育工作中各方面问题为目

---

① 《现代汉语词典》，商务印书馆2001年版，第1447页。
② 郑金洲、陶宝平、孔企平：《学校教育研究方法》，湖南师范大学出版社2009年版，第2—3页。
③ 李森、赵鑫：《现代教学论》，人民教育出版社2011年版，第508页。

的，从而促进教育整体发展的教育研究。由于，教和学是教育活动中最核心、最关键的组成部分，因此，从狭义上来讲，"教研"特指教师以教学实践工作及教学实践相关问题为对象而进行的研究，即教学研究。

本书结合中小学所开展教研的实际情况及本书将要研究的核心问题，采取教研的狭义理解，即教学研究，特指以学校教师（包括教师、教育管理者、校长等）为行为主体，主体之间相互协助、互相合作，用规范的教育研究方法对教学实践工作以及与教学工作密切相关的课程、教材、管理、评价等问题进行有意义的探究活动。

（三）"校本教研"的既有解释

以上对"校本"和"教研"的分析，为我们进一步准确认识和理解校本教研奠定了一定的基础。当然，全面认识校本教研，除了对其字面、词源的分析以外，还必须深入了解研究者们在以往的研究和实践中是如何定义和理解校本教研的。

校本教研是随着基础教育改革中课程改革向纵深推进的需要，针对中国传统的中小学教研制度的弊端，结合当前中小学课程改革实践和中小学教研实际提出的一种崭新的教育理念。对于校本教研的定义，研究者们从不同的角度对其进行了界定和说明，或者把它看作一种活动、一种行为；或者把它看作一种研究制度、一种研究类型；或者把它看作一种研究方法、一种研究策略。郑金洲认为校本教研作为校本活动，应该是以学校所存在的突出问题和学校发展的实际需要为选题范围，以学校教师作为研究的主要力量，通过一定的研究程序取得研究成果，并且将研究成果直接用于学校教育教学的研究活动。[①] 张行涛，李玉平认为校本教研是一种学习、工作和研究三位一体的学校活动和教师行为。它不是一种具体的研究方法，而是一种研究的取向；它不仅是一种教师的专业发展活动，也是一种经验的理论提升过程；不仅是教师的个人行为，也是学校提高教育质量，创建个性化、特色化学校的主要途径之一。[②] 朱慕菊在为《校本教研在行动》所作的序言中指出，校本教研，即以

[①] 郑金洲：《校本研究指导》，教育科学出版社2002年版，第18页。
[②] 张行涛、李玉平：《走进校本教研》，开明出版社2003年版，第1页。

校为本的教研,是将教学研究的中心下移到学校,以教学实践中教师所面对的各种具体问题为研究对象,以教师为主体,理论和专业人员共同参与的教研。吴永军将校本教研界定为以促进师生和学校发展为宗旨的,以学校为场域的,以教学实践中的问题为核心,以教师为主体,并依据一定的科学研究程序开展的教学研究活动。[①]

从以上具有代表性的几种关于校本教研的定义可以看出,研究者们对于校本教研概念的理解和解释在表述上存在细微差异,但是对于校本教研本质的认识较为一致。即均把校本教研视作一种理论指导下的实践性研究,是将学校的教育实践与教育研究密切地结合在一起,既注重对实践问题的解决,又注重经验的总结、规律的探索、理论的提升,是保证学生全面发展、教师专业成长、学校特色建设和基础教育改革向纵深发展的新的推进策略。

第二节 主体互动:教师生发校本教研活动的社会条件

"互动是哲学主体论的基本范畴之一"[②],主体和互动在一起构成一组体现世界本源的基础性范畴。主体是发起互动的前提和基础,互动是作为主体的人的最基本的活动形式。主体和互动的相互融通,共同构成了社会运行的基本内核。校本教研作为社会大系统和教育子系统的一种活动形式,其本质上是由主体和互动两个基本单元构成。因此,从主体哲学和互动理论的视角解读"主体"和"互动"的基本内涵,能够为深刻理解校本教研奠定理论基础。

一 主体:具有自主行为能力的人

"主体"是相对于客体而言的一个具有历史性的哲学范畴,它的

[①] 吴永军:《校本教学研究设计——教师教学研究设计指南》,南京师范大学出版社2007年版,第8页。
[②] [俄]伊·阿·季姆娜娅:《教育心理学》(第2版),杜岩岩译,教育科学出版社2008年版,第228页。

涵义在不同历史时期、不同哲学流派有不同的理解。在此对各阶段较有影响力的主体观作简要阐述，以便明确校本教研中"主体"的具体所指。

(一) 古代哲学的主体观

古代哲学主要从本体论意义上探讨主体，认为主体即实体（个别的物质实体）。早期的古希腊哲学家主要将精力投入在探究世界的始基问题上，并在本体论学说中指出"世界、宇宙便作为完整的、与人统一的东西出现，而始基就像构成整个周围世界的本质一样构成人的本质。"① 因此，在早期古希腊哲学家的自然哲学体系中没有明确的主体和客体的区分。随着主体哲学的发展，古希腊智者学派首先把主观和客观对立并区别开来。智者学派的代表普罗泰格拉提出"人是万物的尺度"，认识到了被人所感知的客体并不是独立存在的，它只存在于主体和客体的相互关系中。普罗泰格拉把人看作万物存在和不存在的尺度和标准，凸显了人的主体性地位。为此，西塞罗还曾评价道："智者把哲学从天上降到人间，使注意力从外界自然转到人本身。"② 显然，在这一时期，"主体"并未被赋予特定意义和使命，但初步将"人"作为"主体"与"客观"世界相区别开来，确立了人的主体地位。

(二) 近代哲学的主体观

近代哲学开始从认识论角度探讨主体，并把主体和人统一了起来，侧重于思维与存在的关系研究，认为主体是指人的理性思维。近代哲学发生认识论转向的最显著特征就是开始从人的认识出发去反思思维和存在之间的关系，而不再是思维和存在、精神和物质谁是第一性的问题。这直接"导致了主客体范畴的偏正结构，即客体的概念主要是通过主体概念而得到规定的，客体只是作为主体的对象而存在""也正是在这一阶段，原先德文中表示'实体'意思的'subjekt'一词被专门用来表示主体，而原先表示'障碍、对象'意思的'objekt'一词被专门用

---

① [苏] M.A.帕尔纽克：《作为哲学问题的主体和客体》，刘继岳译，中国人民大学出版社1988年版，第10—11页。
② [美] 梯利：《西方哲学史》，葛力译，商务印书馆1995年版，第48页。

来表示'客体',然后德国人为了解释'客体'又创造出了'对象'这个词。"[①] 因此,在近代哲学中,主体相对于客体而言具有绝对的优势地位。虽然近代哲学流派繁多,各大哲学流派关于主体和客体之间相互关系的理论层出不穷、多种多样,每个流派的出发点和立足点不同,但总体来说在主客关系的落脚点中偏重于主体的趋势还是较为明显的。例如,笛卡儿"我思故我在"的命题,把"我思"作为认识的主体,把思维视为人的本质属性,重视人的心灵和灵魂这一实体,从而开创了认知主体哲学的先河。康德提出的"人是目的"这一命题则从伦理学的视角确立了人的主体地位,充分肯定了人所具有的至高无上的尊严和价值。但笛卡儿创立的认识论主体哲学和康德对主体与客体的二分法导致心身二元或人类意识与外部世界之间的断裂,忽视了客观世界在科学活动中的重要作用,使近代哲学围绕着解决主客分裂的问题而展开。黑格尔试图坚持知识论的立场,把康德哲学中的绝对意识推向极端,创立以绝对精神为基础的实体和主体相统一的哲学,即把主体看作绝对精神。黑格尔走向了客观理性,把内容和形式通过认识的发展过程统一起来,试图解决困扰认识主体哲学的主客二元分裂的问题。费尔巴哈则反对把主体界定为精神或意识,他认为主体是"实在的和完整的人",精神和意识只是主体的特征。费尔巴哈忽略了实践在主体与客体关系中的特定作用。从具有代表性的几位哲学家的观点可以看出,近代哲学主要从认识论的角度把主体界定为与自然绝对对立的生物学意义上的人,忽略了人的社会属性。

(三)现代哲学的主体观

在现代哲学阶段,开始出现对主体和客体进行区分的必要性产生怀疑的声音。马克思在新康德主义的两个学派(马堡学派和巴登学派)主张对主客体区分进行消解的基础上,将主体与客体有机结合起来并对人的主体地位和主体性进行了科学阐释。马克思通过对资产阶级政治学的批判和对社会生活实际的研究,把对社会生活的主体性理解与客体性

[①] 方新军:《权利客体论——历史和逻辑的双重视角》,中国政法大学出版社2012年版,第97页。

把握统一为实践基础上的新哲学，完成了主体与客体的辩证统一；把解决人与外部世界关系的侧重点从认识论转变到社会主体实践活动的方法论上来，实现了由精神主体向现实的感性的主体转变。在马克思来看，主体不是思维，也不是思维着的人，而是有血有肉行动着的人，能够通过实践变革世界是人与动物的根本区别。在马克思哲学里只有人才能充当主体的角色。值得注意的是，在马克思主义哲学里人和主体不能完全等同，主体是人，但人不一定都是主体。只有从事某种实践活动，并在实践中表现和确定自己的主体地位、具有主体性的人才能称得上是真正的主体。马克思曾明确提出主体人是一个有生命力的、自然的、具备并赋有对象性的即物质的本质力量的存在物。① 根据马克思主义的观点，人在实践活动中把自身之外的存在变成了自己实践的对象（客体），从而使自己作为主体身份而存在。在这个意义上，主体与客体是相对而言并同时出现的。没有客体，主体也就不存在。主体的存在建立在主—客体关系之上。因此，作为主体的人并不是抽象的、孤立的，而是指具有认识能力和实践能力，从事着认识世界和改造世界活动的现实的、具体的和社会的人。同时，基于不同的实践形式，主体也具有不同的表现形式，主体除了可以表示个体以外，群体、社会组织和全人类也可以统称为主体。

（四）后现代哲学的主体观

后现代哲学在现代哲学对主客体二元论婉约批判的基础上，试图彻底颠覆主客体二元对立的局面，消融主体与客体之间、思维与存在之间的鸿沟，尝试建构"主体—主体"模式的主体间性关系。曼弗雷德·弗兰克对主体问题曾谈道："自启蒙运动始，人的主体性便被精神科学赋予至高无上的地位。启蒙运动最突出的成就之一就是主体的发扬和弘扬。然而，二百多年来的社会状况和人的实践日益证明，所谓的主体性只是形而上学思维的一种虚构而已。事实上真正的主体性并不存在，主

---

① 马拥军：《从唯心主义总体性到唯物主义总体性——兼评卢卡奇对〈历史与阶级意识〉的自我批评》，《哲学研究》2008年第8期。

体始终处在被统治、被禁锢的状态。"① 后现代哲学理论实际上是对人类中心观的一种颠覆,因为"人类无一例外都是生态系统的一部分。万事万物都既是主体,又是客体,人类也不例外。"② 当我们疑惑于社会和自然、主体和所谓的认识对象（客体）如何能够超越自身的基本规律而达到整体联系、对立统一时,"以法国社会学家拉图尔为代表的科学知识社会学巴黎学派借助'行动者网络'这一隐喻,在现代性弥漫的今天,努力召回踯躅于边缘的'物',进而弥合康德以来所形成的心身二元或人类意识与外部世界之间的断裂。"③ 拉图尔的行动者网络理论试图彻底消灭二元对立思维,赋予"行动者"以更广泛的意义,"行动者"既可以指人类,也可以指非人类④的存在和力量。在这里,"主体"即"行动者","行动者"既指人,也指在社会建构中起作用的一切非人的因素。行动者网络中的"行动者"之间的关系是不确定的,每一个行动者就是网络中的一个结点,结点之间由通路链接,共同编织成一个无缝之网。在该网络中没有所谓的中心,也没有主—客体的对立,每一个结点都是一个主体,一个可以行动的行动者,主体之间是一种相互认同、相互承认、相互依存、相互影响的主体间性的关系。

主体间性理论是后现代哲学阶段主体观的一个标志性论说,即以"主体—主体"或"主体—中介—主体"的互为主体关系来弥合传统哲学的"主体—客体"二元对立的主客关系。"主体间性"的英文是 intersubjectivity,又译作主体际性、交互主体性、共主体性等,"词根 inter 在这里并不只是'在两者之间',还有'共存'的意思,所以,交互主体性是由主体的共存而产生的。"⑤ 在现象学中,胡塞尔将主体

---

① ［法］让-弗·利奥塔:《后现代主义》,赵一凡译,社会科学文献出版社1999年版,第36—37页。
② ［美］大卫·雷·格里芬:《后现代科学——科学魅力的再现》,马季方译,中央编译局出版社1998年版,第152—153页。
③ 左璜、黄甫全:《行动者网络理论:教育研究的新视界》,《教育发展研究》2012年第4期。
④ 注:非人（Nonhumans）指的是科学活动中除人以外的所有元素,包括自然（nature）、物体（object）、程序（precedure）、仪器（instrument）、实验室（laboratory）甚至意识形态层面的东西,等等。
⑤ 余清臣:《交互主体性与教育:一种反思的视角》,《教育研究》2006年第8期。

间性界定为:"一种通过主体的'类比统觉''同感''移情'等'视域互换'来实现的,在各个主体之间存在的'共同性'或'共通性'。"[1] 在胡塞尔的思考中,先验的自我变成了主体间的自我,世界于是变成了主体间的生活世界。[2] 因此,主体与主体的关系不是孤立存在的"二人世界"或"多人世界",而是以他们共在的客观世界为背景和前提的。这与海德格尔"世界向来已经总是我和他人共同分有的世界。此在的世界是共同的世界。'在之中'就是与他人共同存在"[3]。的观点具有共通之处。伽达默尔将主体间性理解为一种主体的"视域交融",他认为解释活动的基础是理解,而理解只能在主体之间进行,因此文本(包括世界)不是客体,而是主体,对文本的解释就是对话,"在这种'谈话'的参加者之间也像两个人之间一样存在着一种交往(kommunikation),而这种交往并非仅仅是适应(anpassung)"[4],实际上是解释主体的当下视域和文本的历史视域的融合。海德格尔则认为主体间性表现为一种主体与主体的"共在",主体间的共在即自我主体与对象主体之间的交往、对话。他认为:"世界向来已经总是我和他人共同分有的世界。此在的世界是共同世界。'在之中'就是与他人共同存在。他人的在世界之内的自在存在就是共同此在。"[5] 马丁·布伯认为人置身于二重世界之中,他用"我—他"和"我—你"两对范畴阐述了主体性和主体间性两种不同的思维模式,认为不仅可以把这种"我—你"关系理解为亲密无间的人际关系,还可以把这种"我—你"关系理解为情同手足的天人关系。[6] 在哈贝马

---

[1] 岳伟、王坤庆:《主体间性:当代主体教育的价值追求》,《华东师范大学学报》(教育科学版)2004年第2期。
[2] [德]施太格缪勒:《当代哲学主流》(下卷),王炳文等译,商务印书馆1992年版,第96—97页。
[3] [德]海德格尔:《存在与时间》,陈嘉映、王节庆译,熊伟校,生活·读书·新知三联书店1987年版,第146—148页。
[4] [德]伽达默尔:《真理与方法》,洪汉鼎译,上海译文出版社1999年版,第495页。
[5] [德]海德格尔:《存在与时间》,陈嘉映、王庆杰译,生活·读书·新知三联书店1992年版,第146页。
[6] [德]马丁·布伯:《我与你》,陈维钢译,生活·读书·新知三联书店2002年版,第1—30页。

斯的交往行为理论中对主体间性的探讨延伸到了现实生活领域，具体化到日常交往实践之中。哈贝马斯提出："在现实社会中，人际关系分为工具行为和交往行为，工具行为是主客体关系，而交往行为是主体间性关系。"① 他提倡交往行为，认为："当具有言语和行为能力的主体相互进行沟通时，他们就具备了主体间性关系。"② 主体间性主要是指人与人在语言交往中形成的精神沟通、道德同情、主体的相互理解和共识，达成了彼此行为的协调性。哈贝马斯交往理性的核心在于主体间性，双方互为主体，而不是把对方看作客体，双方置于平等的地位，相互倾向对方的感受，理解对方，这里的对方既可以指他者，也可以指自己的内心，体现了人的本质。③ 哈贝马斯认为，"有了主体间性，个体之间才能自由交往，个体才能通过与自我进行自由交流而找到自己的认同，也就是说，才可以在没有强制的情况下实现社会化。"④ 哈贝马斯认为主体间的交往必须发生在至少两个具有语言和行为能力的主体之间，在这个意义上，主体是具有语言和行为能力的人。

综上可知，"主体"是一个非常复杂的概念。从"主体"这一概念的历史发展来看，无论哪一个阶段、哪一个领域或流派对"主体"的研究都是在主—客体关系的探讨之中展开。本书在对"主体"的发生、发展脉络，以及主体和客体关系演变历程作简要梳理的基础上，分析得出主体所应具有的基本特征和主客体关系的演变趋势。就主体的具体特征来看："主体"具有主动性、能动性、交互性等本质特征。主动性，即主体具有自主行为的本性。主体内在于世界之中，主体在处理与世界的相互关系上能主动地认识世界，并自主地与自身之外的事物建立对象关系；能动性，即主体在对象性活动中表现出来的主动性质。主体在行动中不仅具有明确的、自觉的目的能动，还能根据目的选择适当的手段

---

① ［德］尤尔根·哈贝马斯：《在事实与规范之间：关于法律和民主法治国的商谈理论》，童世骏译，生活·读书·新知三联书店2003年版，第88页。
② ［德］尤尔根·哈贝马斯：《交往行为理论》（第一卷），曹卫东译，上海人民出版社2004年版，第375页。
③ 韩庆祥：《马克思的人学思想研究》，河南人民出版社1996年版，第125—130页。
④ ［德］尤尔根·哈贝马斯：《交往行为理论》（第一卷），曹卫东译，上海人民出版社2004年版，第375页。

和方法来改造其活动对象；交互性，即主体处在各种关系之中。主体认识和改造世界的实践活动都是在一定的社会关系中进行，并且在实践活动中建构新的关系网络。从主—客体的关系来看，呈现出从"主—客"二元对立到"主—主"双向交互的发展态势。

因此，本书认为主体是指具有自主语言和行为能力的生命机体，而本书所涉及的"校本教研"这一研究主题存在于以培养人为重要使命的教育领域之中，故本书中所指的这种生命机体特指人。

二 互动：人与人交互关系的存在

（一）互动的基本释义

"互动"是最本原的基础性范畴。世界上一切事物都是相互联系并互为条件的，任何现象、任何状态只有在事物与事物之间发生联系，形成相互关系时才可能被认识、被理解。由于"互动"是哲学、社会学、心理学、教育学等人文社科领域的一个重要概念，故而对"互动"的概念界定较为成熟和统一。如《张氏心理学辞典》中认为，"互动是指人际间的交感互动关系。例如：甲乙两人谈话，甲的问话引起乙回答的刺激，而乙的反应又将是引起甲进一步回答的刺激。"[1] 在《教育大辞典》中，"互动是人与人或群体之间发生的交互动作或反应的过程，也包括个人与自我的互动过程"。[2]《社会学辞典》对互动的解释是："互动也称相互作用，是指人与人之间的心理交互作用或行为的相互影响，是一个人的行为引起另一个人的行为或价值观改变的任何过程。"[3] 列昂季耶夫从辩证唯物主义的视角来分析互动，他认为互动存在于有机世界、体现在有生命的机体之间，"生命就是有组织的'物体'以独特的形式进行特有的互动的过程，'物体'的组织越是高级，这种互动就越复杂。"[4] 以上对于"互动"的界定，虽然在表述上稍有出入，但是在

---

[1] 张春兴：《张氏心理学辞典》，华东书局1989年版，第340页。
[2] 《教育大辞典》（第6卷），上海教育出版社1990年版，第442页。
[3] 章人英主编：《社会学辞典》，上海辞书出版社1992年版，第151页。
[4] ［俄］伊·阿·季姆娜娅：《教育心理学（第2版）》，杜岩岩译，教育科学出版社2008年版，第229页。

基本含义的理解上还是较为一致的，即互动是人与人之间产生相互作用的关系存在。

（二）互动的理论基础

在社会学领域，对互动的研究主要从社会互动的层面进行，并形成了不同的理论观点和流派，这为本书深入理解互动奠定了理论基础。社会互动是微观社会学的主要议题，"它是个体层次与社会结构层次及文化层次的中介，是个人走向群体乃至更大的社会组织制度的转折点。"[①]马克思主义社会观认为，人与人之间的交往乃是社会存在的前提，没有人与人之间的交往，便没有社会。"社会——不管其形式如何——是什么呢？是人们交互活动的产物"[②]。学界普遍认为，德国社会学家奥尔格·齐美尔最早使用社会互动这一概念，并且也认为社会是通过人们的互动而产生的。随后，社会互动被广泛关注和研究，但不同的研究者是从不同的角度对社会互动展开研究，于是互动理论呈现出百家争鸣的局面。

符号互动理论是最重要的社会互动理论之一。美国实用主义哲学家乔治·赫伯特·米德是符号互动理论的奠基者，他将"符号"定义为能够有意义的代表其他事物的事物，例如：会话语言、手势语言、面部表情等。[③] 乔治·赫伯特·米德认为，人类的相互作用就是以有意义的象征符号为基础的行为过程，并且自我也存在着互动的过程。[④] 可见，互动是乔治·赫伯特·米德符号互动理论的核心概念之一，这里的互动即包括个人与他人的互动，也包括自我中的"主我"与"客我"的互动。布卢默提出的"象征相互作用论"也属于"符号互动理论"，是一种强调人类相互交往中的象征符号和意义的重要性的社会学观点。主要包括三个层面的意义：一是人们根据赋予客观事物的意义来决定对它所采取的行动；二是人们所赋予事物的意义是社会相互作用的结果；三是

[①] 郑杭生：《社会学概论新修精编本》（第二版），中国人民大学出版社2014年版，第122页。
[②] 中央编译局：《马克思恩格斯选集》（第4卷），人民出版社1995年版，第532页。
[③] 谢立中：《西方社会学经典读本（上册）》，北京大学出版社2008年版，第464—465页。
[④] 奂从清：《现代社会学导论》，浙江大学出版社2009年版，第52页。

人们所赋予事物的意义要经历一个解释的过程。象征相互作用论强调象征符号和意义在人们相互作用中的重要性，只有理解象征符号和意义，理解别人在想什么、有什么感受，才能很好地产生互动。① 角色理论也是符号互动理论中的一个分支，它阐释社会关系对人的行为具有重要影响的社会心理学理论。它强调人的行为的社会影响方面，而不是心理方面。认为人既是社会的产物，又能对社会做出贡献。是一种试图从人的社会角色属性解释社会心理和行为的产生、变化的社会心理学理论取向。② 从这个意义上来说，角色与互动是密不可分的，互动是角色之间的互动，角色的形成和扮演也是在互动中完成。但按照哈贝马斯的观点，在公共领域中的对话却是反角色理论的，"在具有不同能力的对话伙伴之间，在接受对话角色时，以及在选择和进行对话活动时，这种对话必须有实际的机遇平等。"③ 对话的伙伴关系卸去了角色理论的价值和意义。此外，拟剧论、社会交换论、本土方法论等都是重要的社会互动理论，在这些社会互动理论中，"社会互动作为一个重要的社会学概念，尽管人们在对它的解释上有不同形式的表述，但它的意义却是非常明确的，其核心意义就是指人与人之间的相互作用。"④

（三）交往与互动的关联

"交往"一词由"交"和"往"构成，在《辞海》中，"交"有"互相接触"的意思，"往"同"去"，故而"交往"的意思与互动相近，均可指人与人之间语言上、行为上的相互联系和相互作用。最早从理论上对交往展开研究的是英国思想家托马斯·霍布斯和洛克，霍布斯把人与人的关系归结为狼与狼的关系⑤；洛克则从理解的角度对交往进行研究，认为人是一个社会的动物，每个人都必定要在必然条件下与他的同胞为伍，但是由于人们的思想各异，而这些思想在每

---

① 奚从清：《现代社会学导论》，浙江大学出版社2009年版，第53页。
② 金盛华：《社会心理学》（第2版），高等教育出版社2005年版，第32页。
③ ［德］尤尔根·哈贝马斯：《理论与实践》，郭官义译，社会科学文献出版社2010年版，第18页。
④ 李芹、马广海：《社会学概论》，山东大学出版社1999年版，第123页。
⑤ 韩红：《交往的合理化与现代性的重建——哈贝马斯交往行动理论的深层解读》，博士学位论文，黑龙江大学，2004年。

个人的脑中又深藏不露,因而必须借助某种媒介,使人们的思想相互沟通以达成相互理解,否则社会便不能给人以安慰和利益[①]。休谟在继承洛克观点的基础上,以情感内容为交往的中介,提出了他的交往理论的核心概念"共感"(sympathy),认为人与人的交往不仅是认识上的沟通,也是情感上的交流,共感即"人类灵魂的交感",交往中的人们的心灵是彼此"相互反映的镜子"。[②] 孟德斯鸠从唯物主义立场出发理解交往与交往关系,认为和平、设法养活自己、快乐与依恋、过社会生活是建立人与人和平共处的交往关系的自然法。[③] 以上有关交往的理论的论述均是以个体的人为对象,强调通过相互交往调整利益关系、增进道德情感。从康德开始,交往的意义增加了人与人之间人格的相互作用,认为交往过程是由对立走向统一的辩证运动过程。费希特继承康德对交往过程的辩证法理解,提出"相互承认"概念,认为交往是以承认他人的存在为前提。黑格尔在赞同"相互承认"是交往的前提的基础上,提出以"劳动"为基础的交往辩证法。马克思从人的实践活动出发,认为交往只能实存于人类社会内部,它是历时和共时存在的不同实践主体之间以变革世界或生存环境为目的的相互间的沟通、制约、影响、渗透、改造等实践活动。[④] 哈贝马斯交往行为理论进一步深化了马克思交往理论,从解释学和普遍语用学角度,系统地对交往问题进行研究,认为人与人相互沟通(交往)以相互理解为目的,只有达到相互理解,才能协调人们的思想与行动。相互理解的达成要求"言说者必须选择一种可理解的表述方式,以便自己与听者(hearer)取得相互理解"[⑤],而与某人达成理解的关键在于达成共识。这种共识以主体间的相互关联为结果,包括相互理解、共享知识、彼此信任及相互一致。共识的基础是确认可理解性、真实

[①] 洛克:《人类理解论》,商务印书馆1980年版,第635页。
[②] 休谟:《人性论》,商务印书馆1980年版,第635页。
[③] 欧力同:《交往理论的演变:从近代到当代》,《上海社会科学院学术季刊》1995年第4期。
[④] 中央编译局:《马克思恩格斯全集》(第3卷),人民出版社1996年版,第478页。
[⑤] [德]尤尔根·哈贝马斯:《交往与社会进化》,张博树译,重庆出版社1989年版,第2页。

性、真诚性及正当性这些相应的有效性主张。①

基于以上有关交往的基本字义和交往的相关理论的解析，发现交往与互动在人与人之间的相互联系和相互作用层面有共通之处。因此，在本书中对"互动"和"交往"不作明显区分。

综上对互动及交往的分析可知，互动是主体存在于社会的基本形式。鉴于本书是在"主体互动"的范畴中探讨"互动"，故结合本书对"主体"的界定——具有自主行为能力的生命机体中的人，本书所指的"互动"就是通常人们所说的"社会中人与人之间的交互作用"②，即两个或多个主体之间基于一定的活动载体和文化场域而产生的各种形式、各种性质、各种程度的相互作用和影响的行为关系。这种相互作用和影响主要指人与人之间在特定情境中通过语言、文字、行为等媒介展开对话、交换信息的活动所实现的认知、行为、心理等方面的改变。

三 主体互动：人的交互作用产生过程

从"互动"的本意、人与人之间的交互影响来看，互动潜藏着主体。再结合上述对主体这一概念的分析，以及后现代"主体间性理论"对主体间关系认识的影响，认为在教育领域所研究的主体就是具有自主行为能力的特殊生命机体——人。人在互动交往中生存，互动是人与人交互关系的存在，因而人的世界是一个交往的世界。而以人作为主体的前提下，讨论主体与主体之间的互动行为，首先需要关注的是主体之间的关系。这应该是相互承认对方主体身份的主体间性关系，而不是仅仅把对方当作被动接受行为的对象的"主—客"关系。在"主体间性"关系下互动的主体双方均具有主动进行交互行为的愿望和行动。因此，本书认为主体互动是主体之间在活动中主动交往以产生相互作用和影响的过程。具体来说，是指在社会运行系统中，人与人之间在相互承认自我与对方主体地位的基础上，通过语言、文字、动作等符号为媒介，借

---

① ［美］莱斯利·A.豪：《哈贝马斯》，陈志刚译，曹卫东校，中华书局2014年版，第33页。

② 金炳华：《哲学大辞典》（修订版），上海辞书出版社2011年版，第547页。

助某种具体的活动载体，进行对话交流、信息交换、观点碰撞，使主体之间相互作用、相互影响而发生积极作用的交互过程。基于以上理解，我们认为主体互动行为的发生必须同时具备以下条件：

第一，互动必须具备两个或两个以上主体（即相互作用的行为的承载者）在建立起双向互动关系的基础上才能发生。主体互动作为一种有机体彼此之间的相互作用和影响，这种交互作用和影响是一个双向的、交互的、循环的持续过程。故而单个主体谈不上互动，两个或多个主体没有建立起相互作用关系而发出的行动也不能构成互动。

第二，主体互动必须具有主体双向主动性。主体之间的互动，即人与人之间的互动，必须建立在两个或多个方面的主体主动性基础之上，且双方在互动中同等重要。两个或者两个以上仅单方面施加作用和被动接受的主体之间，只是单方面主动施加作用，引起互动，而被作用方并未产生回应动作接受互动或激起主动性行为活动，也不能称之为主体间存在实质性互动。故而互动行为的产生必须是在主体双方建立起主体间的互动关系且均积极地参与行动的基础上才能发生。

第三，主体互动行为的发生必定会对主体互动双方在认知、心理、行为等任一方面或多方面产生一定的作用和影响。按照辞典上的解释"互"是交替、相互，"动"是使起作用或变化，那么"互动"就是指一种相互使彼此发生作用或变化的过程。因此，只要有互动语言与行为，就会相应地使彼此产生或多或少的变化。

总之，只有在特定情境下的两个（包括个体的双主体存在）或两个以上的主体，在建立起相互间的互动关系的基础上，通过语言、行为等方式进行交往、对话，并产生一定作用和影响时，互动才得以真正发生。以群体研究、合作研究为基本开展形式的校本教研属于人类活动的一部分，其同样要由具有语言、行为能力的教研主体之间开展语言、行为等交往、互动而产生意义与作用。作为教研主体的"教师之间在教研活动中的专业对话、沟通、协调与合作，可以相互启发、相互补充，共同分享经验，彼此支持"[①]。因此，"主体互动"是作为校本教研主体

---

① 雷自从：《基于合作教研的教师专业发展：问题与对策》，《基础教育》2009年第10期。

的教师开展校本教研的社会基础和必要条件。

第三节　校本教研主体互动：以教师为主体的相互作用过程

基于对校本教研发展历程和概念的追本溯源，结合前文对"主体""互动"及"主体互动"几个概念的基本认识。从哈贝马斯的交往行为理论出发，可以尝试着将"校本教研"看作是教研主体互动的过程，据此可以将校本教研定义为以教师为核心的多元主体互动的过程。校本教研主体互动是指以教师为核心主体，在学校场域之中，以教育教学中面临的实际问题为基点的合理性的语言、行为等互动过程。[①] 当然，对校本教研概念的重构及对校本教研主体互动概念的解析，有特定的理论视角和必要的限制条件，以下逐一阐述。

一　校本教研主体互动的内涵

要明确校本教研主体互动的内涵，首先需要解决一个前提性问题，即校本教研的主体究竟是谁？其次探讨校本教研具有何种属性，最后明晰校本教研主体互动的基本内涵。

（一）以教师为核心的多元主体

从上述有关"主体"的概念梳理可知，主体属于哲学中的核心概念，而专门研究培养人的学问的教育学也对主体这一概念给予很大关注。如果说哲学的主要使命是发现各种形态的主体及其存在的方式和基本运动形态，那么教育学的使命就是发现和研究教育活动的主体及其基本生存形态和运行规律。校本教研主体是教育活动主体中的特殊个体及群体。本书基于主体哲学视域，并结合具体教育情境中的校本教研活动实践，对校本教研的主体进行分析。

在哲学社会科学领域，尤其是教育学领域，通常我们认为主体就是具有主观能动性的人（教育者和受教育者）。主体是人，但人不一定都

---

① 谭天美、范蔚：《校本教研主体互动的缺失与回归》，《中国教育学刊》2017 年第 1 期。

是主体。故而存在于教育活动中的人未必都是教育的主体，只有在教育活动中具有主动性、能动性、交互性等主体特性的人才是教育主体。

在有关校本教研的理论研究中，研究者们大多认同教师是校本教研的主体[1]，或教师是校本教研的主要力量[2]。教育部基础教育司原副司长朱慕菊也曾指出，以校为本的教研，是将教学研究的重心下移到学校，以课程实施过程中教师所面对的各种具体问题为对象，以教师为研究主体，理论和专业人员共同参与的教研活动。然而反观现实，中小学所开展的校本教研实践活动，却时常让大家迷惑于"校本教研的主体到底是谁？""校本教研主体和普通的教育科研主体有何区别？""专业研究者在校本教研中的身份和在专业研究中的身份有何异同？""教师要如何在自己作为主体的校本教研中突显自己的主体性？而又该如何处理和同事、领导及指导专家之间的关系？"等问题，这些看似简单但操作起来却极其复杂和困难。校本教研的主体到底是谁？校本教研相关参与者应该如何明确自身职责边界？这是推进校本教研效率提升的重要议题，也是本书要探讨的前提性问题。明确校本教研的主体还须从校本教研本身的特殊性着手。

首先，校本教研的"校本属性"决定了它的核心主体应该是本校的教师。校本教研的基本精神在于"以学校为本"，以学校为本的教研是基于学校的需要、为了学校的发展而在学校这一教育教学的实践场域中进行的。在学校里承担教书育人工作的一线教师是最接近学校教育教学实践的人，他们对于教与学进程中遇到的问题有最真切的体会，对于学校发展的核心需求有最清晰的了解，对于自身专业成长的需要有最深刻的理解。同时，"中小学教师进行课堂教学研究是教师主体回归的必然选择，是教师专业发展的需要，更是基础教育课程改革的迫切要求。"[3] 因此，置身于学校内部的教师是开展好以学校为本的教学研究工作最恰当的人选。教师是校本教研的主体也是我们开展校本教研研究

---

[1] 吴永军：《校本教学研究设计——教师教学研究设计指南》，南京师范大学出版社2007年版，第9页。
[2] 郑金洲：《校本研究指导》，教育科学出版社2002年版，第18页。
[3] 王鉴、李泽林：《教师研究课堂：意义、路径和模式》，《教育研究》2008年第9期。

一直秉持的原则。然而，在中小学校本教研实践中，校本教研的主体是学校教师并不等于学校的教师都能成为校本教研的主体。换言之，当前中小学校本教研仍然存在由个别校内专门负责做教研的行政管理者或者擅长于做课题研究的骨干教师独自承担校本教研主体的所有工作的现象。因此，本书试图解决的问题不是原则上谁应该是校本教研的主体，而是在实践当中作为教研主体的教师应如何增强主体身份意识和实现自身的主体身份。故而作为校本教研主体的教师在本书中指的是学校范围内囊括学校管理者、骨干教师、普通教师等在内的所有教职人员。需要指出的是，学校校长或学校科研管理者在校本教研活动中，具有校本教研活动的组织者（协调者）和校本教研主体双重身份。他们在校本教研活动中不仅需要负责组织和协调教研主体之间的交往与互动行为，同时也要以教研主体的身份主动融入校本教研主体间的交互活动之中。

其次，校本教研的"研究属性"决定了其离不开具有专业研究素质的校外专家的主动参与。校本教研虽然和普通的教育研究在出发点和落脚点上有一定的区别，但是二者在研究的方法、过程等方面仍存在着内在的一致性，都是具有研究性质的教育教学探究活动。在校本教研的探究活动中，作为教研主体的行动研究者同样需要找准问题的切入点，选取恰切的研究方法，遵循基本的研究步骤开展教研。然而，由于一线教师的科研意识、研究素养不足而导致一线教师在教育教学实践中发现问题、收集资料和获得研究结论等方面遇到很多困难，使得校本教研的过程和成果并不尽如人意。而来自大学的研究者、教师教育者以及教育科研机构的专家往往具备较为完备的研究技能，掌握较为先进的研究工具和方法论，能够在研究方向和技能等方面引领和协助一线教师开展教研活动，以保障校本教研的质量和效益。因此，校外专家能帮助作为校本教研主体的教师更好地处理教学实践和教学研究之间的辩证关系，摆脱上级政策或理论指导的简单机械的执行者身份，获得教研主体身份认同，成为会思考、能创新的教师研究者的重要协助者。校外专家也是校本教研活动的行动主体，应该在引导校内教师开展校本教研的过程中表现出引导者应有的"主体性"，并创造性地引领教师开展校本教研。需要注意的是，在校本教研的实践当中，校外专家应谨防出现身份"越位"的现象,如直接跨越引领者、指导者的身份边界,成为学校开展校本教研的"代劳者"等。如果校外专家过于放大自我在校本教研中的主体性,将会弱化本应作为校本教研核心主体的一线教师的主体性,甚至将一线教师变成自己的研究对象,成为校本教研中的客体。故而,校外专家在发挥自我在校本教研中的主体性的同时,应该主动和校内教师之间建立起平等、共享、民主的主体间性关系。

因此,为了更好地实现校本教研"自我反思、同伴互助、专家引领"的理念,提高教师自我反思、教师同伴之间互助协作、教师与专家交往中获取专业引领的效果。本书从教师处于校本教研活动中与其他参与者的交互行为角度出发来界定校本教研主体,以主体间性理论为指导思想,在肯定教师处于校本教研中核心主体地位的基础上,认为与教师互为主体存在于校本教研活动中的学校教研管理者、校外专家等则是校本教研活动中仅次于教师的"类主体"[1](如图 2-1 所示)。并且作为校本教研主体的教师和校内教研管理者、参与校本教研活动的校外专家之间是一种相互认同、相互依存、相互作用的主体间性关系。主体和主体在相互承认对方主体性的关系中,共同分享经验,"这是一切人们所说的'意义'的基础,由此形成了主体之间相互理解和交流的信息平台。主体之间通过分享经验,使得相互间的理解成为可能。"[2]但在这里,"主体—主体"关系并未完全否定和取代"主体—客体"关系的存在,而是以"主体—客体"关系为背景,互为主体的类主体与他们共同的客体仍处于"主体—客体"关系之中。并且,在"主体—主体"的交互关系之中,每一个主体作为对方的对象性存在,具有一定程度的客体性。

简而言之,校本教研主体指以教师为核心的多元主体。校本教研主

---

[1] 注:本书中"类主体"是指教研主体,是由教师和教研管理者、专家等所组成的人的"类"主体,是主体间性关系中的共在主体。马克思认为人是类存在物,而自由的自觉地活动归为人的类本性。在这个"类"中,个人以对方为自己主体性发挥的前提,进行共同的实践认识活动,拥有统一的目标取向。

[2] 郭湛:《主体性哲学:人的存在及其意义》,中国人民大学出版社 2010 年版,第 201—202 页。

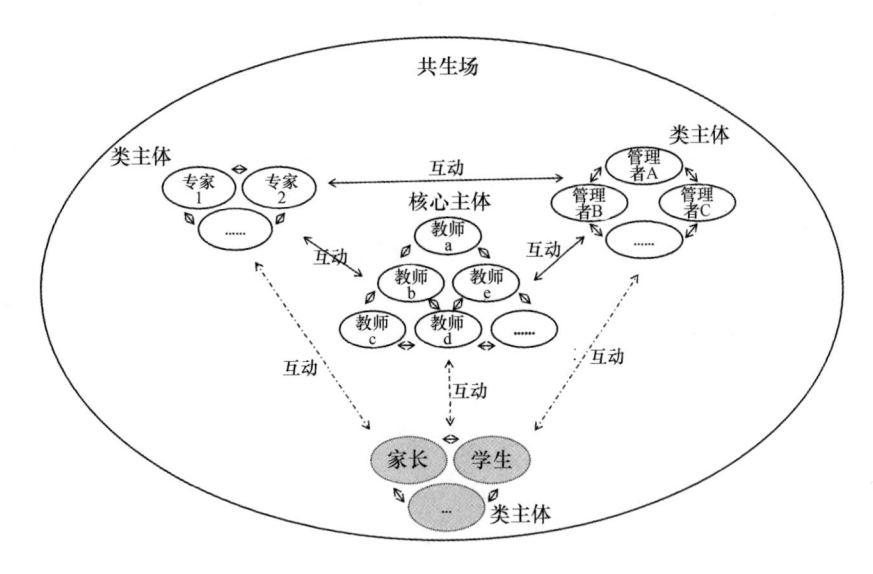

图 2-1　校本教研主体构成

体之间是相互尊重、平等对话的主体间性关系。

（二）校本教研具有互动属性

校本教研本身具有互动属性。校本教研是以教师为研究的核心主体，以真正发生教育的学校为基地，以教师在教育教学实践中遇到的实际问题为研究对象的一种新型教研活动。校本教研的三种基本展开形式（教师个人的自我反思、教师群体内部成员之间的同伴互助、理论研究者对教师的专业引领）强调作为教研核心主体的教师与自我的对话、与同伴的互助、与理论研究者的互动沟通。故而，校本教研各主体之间在教研过程中的沟通、互助、共享、合作，形成各类教研主体之间的合作文化，这是校本教研的重要标志和灵魂所在。而合作必须建立在主体和主体之间相互作用的基础之上，没有交往与互动就不可能存在合作。因此，校本教研是以教师为核心主体的互动过程，教研主体互动是校本教研的基本存在形态，故校本教研天然地具有交互性。

首先，校本教研的多主体性需要主体之间在互动中合作教研。校本教研是"一切在学校、一切基于学校、一切为了学校"的以校为本的教学研究活动，这就决定了校本教研在开展过程中的多主体性。一方面，本校的教师是校本教研的主体。校本教研开展的前提是必须由贴近本校教育实践的教师发现问题、提出问题，并且能够自主自觉地分析问题和解决问题。因为"教师是教室的负责人，而从实验主义者的立场来看，课堂是检验教育理论的理想实验室；对那些钟情于自然观察的研究者而言，教师是课堂和学校的当之无愧的有效的实际观察者。因此，无论从何种角度来理解教育研究，都不得不承认教师充满了丰富的研究机会。我们应该承认，每一个课堂都是一个实验室，每一位教师都是教育科学研究的成员。"[①] 另一方面，学校管理者、校外专家等都是校本教研活动中的"类主体"。校本教研是以学校教师所碰到的共性问题为出发点，在学校层面上展开的研究活动。因此，在解决问题的过程中势必会牵涉到与学校发展息息相关的各个层次的人员。同时，校本教研要取得实效仅靠教师个人的力量是远远不够的，在对问题的分析和探究中，教师需要在方法、思路、理念等方面与其他参与人员展开对话与交流。如果说教师在开展校本教研的过程中与其他教师达成同伴之间的互助协作关系是教研得以进行的力量，那么获得具有较高理论素养和掌握科学方法的专家的帮助和指导则是教研活动前进的方向。因此，各类教研主体间的互动是合作的基本前提，合作是取得教研实效的重要支撑。

其次，校本教研主体间的相互依赖性要求主体之间平等对话、相互协助。中小学教师开展校本教研是在"教师成为研究者"这一教育改革理念和运动的影响下逐渐兴起，并作为学校品质提升、教师专业成长、学生全面发展的助推器被广泛采纳和实践。然而，由于受到传统教育观念的影响，中小学教师开展校本教研面临着理念上和操作上的双重困境，这使得校本教研各类主体之间存在着不可割裂的相互依赖性。一方面，作为校本教研核心主体的教师缺乏相应的教研意识和研究技能，导致对学校教研活动最有发言权的教师在开展研究的过程中"失语"而难以前行；另一方面，来自校外的理论研究者（大学教师或研究者、科研机构的研究人员）虽然具有较为扎实的理论基础、掌握熟练的研

---

① Wihak and Christine, "What Counts as Research", *British of Journal of Educational Studies*, Vol. 29, No. 2, 2012.

究技能和丰富的研究工具，但是却因为远离实践而难以掌握教育教学实践中的一手材料和亲身体会教育教学中存在的实际问题，很难提出切实可行的解决方案。由此可见，作为实践者的一线教师和理论研究者之间在开展校本教研活动中具有很大的互补空间。他们在某些方面需要相互依赖，需要相互间展开互动、交流、协作进而更好地解决学校教育教学方面存在的实际问题。一位在 G 市 Y 中学教英语的刘老师在反思自己13 年教学经验和回顾开展行动研究的经历时就曾谈到在自己的教研历程中，对"专家引领"的渴望及理论研究者的指导对其开展教学研究的重要意义。她说："在研究的开始阶段，我常常期待我的合作者能告诉我下一步应该怎么做。当了十多年的教师，我感到自己缺乏理论指导，在教学中即使发现问题，可还是不能自己想办法去解决……当我与合作者讨论时，思维也比较活跃，能够比较清楚地认识到问题所在。我想，中学教师要成为研究者，刚开始最好能有一位理论工作者在旁边作指导。"[①] 由此可见，校本教研主体间的相互依赖性迫切要求主体之间实现平等对话、相互协助。

（三）校本教研主体互动意蕴解读

"没有最好的教学，只有更好的教学"，这句话不仅表明了人们对高质量教学的追求是永无止境的，也表明教学工作是具有不断探索和研究空间的研究性实践活动。校本教研已成为教师在教育教学实践中不断地自我反思、合作探究新的教学方式，取得新的教学成就的重要途径。在传统教研制度的基础上发展起来的新型教研制度——校本教研，在基础教育领域的兴起为基础教育教学质量的提升、教师专业成长、学校特色建设、学生成才带来了新的希望。校本教研的"校本"强调的是以学校为单位展开的教学研究，与以往以教师个人为单位自主开展的教学研究不同的是，校本教研更加强调本校教师团队在自主的前提下合作探究，强调校内教师与校外专家、家长等相关人员以学校发展为出发点的相互协作。可见，校本教研本质上是一个教研主体在"互动"过程中形成"教研共同体"的研究过程。团队合作成了校本教研的显著特征，

[①] 王枬：《教师发展：从自在走向自为》，广西师范大学出版社 2007 年版，第 265 页。

由于合作的达成必须建立在合作者之间不断交流与互动的基础之上，故而校本教研主体间的互动协作成为校本教研有效开展的重要前提。

德国社会学家格奥尔格·齐美尔认为，"社会是通过人们互动而产生的，各种人际互动是构成社会结构的基本材料"①，人类在社会互动中不断形成了人性、自我和社会。相对于社会互动而言，校本教研主体互动是一种特殊的人际互动形式。首先，校本教研主体互动发生于特殊的主体群。校本教研是以学校最贴近教育教学实践的一线教师为核心主体，而学校管理者、校外专家等重要参与者都是校本教研活动中同在的主体。主体的多样性要求教研主体之间的互动关系是一种相互尊重、平等对话的主体间性关系。特殊的主体群和特殊的主体间关系，决定了校本教研主体互动更加强调各主体在互动中自我价值的实现和各自主体性的彰显。其次，校本教研主体互动以"学校工作"为主要互动情境。校本教研主体之间的互动是以工作（解决教育教学实际问题）为主要目的，在学校场域中发生的工作情境下的互动，互动主体双方都是有特定的互动目标，有明确的分工和任务，对话和行动都限定在特定的范围之内，较少涉及个人情感的交流，属于较为正式的互动。最后，校本教研主体互动是一个充满生命活力的复杂动态过程。校本教研的研究性质和主体间互动关系的交叉性、非固定性，决定了校本教研主体互动是一个充满生命活力的动态过程，其中各种矛盾和冲突、控制与服从、竞争与合作的并存呼唤着人与人之间旨向化解和优化的行为、认知和情感的交往与互动。

结合以上认识，我们认为校本教研主体互动是指在校本教研活动中，以教师为核心的多元主体之间在相互认同对方主体地位的基础上，主动通过语言、符号、动作等媒介，借助"教""研""训"等具体的校本教研活动，进行对话交流、相互协作、共同分享经验、共同研究教学问题，使校本教研主体之间相互作用、相互影响而发生积极作用的交互过程。"校本教研主体互动"是处于学校这一特殊情境中的以特殊群体为主体的特殊交互作用。教师与教师之间的互动是最为核心的一组互

---

① [美] D. P. 约翰逊：《社会学理论》，国际文化出版公司1988年版，第314页。

动关系，在某些特殊的教研活动中还存在教师与学校管理者（包括学校行政管理者和科研管理者）、教师与校外专家（研修员、大学理论研究者等）之间的互动交往关系。以合作教研、集体教研为主要存在形式的校本教研需要主体之间在不断的互动与交往中达成共识与合作。也可以说，校本教研主体之间的互动是他们相互合作促进校本教研活动有效开展的基础。

二 校本教研主体互动的特征

基于对校本教研主体互动的内涵理解，结合主体哲学和交往理论相关理论基础，我们认为校本教研主体互动具有以下基本特征。

（一）主体间性

在校本教研主体互动中，教研主体之间是一种平等的主体间性关系。互动与交往是人类日常生活中的普遍现象，也是人类社会最基本的存在形式。只有在特定情境下的两个或两个以上的个体，在建立起相互间的互动关系的基础上，通过语言、行动等方式进行交往、对话，并产生一定作用和影响时，互动才得以真正发生。简而言之，互动即主体之间通过相互沟通交流，以达到相互理解，最终产生相互作用的活动过程。互动建立在作为主体的人与人之间的互为主体的主体间关系之上，在互动行为中每个人都是参与行动的主体，在相互认识与交流中都是共同认识、共同实践、共同进步的合作者。因此，互动中的主体双方均为具有独立人格的自由主体，主体之间是一种平等协商的主体间性关系。校本教研主体之间的互动，是处在特殊环境中的特定群体之间的一种特殊的人际互动。在教学研究活动中，互动是围绕共同的目的而展开，是教师与教师、教师与学校管理者、教师与校外专家、教师与学生等相关人员之间为了解决问题而进行的沟通、对话、交流，以达成共识的一种交往活动过程。在这一过程中，互动可能发生在个体之间，也有可能发生在个体与群体之间以及群体与群体之间，且交往的关系不是单向直线式，而是一个多向动态交织的网状关系结构，任何一个主体都是围绕问题解决这一共同目的而交织起来的网中的任意一个节点，处于任何位置的主体和主体之间都有产生交集的可能。因此，在校本教研主体互动中，教研主体之间是一种平等的、民主的、共享的主体间性关系。

（二）对话性

校本教研主体互动是在学校这一特殊的社会情境下，教研主体之间发生的各种形式、各种性质、各种程度的相互作用和影响。这种相互作用和影响主要是通过语言这一媒介以对话的形式实现的，故对话是教研主体之间互动的主要形式。以群体研究为主要存在形式的校本教研本身具有互动属性，教研主体之间必须在不断的互动中达成相互协作、相互理解。实现校本教研主体互动的"对话"并不简单地等同于主体和主体之间的交谈、讨论或问答，"对话"是一种"在各种价值相等、意义平等的意识之间相互作用的特殊形式。"① 对话强调："谈话各方内心世界的敞开，是对对方真诚的倾听和接纳，在相互接受与倾吐的过程中实现精神的相遇相通。"② 巴西教育家保罗·弗莱雷也指出，"对话是一种创造性行为。对话不应成为一个人控制另一个人的狡猾手段。"③ 以相互理解为宗旨的对话可以克服校本教研活动中教研主体之间在工具理性思想主导之下的"虚假互动""形式互动"等热闹的教研表象。英国著名学者戴维·伯姆认为，"对话仿佛是一种流淌于人们之间的意义溪流，它使所有对话者都能够参与和分享这一意义之溪，并能够在群体中萌生新的理解和共识。"④ 校本教研主体之间在共同面对需要协商解决的问题的时候，必须借助于真诚的对话，这样才能实现教研主体之间的双向沟通、互相理解、共同进步。正如雅思贝尔斯所说，"对话是真理的敞亮和思想本身的实现"⑤，因此，对话是实现校本教研中主体之间有效互动的重要途径和形式，也是校本教研主体互动的基本特征。

（三）合作性

在校本教研主体互动中，合作解决问题是主体之间互动的共同目

---

① 董小英：《再登巴比伦塔——巴赫金与对话理论》，生活·读书·新知三联书店1994年版，第18页。
② 黄忠敬：《教学理论：走向交往与对话的时代》，《教育理论与实践》2001年第7期。
③ [巴西]保罗·弗莱雷：《被压迫者教育学》，华东师范大学出版社2001年版，第38页。
④ [英]戴维·伯姆：《论对话》，教育科学出版社2004年版，第6页。
⑤ [德]卡尔·雅思贝尔斯：《什么是教育》，邹进译，生活·读书·新知三联书店1991年版，第12页。

标，也是校本教研主体互动的基本特征之一。校本教研不是知者带动无知者，而是教研主体通过互动行为相互帮助、相互促进，在合作中共同寻求真理的探索过程。理想的校本教研强调学校依托自身资源优势和独特的情境脉络，有针对性地围绕自身问题开展研讨，在同僚合作对话中实现共同发展，提升教学质量。[①] 随着校本教研在中小学的持续开展，校本教研各参与者之间的合作被视为提高校本教研效果的重要途径，国际上有关合作教研的研究掀起了热潮。然而，由于受到工具理性思维导向的影响，无论是教师与理论研究者的合作，还是教师与教师之间的合作多被视为获得更多教研外在利益的手段，较少关注教研主体之间合作的过程如何能够更好地实现。在校本教研实践中往往出现"貌合神离"的合作，在这些合作中教研主体之间的合作常常陷入预设的流程之中，合作多流于形式，脱离教师的生活实际，忽略合作的本质——共同解决学校教师在教育教学工作中遇到的实际问题。本书倡导的校本教研主体互动，是教研主体与主体之间平等对话基础上的合作，强调的是教研主体之间在一定的互动规范之下协商解决问题的过程，而不是以"合作"作为各取所需的手段。

三 校本教研主体互动的价值

校本教研为什么需要"主体互动"？这是关于校本教研主体互动的前提性问题，也是本书必须予以回答的问题。这里主要从"互动"的功能角度对这一问题进行阐述。

（一）互动是主体之间合作的前提

合作是集体智慧的碰撞与聚合，正如马卡连柯所说，如果有五个能力较弱的教师团结在一个集体里，受着一种思想、一种原则、一种作风的鼓舞，能齐心协力地工作的话，那就比十个各随己愿、单独行动的优良教师要好得多。如何实现合作呢？在中小学校本教研实践中创建"教研共同体"的呼声日益高涨。共同体的精髓在于共同体成员在具有

[①] Huang, R. and Bao, J., "Towards a model for teacher professional development in China: introducing Keli", *Journal of Mathematics Teacher Education*, Vol. 9, No. 3, 2006.

共同价值观、共同目标的基础上相互交流、相互协同、共同提高、共同发展。将共同体的理念引入校本教研之中，提倡创建"教研共同体"的旨归在于希望校本教研主体在教研活动中能够树立共同的愿景，在奔往共同目标的过程中实现主体之间生命彼此相互关照、共同发展，在互惠共生的关系中齐心协力做好学校的教学研究工作，提升校本教研实际效果。然而由于校本教研实践活动的"教研共同体"是一个由多元主体构成的集体组织，主体（共同体成员）之间短时间内难以确立共同的发展愿景和一致的行动方向，故而主体之间的人际关系网络尚未形成体系，共同体内部缺乏实质性的合作。那么如何将创设"教研共同体"的教研理念付诸实践？又如何实现共同体内部成员之间的有效合作？合作是一种联合行动，必须在主体相互配合、相互协调的前提下进行，因此唯有主体之间的互动才能够打开共同体成员（主体）交往沟通的渠道，促成主体与主体的配合与协调。因此校本教研主体互动是实现教研主体合作教研的前提，是提升校本教研实际效果的有效手段。

（二）互动是主体自身发展的动力

人的独特性、能动性和创新性是在与他人的相互作用之中逐步显现和确立起来的。人与人之间的相互作用产生于不断的、持续性的互动行为，互动的实质不仅仅是互动主体（人）双方在意义层面上的对话和交流，而且是主体双方通过对话和交流进行意义上的重构。以群体研究、合作教研为基本形式的校本教研，本质上蕴含着互动，要求教研主体之间在自我反思的基础上相互协作，一起交流总结在教学中获得的经验和教训，共同探索解决教育教学实际问题的方案，教研主体的发展更是在主体与主体的互动过程中得以实现。这就要求作为校本教研核心主体的教师必须学会与同事对话、与专家交流、与学生乃至家长沟通，这不仅是教研主体集体取得成功的有效路径，还是教研主体自身专业能力提升的内在动力。教师在日常的教学和研究活动中摒弃个人主义和保守主义的传统观念，打开教室的大门，同事之间对彼此的课堂进行相互观摩，敞开心扉真诚地畅谈自己的真实见解，相互交流自己在教学实践中所真真切切感受到的一切，虚心接受同事的意见和建议。这样的同事间互动不仅能够使不同教师之间在经验共享、视界融合中达到认知的最佳状态,同时,也使教师在互动的过程中发现自我、完善自我以及展现自我。校本教研的重心虽然将教学研究的重心转移到了学校,将教学研究的核心主体赋予了教师,但是以解决学校教育教学实践中面临的实际问题为目标的校本教研同样离不开校外专门的教研机构和大学的专业教育研究者(统称校外专家)的支持和参与。校外专家在教育理论、教研技术和方法论方面具有独特的优势,校内教师对于教育教学实践也有更深刻的体会,校内教师与校外专家转换身份和角色展开平等对话、民主交流、相互协作,不仅能使一线教师在教研活动中寻得专业支持、获得专业成长,也能让校外专家对教育教学实践获得更深刻的理解。此外,教师与学生、家长的互动也是教师获取信息和资源,以及在寻求问题解决方案的过程中取得发展和进步的重要渠道。总之,在校本教研活动中,处于任何立场的主体与他者主体展开互动,均能够获得个体独自反思所不能触及的更深入的思考和更广阔的视野,主体间的互动是教研主体自我发展可持续的动力源泉。

(三) 互动能够激发全体教研主体的参与热情

在校本教研主体团队中,无论是学校教师、管理者,抑或是校外专家,都拥有各自不同的教育经历和人生阅历,面对同一个教育问题或同一堂课,每个人都有不同的处理方式。要想拓宽视野、获得更加丰富的经验,更加高效地工作,教研主体必须在教研的过程中,不断地与其他主体在相互对话和沟通中交流困惑、分享经验、研讨问题。使自己既能够在教研团队中获得自我完善,也能够让自己的知识储备能够惠及他人。美国教育家帕克·帕尔默曾指出:"任何行业的成长都依赖于它的参与者分享经验和进行诚实的对话""同事的共同体中有着丰富的教师成长所需要的资源。"[①] 而只"沉迷于一个人自身的自我完善是达不到目的的,不仅因为它使我们看不到他人那里已展现出来的、能促使我们成长的资源,而且因为它阻止我们帮助别人完善他们自身,因而增加既

---

① [美]帕克·帕尔默:《教学勇气——漫步教师心灵》,华东师范大学出版社2005年版,第144页。

有益于我们自己的生活也有益于他们生活的资源储备。"① 在教研共同体中各主体之间的互动、共享与交流能够增强教研主体的知识、经验乃至实践智慧;在互动中教研主体会不断地发现通过与参与教研活动的其他主体交往,会从中获得丰富的物质和精神资源;作为教研核心主体的教师也会在与同伴、专家、家长、学生的交流中消除教研过程中的孤独感、无助感,体验到与人沟通交往所带来的益处和快乐。通过主体之间互动所产生的这些正面效应,可以加强教研主体在教研活动中的成功体验,进而吸引更多的教研主体走出封闭的个人空间,走向教研主体共同的生活世界。

四 校本教研主体互动的结构

结构主要指事物或系统的"各个组成部分的搭配和排列"②,也有研究认为结构主要是指"事物之间真实存在的、反应事物之间相互关系的规则体系"③。故而要深入了解一个事物或一个系统首先需要深入了解其基本构成要素及其各组成部分之间的相互构成关系。要了解校本教研主体互动这一个动态系统,就必须对校本教研主体互动的基本构成要素,尤其是各要素之间以什么样的关系产生相互作用作深入剖析和解读。

(一) 校本教研主体互动的构成要素

从校本教研主体互动的内涵来看,校本教研主体互动是在学校这一特殊情境中,以解决学校教师在教育教学工作中面临的实际问题为目的,由校本教研的主体(教师、学校管理者、校外专家、学生等)在相关教研活动中展开。因此,校本教研主体互动应包含互动情境、互动目的、互动主体、互动关系、互动载体等基本要素。

校本教研主体互动之情境(也可以说是学校教研文化环境)。校本教研,是以学校为本的教学研究,学校是校本教研的主阵地,校本教研

---

① 徐继存:《个人主义教学及其批判》,《课程·教材·教法》2007 年第 8 期。
② 《现代汉语词典》(第 5 版),商务印书馆 2007 年版,第 697 页。
③ 李森、王牧华、张家军:《课堂生态论和谐与创造》,人民教育出版社 2010 年版,第 74 页。

主体之间的互动行为就是在学校这一情境之中进行的。不仅学校的文化环境会对校本教研主体互动产生重要的影响。反过来，校本教研的主体也会在互动中不断地塑造和完善学校的教研文化氛围。因此，学校的教研文化环境是组成校本教研主体互动的重要因素。

校本教研主体互动之目的。校本教研的目的在于让作为校本教研主体的"教师通过积极有效地开展教学研究活动，提高课程实施和教学实践的质量，同时实现教师自身的专业成长"[1]。校本教研主体互动的目的则是为了通过教研主体之间的互动实现协作、互助，形成教研合力，促进校本教研功能充分发挥，促成校本教研目的有效实现。

校本教研主体互动之主体。由于校本教研的根本目的在于解决一线教师在教育教学实践中面临的实际问题，同时教师也是与学生最为密切、最贴近教育问题的人，因此，毋庸置疑，教师才是校本教研的核心主体。由于教育问题的复杂性和教学研究的研究性质，以教育问题解决为目的的校本教研同样离不开学校管理者的支持和参与、离不开校外专家的方法论指导以及学生的配合。本书持主体间性思维方式，故作为校本教研核心主体的教师与其他参与者之间在以问题解决为目的的校本教研活动中的互动是一种主体与主体之间，平等对话、相互协商的主体间性关系。因此，学校教师、学校管理者、校外专家及学生等校本教研活动的共同参与者都是"共在"的教研主体。

校本教研主体互动之关系。校本教研主体之间要想产生相互作用、相互影响，他们之间必须建立起相互联系，这种联系即主体与主体之间的相互关系。校本教研系统内单个主体之间的关系便是构成整个校本教研主体互动结构系统的基本单元。

校本教研主体互动之载体（教研活动）。校本教研不是单纯的教师研究行为，而是与教师日常工作密不可分、相互渗透，融教师的教学工作、研究工作、培训学习为一体的教师基本工作范畴。因此，校本教研活动中各主体之间的互动并不是凭空进行，而是以教师的教学、研究、培训三者有机结合的教学研究活动为载体而展开的。

---

[1] 余文森、洪明：《校本研究九大要点》，福建教育出版社2007年版，序。

(二) 校本教研主体互动的结构

校本教研主体互动的结构就是由校本教研活动中相互作用、相互影响的各要素（互动情境、互动目的、互动主体、互动载体等）按照各类主体之间的互动关系结合而成，进而促进校本教研有效开展的系统（如图2-2所示）。

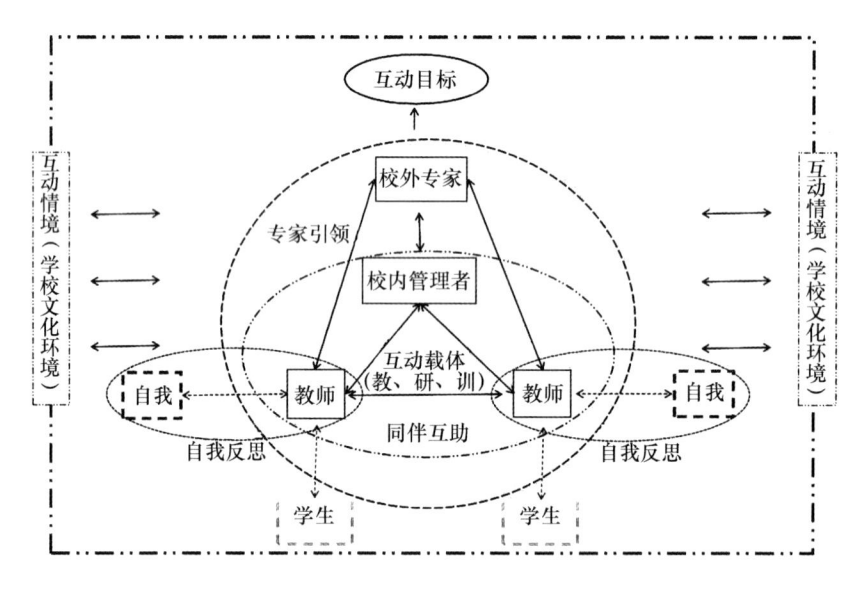

图2-2 校本教研主体互动结构

在这个系统中，身居学校教学实践一线的教师在校本教研问题的提出、研究团队的组建、计划的制订、过程的实施、成果的表达和应用等环节中始终处于最为前线的位置，所以教师是校本教研最为核心的主体。在学校教师当中有一群比较特殊的教研主体——学校教研管理者，既要以教师的身份参与校本教研，又要对校本教研活动中的各类主体的合作互动进行组织协调，所以学校教研管理者对这个系统的运行起着重要支撑作用。而作为专业引领力量而存在的校外专家主要通过与学校教师的互动为校本教研的各个环节提供理论和方法上的支持和引导。校本教研的开展过程就是以上人员在以学校教师为核心主体的前提下一起围绕着解决学校实际问题这一共同目标，以各类教研活动为载体，相互交流、相互协作，在不断地互动中创造最大的教研合力。当然，学生也是推动校本教研活动开展的一个非常重要的因素，校本教研研究过程的实施和研究效果的检验等环节都离不开学生的参与，但是学生的参与主要是在作为教研核心主体的教师的计划和安排下进行，因此，在本书中学生不作为主要研究人员，故而在校本教研主体互动结构系统中仅以虚线的形式体现出来。需要强调的是，以校为本的教研，是以学校为教研活动开展的主阵地，所以学校的文化生态背景是整个校本教研主体互动系统运行的生活世界，对主体间的互动产生重要的影响。同时，校本教研各类主体又会为了实现相互之间的顺畅交流和合作，而在互动中不断地塑造有利于主体间互动交往的文化生态。可见，校本教研主体互动结构中的各个要素之间是相辅相成、相互影响、相互作用、相互制约的关系，且各个要素在相互作用的过程中又在不断完善这一系统结构。

第 三 章

校本教研主体互动个案研究设计与过程

如果你想让教师的劳动能够给教师带来乐趣,使天天上课不至于变成一种单调乏味的义务,那你就应当引导每一位教师走上从事研究这条幸福的道路上来。

——[苏联] 苏霍姆林斯基

教育研究的基本目的在于对某个教育问题、教育现象进行探索性研究,在探索的过程中对教育问题和教育现象的实际情况进行细致描述,最终对其进行解释。任何一项研究,在确定了研究的基本问题之后,都要对整个研究进行合理的研究设计,研究设计是对整个研究进展过程的详细规划和部署,是研究得以顺利开展的行动指南。本章主要基于研究目的,对本书的研究设计和过程展开论述,具体包含研究问题的提出、方法的选择、思路的设计、过程的展开、效度和道德伦理分析以及研究可能存在的局限几个方面。

第一节 研究问题的提出

研究问题是质性研究的基本框架结构,其问题通常来自实践,问题形成、明确、调整和修改的过程也是研究不断走向深入的过程,对问题不断进行厘清、阐明的过程同时也是对问题本身的理解和解释过程。对校本教研的关注,起始于参与导师的"城乡统筹教师专业发展的实践策略及理论研究"这一课题的研究,而进一步将问题聚焦于"校本教研主体"则是受到一位任小学教师的朋友的"倾诉"的启发。

实际上,校本教研的兴起就是以解决学校面临的现实问题,提高学校教学质量,推动学校内涵式发展,促进师生共同成长为基本目标的。2003年12月在北京召开的全国基础教育课程改革工作会议上,教育部副部长王湛就曾指出:"建立以校为本的教研制度,是促进教师专业发展的必然要求,将有利于创造教师间互相关爱、互相帮助、互相切磋交流的学校文化,使学校不仅成为学生成长的场所,同时也成为教师成就事业,不断学习和提高的学习型组织。"[①] 可见,从教师专业发展的角度来看,校本教研与教师专业发展有着千丝万缕的联系,二者是相辅相成、互相促进的。正如有学者所指出的,"作为行动研究的校本教研对于教师专业成长有着重要的促进作用;教师的专业成长亦对校本教研有着积极的反哺效应。"[②] 因此,以校本教研主体的身份而存在的教师在学校的日常教学工作中展开教学研究,不仅"是教师关于教学生活意义的持续不断的体验感悟与发现过程"[③],也是教师专业发展自觉的内在动力源泉。校本教研为教师专业发展从外推走向内生提供了转机,教师在校本教研的过程中可以通过不断地对自我反思、与同伴交流、向专家请教等方式获得自我专业能力和专业素质的持续提高。研究者在参与课题调查的过程中也了解到,大凡能够积极参与校本教研活动的教师,其专业成长的动力除了外部力量鞭策之外,更多的是来自于教师自我在自主自觉的探究之中不断获得新的经验和知识的成功体验。但也有部分教师表示在校本教研活动中的自主权和发言权总是被学校个别骨干教师或校外专家所"剥夺",在被动地参加校本教研活动的过程中并没有体验到校本教研给自己的教学工作带来太大的益处,他们觉得能够受益于校本教研的还是学校少数骨干教师或者专门负责科研工作的教师。

调研的所见所闻和朋友的"倾诉"引发了笔者对校本教研主体间

[①] 雷自自、王海林:《基于校本教研的教师专业发展研究述评》,《天津市教科院学报》2010年第1期。
[②] 肖川、胡乐乐:《论校本教研与教师专业成长》,《教师教育研究》2007年第1期。
[③] 柳夕浪:《教学自我——教师研究的价值取向》,《教育研究与实验》2003年第3期。

相互作用和校本教研实际效果之间关系的思考。作为校本教研核心主体的教师如何才能在校本教研活动中真正做到"自我反思、同伴互助、专家引领"？作为校本教研主阵地的学校将如何创造教师间互相关爱、互相帮助、互相切磋交流的学校文化，使学校成为师生共同成长的学习型组织？在对这些问题进行思考之后，研究者将交往行为理论作为方法论指导，从主体互动的视角，审视校本教研实践，以期为提高校本教研主体之间相互协作的水平提出有益建议，进而提高教师开展校本教研的实际效果，并最终促成教师专业的共同成长、学校内涵式建设和基础教育发展。

在不断穿梭于校本教研经典文献和学校教研实践活动的过程中，笔者脑海中逐渐显现出一个大胆的假设：作为校本教研主体的教师是校本教研取得实效的关键，而以合作研究和群体研究为主要特征的校本教研不是仅靠个别校内骨干教师或校外专家的力量就能发挥其对学校、教师、学生发展的功能的，而是需要校本教研活动的所有参与者齐心协力、相互协作形成教研合力，才能实现教研效果和教研参与者素质的共同提高。因此，研究者将研究主题再一次聚焦到"校本教研主体互动"，将研究的问题确定为"校本教研主体如何有效互动以实现校本教研实效提升和主体专业自觉？"

基于这一核心问题，本书试图围绕以下几个子问题来开展具体的研究：

一是何为校本教研主体互动？

二是校本教研主体互动行为运行于一个什么样的境域之中？

三是校本教研主体互动的实现过程如何？

四是校本教研主体互动受哪些因素影响？

五是如何更好地实现校本教研主体互动？

第二节　研究方法的选择

研究问题决定研究方法。虽然方法只是工具，但是对于某些特定的问题，一些工具比其他工具更为有用，这就要求笔者巧妙而又睿智地选择那些能够更好地帮助自己研究的方法。基于研究的具体问题和研究对象，本书以质化研究为主，具体采用个案研究的方法来开展研究。

一 质化研究的取向

本书采用质化研究的取向，主要是因为质化研究的特性与本书的研究问题相契合，质化研究的方法能够帮助笔者深入探究所要研究的主要问题，达到研究的目的。

首先，本书需要探究学校真实情境中校本教研主体互动的现实图景。对校本教研主体互动的研究不能只停留在理论层面，而应进入校本教研真真切切的实践之中。要想深入了解校本教研活动中教研主体之间互动的真实状况，揭示影响校本教研主体互动的主要因素，探究校本教研主体如何互动才能够促进校本教研实效提升，就必须深入校本教研实践发生的真实情境之中，对校本教研实践中的教研主体以及主体之间的互动行为做深入细致的剖析。质性研究的方法是一种以情境性、整体性为主要特质的探究形式，"以研究者本人作为研究工具，在自然情境下采用多种资料搜集方法，对社会现象进行整体性探究，主要使用归纳法分析资料和形成理论，通过与研究对象互动对其行为和意义建构获得解释性理解的一种活动。"[①] 相对于量化研究的方法而言，是以一种更加自然的方式对事物的现象进行研究，具有帮助研究者深入细致地探究问题的本质特征。而校本教研主体互动发生在真实的学校情境之中，是无法脱离具体的学校情境来进行探究的，因此，质的研究取向是本书有效开展的方向。

其次，研究校本教研主体互动需要从局内人的角度去了解校本教研主体参与互动的真实体验。有学者认为，质的研究的理论概念采取现象学、象征互动论和人种方法论的观点，注重人类行为的主观意义、当事人的内在观点、自然情境的脉络以及理解人们解释其经验世界的过程。[②] 质的研究强调研究者对研究对象进行"解释性理解"，研究者和

[①] 陈向明：《质的研究方法与社会科学研究》，教育科学出版社2000年版，第12页。
[②] 黄瑞琴：《质的教育研究方法》，心理出版社1991年版，第23页。

被研究者之间是一种主体间性的关系，力求使研究者与被研究者之间达成"视域融合"。本书实质上是试图探究这种互动行为与提高教研主体之间的合作质量，以及促进校本教研实际效果的关系。故而要深入探究校本教研活动的实践过程中作为校本教研核心主体的教师与教师、教师与学校管理者、教师与校外专家等相关参与者之间的互动关系和互动行为，研究者必须深入学校这个校本教研实施的具体情境中，融入校本教研主体队伍当中，对校本教研主体互动做后实证的、经验主义的考察和分析，提高研究结果的"真实性"和"可靠性"。

二　工具性个案研究方法的确定

个案研究是一个综合的研究策略，而不是某一种单纯的研究方法。斯塔克认为，个案是一个有界限的系统。他还把个案研究分为三种类型，即本质性个案研究、工具性个案研究、集体性个案研究。[①] 本质性个案研究的主要目的在于了解一个特殊个案的本身情形，并不涉及其他利害关系，也不需要了解其他个案或有关推论的问题，完全是出于对该个案本身的兴趣；工具性个案研究则是针对某一现象或者问题展开研究，其目的不在于了解此个案本身的情况，而是将个案作为了解、探讨这一问题或者现象，对其做出解释性理解，提炼概括性结论的工具；集体性个案的目的和工具性个案一样，也是借助个案来把握问题或现象的本质，不同的是集体性个案主要是为了探寻多个个案之间的联系，它强调研究者对多个个案进行研究、比较和分析，对某一现象或者问题进行全面深入了解。本书的关注重点并不是对个案学校校本教研主体互动的实际状况的阐述和呈现，而是以个案学校作为了解和分析普通学校校本教研主体互动的工具，对个案学校的校本教研活动中教研主体互动的现实图景作深入的探究，在此基础上寻求和建立一般性的理解。因此，质性取向的工具性个案研究方法比较适合本书。研究通过个案来进行，但其意并不完全在个案本身，而是试图深入个案学校的具体情境中，通过

[①] 潘慧玲：《教育研究的取径——概念与应用》，华东师范大学出版社2005年版，第182页。

个案研究透视当前普通中小学校本教研主体互动的现实图景及其存在的问题，分析影响校本教研主体互动的因素，探寻合乎理性的校本教研主体互动行为路径，以提高校本教研实效。

第三节 研究思路的设计

本书以交往行为理论作为方法论指导，基于对校本教研已有理论研究的探究和当前中小学校本教研实践开展情况的考察，以校本教研实施过程中主体身份模糊、本应作为校本教研核心主体的教师主体意识的失落及主体之间互动关系的疏远、无序这一失衡的教研生态中存在的现实问题为逻辑起点。确立了"校本教研主体互动"这一研究主题。首先，从理论层面厘清校本教研主体互动的内涵和外延，探明校本教研主体互动研究的必要性和重要性；其次，通过对个案学校校本教研主体互动的文化背景的考察和分析，以及校本教研活动中教研主体之间的互动行为实践进行描述和分析，揭示影响校本教研主体互动的因素；再次，基于个案学校校本教研主体互动的现实情况的分析，从中获得一定的意义解释，并在此基础上探究校本教研主体互动的复归之路。本书研究思路如图3-1所示。

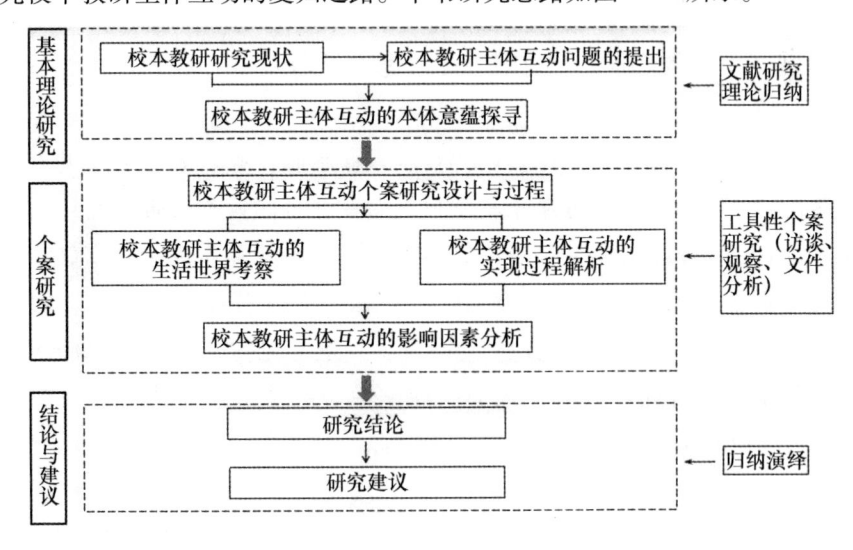

图3-1 研究思路

第四节 研究过程的展开

一 研究对象的选择

（一）案例学校的确定

审慎地选择样本是个案研究取得实效的前提。正如斯塔克所说个案是一个"有界限的系统"，在这个有界限的系统中存在某种行为形态，研究者可借由此行为形态或活动性质来了解系统的复杂性及过程性。[①] 本书根据研究目的以及工具性个案研究方法的要求，按照"目的性抽样"的方式，确定能够为本书提供最大信息量的"有界限的系统"——C 市 S 区一所在校本教研主体互动方面具有典型特征的普通小学为本书的研究对象。考虑研究伦理问题，本书以"X 小学"作为学校代称。以下是 X 小学的基本情况。

X 小学创建于清末民初，其前身是"CW 小学"，现今的 X 小学是 2011 年 8 月整体搬迁后，在原校址附近新建的一所集学前教育和小学教育为一体的完全小学。占地面积 18589 平方米，绿化面积 5736 平方米，运动场面积 7620 平方米。办班规模可达到 30 个班，现有教学班级 29 个，学生 1471 人，教职工 64 人。教职工中达到小学高级职称的有 19 名，区级十佳教师、十佳班主任、优秀教师多名。X 小学以"心动教育"特色品牌建设为契机，实践并总结出在全市乃至全国有一定影响的中心校带村点校、一课多研等校本教研经验，有效促进学校走上了内涵式特色发展道路。近年来，学校先后荣获全国校本教研制度建设实验基地学校、C 市课程改革先进集体、C 市科技教育先进集体、C 市领雁工程项目验收一等奖等荣誉。X 小学秉承"源于心，成于行"的校训精神，积极打造"心动教育"特色，开展"心动德育、心动课堂、心动管理"的研究与实践，致力于课堂教学改革、校本课程建设、养成教育、校园文化等方面的工作，通过以学校特色为本的教学研究有效促进学校走上了内涵特色发展道路。

---

① 潘慧玲：《教育研究的取径、概念与应用》，华东师范大学出版社 2005 年版，第 192 页。

以 X 小学作为本书的个案，是在综合研究对象特殊性和研究者各方面客观因素和条件的基础上所做出的选择：

首先，完整性原则。目的性抽样选取样本的标准在于样本能否为研究者提供最大信息量。本书的研究主题是校本教研主体互动研究，这就要求样本学校必须在开展校本教研，并注重通过促进校本教研主体之间的互动来提高教研实效。2002 年，校本教研这一理念最初提出之际 X 小学就参加了区内校本教研项目，并荣获"全国校本教研制度建设实验基地学校"称号，在校本教研方面具有丰富的经验和丰硕的成果。尤其是 X 小学在开展校本教研的过程中十分注重作为校本教研主体的教师与教师之间、教师与学校管理者之间、教师与校外专家等相关人员之间的互动与合作，如 X 小学所倡导的"闲聊式"教研，很好地推动了教师之间既自由轻松，又具有实效的互动与交流。X 小学的这些具有特色的校本教研主体互动行为都有利于本书获取更多相对稳定和完整的信息。

其次，典型性原则。工具性个案研究通常避免极端个案，主张采取一般性个案抽样。X 小学是一所普通小学，在 C 市 S 区不是最优秀的小学，但却是普通小学当中各方面评价较好的学校。它不像个别名校那样具有丰厚的教研经济支持和物质资源，以及顶尖的优秀教师和经过筛选的拔尖生源，但 X 小学在外在条件不具有明显优势的情况下，积极挖掘本校优势和特色，致力于开展适合本校的教育教学研究，有效促进了学校走上内涵式发展的道路。因此，X 小学"为了本校、在本校中、基于本校"的研究经历，正是本书要了解和研究的内容，也对大多数普通学校具有典型的借鉴意义。

最后，便利性原则。由于 X 小学一直以来都是笔者开展相关研究的主要合作学校，笔者对个案学校具有比较清晰、全面的了解。此外，笔者与 X 小学的 Y 校长、教导主任 H 老师及个别骨干教师有过接触与合作，他们表示对本书探讨的问题具有浓厚的兴趣，除了正式调研之外还经常通过电话、QQ 等通信方式与研究者探讨有关学校教研以及主体之间如何有效互动合作等问题。因此，笔者比较容易从 X 小学的这些教师身上获得准确、真实、客观的信息，也比较容易深入课堂、深入教研活动现场。

（二）分析单位的确定

由于校本教研主体互动行为渗透在学校的各个角落。因此，在确定了研究的个案学校之后，为了全面了解该校校本教研主体之间互动的整体情况，笔者根据需要采用了目的性抽样的方式选取访谈对象。首先，抽取学校各级教研管理者共7名（包括校长、分管教研的副校长、教导主任、语文教研主任、数学教研主任、英语教研主任及综合学科教研主任），各个学科的教师共16名进行了半结构式访谈，以全面把握学校校本教研主体互动的基本情况。其次，在每一次对X小学的校本教研活动进行观察之后，根据问题需要选取参与活动的教研主体进行深度访谈，深入了解不同类型的校本教研活动中主体互动的具体情况。整个调研过程共访谈校内教研管理者9名，教师36名，参与X小学校本教研活动的校外专家3名。

为了深入洞悉X小学校本教研主体的日常教研互动情境，笔者采用目的性抽样的方式选取了X小学在教研方面取得较好成绩、拥有较好口碑的数学教研组、语文教研组和音乐教研组作为研究者扎根研究的基地，重点观察这三个教研组的成员在日常教研工作中的互动情况。

此外，笔者在X小学学校领导和教师们的积极配合下最大限度地收集到X小学有关校本教研的各类实物资料，如制度汇编、教研活动记录、教师教研日志和反思、相关活动录像等。对这些资料进行分析以作为访谈和观察的佐证材料。

二 资料收集的过程与方法

从内部调查研究对象的日常生活常常会给研究者带来一些难得的一手材料。所以在确定了研究对象和基本研究思路之后，接着就是进入现场收集资料。资料收集是需要通过具体的方法来实现的，在此，将资料收集的过程和方法呈现如下。

（一）进入研究现场

进入研究现场是资料收集的第一步，成功地进入研究现场有利于整个研究的顺利开展。有研究认为，"在设计进入研究现场的方式时，我们需要认真考虑如下问题：我应该如何进入研究现场？我可以如何与被研究者取得联系？我应该如何向对方介绍自己的研究？我为什么要这样谈？他们会如何看我？他们会对我的研究有什么反应？他们为什么会有这些反应？如果在他们之上还有'守门人'，是否应该获得这些人的同意？到达实地以后我应该如何与各类人员协调关系？在研究的过程中我如何与被研究者始终保持良好的关系？"[1] 针对这些问题，研究者在进入现场之前做了较为充足的准备。以下将简要介绍研究者进入研究现场的历程：

虽然在正式开展本书的田野调查之前笔者与案例学校的校长、部分管理者和教师有过接触与合作，但为了在本项研究中与研究对象处理好人际关系，笔者在正式进入学校之前，尽可能多地做了一些准备工作。

首先，学习基本的"进入研究现场"规范，掌握与被研究者建立良好关系的"诀窍"。笔者主要根据马克斯威尔提出的协商研究关系中的"4C"原则来考虑如何获得被研究者的信任与配合。"4C"原则主要指关系（connections）、交流（communication）、礼貌（courtesy）、合作（cooperation）。[2] 因为之前有过前期的接触，所以在与被研究者建立信任和友好关系上占有一定的优势；在交流和礼貌方面，笔者特意查找了有关调研中如何表明自己的研究目的和意图，如何在访谈中礼貌地提问、倾听等与被研究者交流中的注意事项，学会了如何在收集资料的过程中坦率、真诚地与被研究者沟通，获得相互之间的信任；在合作方面，由于笔者相较于一线教师来说具有一定的理论基础，能够较好地参与进案例学校的教学研究过程中，与案例学校的教师达成互惠互利的良好合作伙伴关系。

其次，与"守门人"做好沟通和交流，摸清学校的权力结构和人员关系。进入任何一个组织机构开展研究，获得"守门员"的许可和协助都是最关键的一步。"守门员"不仅可以为研究者进入现场提供很多必要的信息，还能为研究者收集资料提供很多便利。在本书的案例学

---

[1] 陈向明：《质的研究方法与社会科学研究》，教育科学出版社2000年版，第94页。
[2] 陈向明：《质的研究方法与社会科学研究》，教育科学出版社2000年版，第151页。

校中校长即所谓的"守门人",笔者在前期参与学校教学研究工作和开展本书的调研工作过程中合作关系的建立,研究的开展逐渐获得了校长的鼎力支持和积极配合,并对本书提供了丰富的信息和大量的帮助。因为本书的核心问题是了解校本教研主体互动的现状,故而对于案例学校的教研组织机构的设置和人员分配需要做详细的了解,校长在这一方面提供了很详细的信息。

最后,通过"守门人"的引荐,深入研究现场。顺利进入学校是走进现场的第一步,要想获得准确、具体、真实的一手材料还需要深入学校的每个角落、走进每一次教研活动现场。因此,笔者在校长的引荐之下,与各教研室的负责人、学校邀请的校外专家建立了交流关系,让笔者得以顺利地进入每个教研室蹲点观察与访谈,还获得了访谈校外专家的机会。此外,校长还专门委托负责学校科研工作的 H 老师协助收集调研资料,本书丰富的实物资料就是在 H 老师的帮助下收集的。

(二) 资料搜集的方法

在教育研究中,如果说各种研究方法和收集研究资料的手段是工具箱中的各种工具,那么我们在任何一项研究当中,就要根据研究问题和内容的不同需求而取出适当的研究工具来完成工作。质化取向的个案研究通常综合采用多种资料收集的方法。本书结合研究的具体问题和研究的最终目的,选取能够为研究获取最全面资料的参与式观察、半结构式访谈和实物收集三种方法来系统地收集研究资料。

1. 参与式观察

观察是借助人的各种感觉器官对周围环境中的事物进行有意识地感知,并进而认识世界的基本方法。观察是一种带着预期目的,有意识地去获取信息的感性认识活动。故而"观察法即人们有目的、有计划地借助于感官或辅助仪器,对处于自然状态下的客观事物进行系统感知,从而获得经验事实的一种研究方法"[①]。在教育研究中,尤其是质化取向的教育研究中,观察法是一种较为常用的收集资料的方法。

观察法按照不同的划分维度有不同的分类方式,在质化研究中较为

---

① 朱德全、李珊泽:《教育研究方法》,西南师范大学出版社 2011 年版,第 128 页。

常见的是将观察法分为参与式观察和非参与式观察两类。参与式观察是"观察者和被观察者一起生活、工作,在密切的相互接触和直接体验中倾听和观看他们的言行"[①]。而非参与式观察不要求观察者直接进入被研究者的日常生活。"观察者通常置身于被观察者的世界之外,作为旁观者了解事情的发展动态。在条件允许的情况下,观察者可以用录像机对现场进行录像。"[②] 参与式观察和非参与式观察各有优劣,在实际应用之中主要视研究问题的需要和研究者与被研究者之间的实际情况而定。非参与式观察给研究者和研究对象留有一定的距离,有助于研究者对研究对象进行较为客观的观察,而且操作起来较为简单,也不会因为研究者的介入而影响了被观察者行为表现的真实性。但是,如果想了解现象和问题背后更深层次的情况,就需要研究者参与进被研究者的世界之中,便于及时就遇到的疑问请教被观察者。虽然参与式观察会使观察者因为与被观察者的近距离接触而受到自我主观因素的影响,但参与进观察的情境之中也有利于观察者对研究问题的文化背景、生成情境有更加直观的感性认识。本书需要在自然的情境下观察校本教研主体之间在日常教学和研究工作中的互动情况,并且本书所选案例学校与笔者一直有在学校课题方面的合作,学校的领导和部分教师都希望笔者能够在教育理论和基本研究方法上面与其进行交流和互动。显然,参与式观察更适合本书的实际需求和基本情况。

在应用参与式观察的过程中,对研究者的素质要求较高。其中最大的问题就是研究者如何在参与活动"局内人"和实施观察"局外人"的二重身份中灵活、准确地转换。笔者在对案例学校校本教研活动进行扎根调研的过程中,除了与教研主体交流自己的意见之外,其余时间时刻提醒自己搁置自己的主观意见,以局外人的身份来对教研主体之间的互动行为进行观察。尽量带着自己的目的和计划,全面客观地将观察对象的全过程如实记录和描绘。虽然参与式观察是在自然情境中进行,但是在实施观察的过程中还是需要遵循观察研究基本的实施步骤。陈向明

[①] 陈向明:《质的研究方法与社会科学研究》,教育科学出版社2000年版,第228页。
[②] 陈向明:《质的研究方法与社会科学研究》,教育科学出版社2000年版,第229页。

在《质的研究方法与社会科学研究》中就观察的四个步骤进行了详细的阐述,认为观察前的准备(制订观察计划、确定具体的观察问题、设计观察提纲)、进行观察的方法和策略、记录观察资料的方法、观察者的反思四个基本步骤。[①] 本书的观察基本遵循以下步骤进行。

首先,观察前的准备。本书在观察前的准备主要按照制订观察计划、确定观察问题和设计观察提纲的顺序逐步进行。

第一步是制订了初步的观察计划,以便让后续工作能够有计划有目的地依次进行。观察计划主要包括观察的内容、对象、范围,地点,观察的时间长短、次数,观察的方式和手段,观察的效度和伦理道德问题。[②] 本书的观察主要是在案例学校进行,观察的内容和范围主要是案例学校的集体校本教研活动、教研公开课、教研室内或校内任何日常工作交流场景。通过对这几个场景的观察,可以看到教研主体之间是否存在互动,是如何互动的,互动受何种因素促进或何种因素抑制等。由于是参与式观察,所以观察的时间和次数根据观察对象开展活动的时间和频率而定。在观察的时候,尽量在征得被观察者或学校守门人同意的前提下使用录音或录像设备来记录活动的内容,以便后期整理和分析观察到的信息。观察过程中,笔者尽量保持价值中立,不因为自己的一些观点和行为对被观察对象产生影响,从而影响到研究的效度。在观察中的伦理道德方面,主要是避免给研究对象造成困扰,笔者在观察之前都是征得研究对象的许可才会入场,录音也是经过研究对象同意之后才会使用。观察的过程中对研究对象的隐私问题尽量避免观察。观察后形成的文字资料会反馈给研究对象,征求其同意,并再次删除涉及个人隐私或学校机密的内容。

第二步确定观察问题。观察的问题必须是来自研究问题并为回答研究问题而服务的。因此,观察前将研究的问题进行具体化,并确定了以下几个实施观察的大致方向。

集体教研活动:校本教研活动一般有哪些人参与?这些参与者在教

---

① 陈向明:《质的研究方法与社会科学研究》,教育科学出版社2000年版,第236—256页。
② 陈向明:《质的研究方法与社会科学研究》,教育科学出版社2000年版,第237页。

研活动中的主体性表现如何？各参与者在校本教研活动中扮演什么角色？在有校外专家、校内管理者、教师等不同类型主体同时参加的教研活动中，各主体之间互动了吗？互动是由谁发起的？哪些主体之间存在互动？互动的方式有哪些？不同身份的主体在互动的主体性上有什么差异？教研主体互动存在哪些需要改进的问题？

教研公开课：教研公开课有哪些主体参加？公开课的授课教师在授课前、授课中、授课后与其他观课的人员之间有没有互动？观课人员有没有就公开课存在的实际问题展开讨论与发表建议？发表的建议是针对哪些方面的？哪种性质的？

教研室内或校内任何日常工作交流场景：在校园内尤其是在教研室内作为教研主体的教师与同僚之间有没有就教育教学中遇到的实际问题展开对话与交流？教研主体之间日常教研交流主要围绕哪些问题展开？教研主体互动的对象选择受到哪些因素影响？

第三步是拟定具体的观察提纲。观察提纲即将观察计划中确定的观察内容进一步具体化，是一个观察时可依据的操作蓝本。① 在质化取向的研究中，观察提纲的设计一般较为开放、灵活，因为质化个案研究是在自然情境中的参与式观察，所观察的事件或活动的发展进程是研究者所难以预见的，所以过于固定的观察提纲难免束缚了观察的过程，并且容易在按照固定提纲观察的时候漏掉现场很多临时性、生成性的重要信息。因此，笔者在进入现场之前根据观察的目的设计了较为宏观的观察提纲（具体的观察提纲见附录），分别按照不同教研活动的类型确定每一次需要观察的重点，在观察现场再结合实际情况临时增加或调整观察提纲。

其次，进行观察的方法和策略。具体观察的实施一般都遵循从开放式观察到逐步聚焦，然后再在与观察对象回应式互动中选择观察的内容的规律。在对案例学校的教研活动进行观察的过程中，笔者先整体感知整个学校的教研氛围，然后根据教研开展的情况，在对学校集体性教研活动进行观察的基础上选择了在教研方面做得相对突出的语文教研室、

---

① 朱德全、李姗泽：《教育研究方法》，西南师范大学出版社2011年版，第136页。

数学教研室和音乐教研室进行蹲点观察。在每一次具体的观察活动前，可以和观察对象稍微聊一聊，私底下将自己的观察目的和研究主题和他们做简要的交代，使他们对自己放下戒心，观察中也是先细心感受场内的整体气氛和情境，保持价值中立地去看待任何一个观察对象。在参与观察活动的时候采取回应式的方式与被观察对象互动交流，避免自己言行和观点影响和左右了被观察对象的原初行为。

再次，观察资料的记录。观察资料的记录和观察过程同时进行。在记录方式上，为了避免观察资料记录的错漏，在观察的过程中笔者除了用自己的眼睛、耳朵等感觉器官进行观察，用做笔记的方式记录观察到的东西之外，还会在征求研究对象同意的前提下采用录音的方式协助记录，以便在后期整理和分析资料时作为辅助和校对。在记录内容方面，主要包括观察活动的基本信息，如活动主题、时间、地点、参与人物等；事实信息，即在观察的过程中所看到或听到的事实性内容，要如实地进行记录；个人思考，即记录观察者个人在实地观察的过程中产生的感受和想法；理论分析，即观察者在对观察的事实信息进行初步的理论分析的记录。

最后，观察者的反思。观察者在观察前、观察的过程中和观察后都要对自己设计的观察计划、观察时的思想和行为、观察记录等进行及时的反思。本书主要按照波格兰和比克兰[①]就观察所提出的五个方面进行反思：一是反省自己的思维方式，也就是询问自己是如何进行观察的，如何注意到目前自己所观察的内容，自己当时是如何想的；二是了解自己的研究方法和过程，也就是分析自己的观察角度、记录和使用的语言等；三是对伦理问题进行反思，看自己观察的时候是否违背了公认的伦理规则和研究规范；四是反省观察者的问题前设、个人的生活经历、社会地位等对观察的影响；五是对自己目前仍旧感到困惑的地方加以澄清。有研究认为对质性研究中观察记录的反思要特别注意反思观察者进

---

① R. C. Bogodon & S. K. Biklen, *Qualitative Research for Education*: *An Introduction to Theory and Methods* (2nd ed.), Boston: Allyn & Bacon, 1992.

行推论的依据、观察者本人心情对观察的影响、观察者的叙述角度①这三个方面。因此，在后续对本书的观察记录进行反思的时候，研究者特别注意从这三个方面进行了再次反思。

2. 半结构式访谈

"访谈是研究者寻访、访问被研究者并与其进行交谈与询问的一种活动方式，是教育研究中一种重要的研究资料收集方法。"② 派顿曾指出，访谈能够让研究者走进被研究者的观点之中。③ 尤其是在质化取向的个案研究中，当研究者想深入了解被调查者的真实想法或了解其个别化的内心感受，并且像解剖麻雀一样细致、生动地将其实际情况呈现出来，进而展开分析和解释性理解，为教育理论与实际提供有价值的参考的时候，就会用到访谈法。在本书中，无论是校内教师、管理者还是校外专家，他们对于校本教研的想法、与其他主体互动的心理期待和变化、还有很多发生在过去的教研活动中的互动情节等，都需要笔者进行深入的了解，但是这些资料不但在观察中用眼睛没法发现，在文件分析中也很难全面获得。因此，这就需要笔者通过对被研究者进行访谈，在对话和交流中洞见被研究者内心深处最真实的想法，获得被研究者在往日教研活动中累积的宝贵经验。在访谈中触及校本教研主体对校本教研的真实看法，以及校本教研主体开展校本教研的过程中的内心世界，与其他主体互动的初衷和期望等无法通过其他方法而获得的信息。

关于访谈法，不同的研究者根据不同的分类方式将其分为了各种不同的类型。有研究者根据对访谈的结构的控制程度，将访谈分为了结构型访谈、无结构型访谈和半结构型访谈三种类型。④ 其中，结构型访谈是研究者按照事先设计好的，具有固定结构的统一的访谈提纲，对所有研究对象进行同样的访谈。由于本书的访谈是在观察的基础上进行的，笔者会根据观察所发现的问题进行进一步的深入挖掘以获取更多、更深

---

① 朱德全、李姗泽：《教育研究方法》，西南师范大学出版社2011年版，第138—139页。
② 朱德全、李姗泽：《教育研究方法》，西南师范大学出版社2011年版，第110页。
③ Patton, M. Q., "Qualitative Evaluative and Research Methods (2nd ed.)", *Modern Language Journal*, Vol. 76, No. 4, 1990.
④ 陈向明：《质的研究方法与社会科学研究》，教育科学出版社2000年版，第171页。

入的信息，所以对整个访谈问题进行严格控制的结构式访谈并不利于本书获取更多资料；无结构型访谈则与结构型恰好相反，是在访谈者完全没有固定的访谈问题的前提下，任由被访谈者根据自己的想法和思路自由述说，但是本书是带着明确具体的研究问题进入研究现场的，希望通过访谈对研究问题的现实图景进行完整呈现，过于自由的访谈不利于本书有效地获得想要的信息；半结构型访谈则介于二者之间，是在有一定的理论分析框架指导之下的访谈，有利于研究者在访谈的过程中通过控制获得自己想要知道的内容，但是又给被访者留有一定的发挥空间，有利于研究者在访谈中获得"意想不到的收获"。因此，本书根据研究问题的需要，采用半结构型访谈。

在研究中，访谈对象的确定对于研究结果的准确性也是十分重要的。本书的访谈对象是在对学校教研活动进行了初步的观察之后再逐一确定的。访谈围绕以下几个核心方向出发：校本教研主体对于互动的态度；教研主体互动的形式；教研主体互动的内容；教研主体互动的过程；教研主体互动中存在的问题等。为了对校本教研活动中不同立场和身份的教研主体关于与他人互动的观点和看法做全面了解，笔者在上述核心问题的基础上设计了三份不同的访谈提纲，主要对 X 小学的教研管理者、普通教师、校外专家等校本教研参与人员进行分类访谈。并在访谈进行的过程中根据具体情况对访谈的具体问题进行相应的调整，必要的时候增加一些临时访谈。

第一类问题主要针对案例学校的教研管理者。具体包括对校长、分管教研工作的副校长、教导主任、各学科的教研组长及各学科内的年级组长等。

第二类问题主要针对案例学校各个学科的普通教师。

第三类问题主要针对校外专家。包括分管案例学校的研修员、参与案例学校教研活动的研究者、专家型教师、大学教授等。（具体的访谈提纲见附录）

为了方便后续对访谈资料进行整理和分析，在大致确定访谈的对象类别之后，分别对访谈对象进行编号。访谈记录编号规律为：

面对面访谈：I－主体身份类别①－教师姓名汉语拼音首字母，日期；

电话访谈：TI－主体身份类别－教师姓名汉语拼音首字母，日期。

例如，2016年9月8日对X小学Y校长的面对面访谈记录编码为（I-A-YMC，2016/9/8）；2016年9月9日对X小学LX教师的电话访谈记录编码为（TI-T-LX，2016/9/9）；2016年9月10日对参与X小学校本教研活动的校外专家LBK研修员的电话访谈记录编码为（TI-R-LBK，2016/9/10）

3. 实物收集

在质的研究中，除了观察和访谈之外，实物分析也是一种有效的资料收集方法。因为实物可以扩大研究者的意识和视角，为研究者提供一些新的概念、隐喻、形象和联想。这里所说的"实物"包括所有与研究问题有关的文字图片、音像、物品等，可以是人工制作的东西，也可以是经过人加工过的自然物。实物之所以可以作为质性研究的重要资料，可以被研究者当作特定文化中特定人群所持观念的物化形式进行分析，是因为任何实物都是一定文化的产物，都是在一定情境下某些人对一定事物的看法的体现。② 因此，对实物进行分析需要研究者发挥联想的能力，对实物所包含的"实践理性"进行意义解释。本书中收集的实物资料主要包括所有与学校教研工作有关的文字资料、音频图片以及物理资料：

文字资料。本书涉及的文字资料既有官方的文字资料，又有个人的文字资料。官方类文字资料主要是学校在教研方面的一些制度性文本，如学校校本教研规章制度、学校具体的年度或学期教研计划、学校教研的具体实施情况记录、学校在校本教研方面的成果集等；个人类的文字资料则是案例学校教研主体个人有关校本教研的文字记录，如教研日

---

① 注：这里的校本教研主体身份类别，分别指学校教研管理者，包括校长、分管教研工作的副校长、教导主任、各学科教研组长、各学科内部的年级组长等，代号为administrator的缩写A；学校教师，代号为teacher的缩写T；校外专家，由于本书所指校外专家包括研修员、大学教授等不同身份的教育研究者，故统一采用researcher的缩写R为代号。

② 陈向明：《质的研究方法与社会科学研究》，教育科学出版社2000年版，第257页。

志、教学反思、教研活动记录、学期计划、期末总结等。官方文字资料的获取主要是经过 X 小学 Y 校长同意之后，委托负责管理学校档案的 H 老师协助查阅和收集的；个人文字资料主要从数学教研组和音乐教研组的教师处收集教师们平时工作当中所写的文字材料，如有的老师习惯撰写 QQ 日志、教研活动记录、参加学校课题所写的研究报告和总结等，从这些资料当中可以间接地了解到这些教师在平时工作中、在教研活动中与其他参与者的互动情况，作为观察和访谈的佐证材料是很有必要的。

音频图片。音频和图片是质性研究中的一种非常有价值的实物资料，可以为研究提供十分丰富且有价值的信息。通过音频资料可以帮助研究者相对真实地还原过去所发生的事情和场景，在研究中可以用来佐证访谈中被研究者所表达的信息和文字资料所描述的事实。在本书中所收集到的音频资料主要是教研课的视频，通过观看视频，研究者可以了解到之前学校开展校本教研活动中教研主体的行动表现以及主体之间的互动情况。图片属于描述型的信息，在本书中收集的图片主要是照片，这些照片记录了学校集体和个别教师的教研风采，研究者借助这些照片作为"引子"，进一步对照片中的主人公进行了访谈，通过当事人对照片中所呈现的场景进行的描述和解释，研究者获得了不少有价值的信息。

物理资料。物理资料主要是指文化和环境的承载物。任何一个校本教研的开展都与学校的教研文化环境有直接关系。学校为教研主体创造开展校本教研的资源和平台，教研主体在校本教研活动中所产生的成果，均可以通过物理资料在学校的各个角落里呈现出来。本书中主要收集到的物理资源就是 X 小学较为有特色的走廊文化。在 X 小学教学楼的走廊里，有一个角落特别吸引了研究者的注意。那是一个"疑难杂症"聚集营，在那里有师生们平时在教学中遇到的各种难题，在这里通过实物和留白的形式呈现出来，供全校的师生来研究和提出各自不同的解答方案。这个小小的走廊平台，为老师之间、师生之间、生生之间提供了在交往与互动中共同解决问题的公共空间。本书对这些物理资料进行分析，可以洞见所有参与的师生的问题解决过程。

三 研究资料的整理和分析

资料收集好之后，紧接着就需要研究者根据研究的目的对所收集到的原始资料进行整理和分析，以使其系统化、条理化，在整理和分析的过程中逐步归类和聚焦，最终对资料进行解释性理解和意义解释。正如陈向明所说："在质的研究中，没有任何'客观存在'可以自己为自己说话。'客观存在'之所以存在，之所以有'意义'，是因为经过了研究者的分析和解释。"[①] 因此，资料的整理和分析是对原始资料进行解释性理解的关键一步，是保证研究结果具有准确性、真实性、正确性的一个重要手段。在研究的实际操作中，对资料的整理和分析几乎是同步进行的，对资料的有序整理是分析的前提，整理也必然是建立在一定的分析基础上的。此外，资料的整理和分析与资料的收集也不是两个截然分开的步骤，"对资料及时进行整理和分析不仅可以对已经收集到的资料获得一个比较系统的把握，而且可以为下一步的资料收集提供方向和聚焦的依据"[②]。因此，本书在每一次收集资料后都及时展开对资料的整理和分析，并且在整理和分析的同时及时调整下一步收集资料的方向。

（一）对观察资料的整理和分析

对观察所获得的资料进行分析主要是基于观察时所做的观察记录和辅助记录的录音来进行的。本书的观察主要包括 X 小学大型集体教研活动、教研公开课、教研室内或校内日常工作交流场景三个方面。在进行实地观察的时候，为了避免因笔头记录的速度过慢而错过重要信息，笔者都尽量征求观察对象的同意采用了录音的手段来辅助记录。而对于在教研室或校内日常工作场景的观察由于不便于录音，所以笔者都是一边观察一边速记。因此，在对观察资料进行整理和分析的过程中，笔者将观察记录和录音进行反复的对比、纠正和补充，对记录当时简化的内容进行扩展完善，对一些有待进一步求证的问题进行标注，以便进一步在访谈和文件资料当中进行追踪探究。最后，将所有整理和完善后的观

[①] 陈向明：《质的研究方法与社会科学研究》，教育科学出版社 2000 年版，第 269 页。
[②] 陈向明：《质的研究方法与社会科学研究》，教育科学出版社 2000 年版，第 271 页。

察资料进行分析和归类,为进一步进行意义解释做准备。

(二) 对访谈资料的整理和分析

在质化研究中,对访谈资料的整理要求较高,因此访谈资料的整理与分析有着比较严格的操作程序。

首先,录音的转换和初步整理。结合访谈时的笔录将访谈录音进行文字转换,对访谈中从被研究者处所获得的资料进行高度还原,并且对每一份访谈资料进行基本信息(如访谈时间、地点、对象等)的补充登记,及时将在访谈过程中或转换录音过程中的想法和感悟加以记录。此外,还要在听录音、转换文字的过程中将产生的新的疑问进行记录,形成明确的问题,以便做进一步的追踪访谈。

其次,对上述整理完善后的文字资料进行进一步的整理和分析。在对以上资料进行整理与分析的过程中,本书采用了"扎根理论"(ground theory)的方法,扎根于校本教研主体互动行为运行的境域之中获取原始资料,并在对原始资料的整理和分析中通过归纳的方式提取出本土概念,进而自下而上形成能够解释现象的一般理论。本书应用扎根理论的三级编码整理和分析原始资料,使其逐步精练成对实践具有指导和借鉴意义的理论,具体操作步骤如下:

开放性登录,又称为一级编码。一级编码要求研究者以开放的心态,悬置个人见解和已有研究的结论,将所有原始资料进行还原式阅读。在这一阶段研究者对初步整理后的原始资料进行了非常仔细的登录,然后根据研究的问题和资料当中反复出现的本土概念进行重新组合和命名,不断地聚焦概念。本书在对原始文件进行开放式登录的时候发现很多出现频率较高的"本土概念",如交流、对话、同僚互助、委婉、发言权、话语霸权、共同成长、相互作用,等等。

关联式登录,也称为二级编码或者轴心登录。二级编码的主要任务是发现和建立概念类属之间的各种联系,以表现资料中各个部分之间的有机关联。在这一阶段研究者依次对每一个类属进行深度分析,将这一个类属作为"轴心"来寻找它的次级类属。为了更清晰全面地掌握核心概念和从属概念之间的关系,笔者通过勾勒层级关系图谱来呈现和分析各级概念之间的关联。比如,笔者分别将对学校管理者、一线教师、校外专家等研究对象的访谈资料进行开放性登录，然后用图谱来呈现出其所表达出的核心概念以及从属概念之间的关系，最后将所有的图谱进行对比和分析，从而获得所有研究对象所使用的概念类属之间的一个完整的关系图谱。

核心式登录，又称作三级编码。这一阶段需要在所有已经发现的概念类属中经过系统分析后选择一个"核心类属"，将分析集中到那些与该核心类属有关的编码上面，用这一个核心类属串联所有次级类属，使其达到提纲挈领的作用。本书核心类属的确定是结合二级编码的图谱来进行不断的对比和分析来推出的，笔者初步推断出一个扎根理论：校本教研是以教师为核心的多元主体互动过程，主体间的积极互动对校本教研功能的发挥具有促进作用。

（三）对实物的处理和分析

实物作为质化研究中的一种原始资料的表现形式，不仅可以扩大研究者的分析视角和意识范围，还可以作为其他研究手段的对照、补充和完善。实物通常是在自然情境下由被研究者"创设"出来的，因此，对实物的了解有助于研究者洞察被研究者所处的背景性知识。在本书中，笔者对实物资料的分析就是将收集到的有关实物与研究的主要问题进行意义联系。首先，是对实物中的文字性资料的整理和分析。第一步是结合研究的主要问题，详细地阅读收集到的文件，并且将与本书的核心问题和概念相关的部分标注出来，以便二次阅读和分析时聚焦于研究问题；第二步是再次阅读文件，并将与本书有关的文件内容在汇总表中进行归类分析，确定文件所承载的意义以及与研究问题之间的关系；第三步是在前一步骤的基础上，对与研究问题相关的部分进行更深层次的分析，将分析中所得到的结论和新的发现撰写成备忘录以便后续形成论文时提取。其次，是对音频图片和物理资料的分析。这两类实物都属于能够呈现研究对象所处生活世界的现实样态的资料，在这里将二者结合起来展开分析。笔者对这些资料分析的主要目的在于寻找和体验被研究者在日常工作和生活中的情境。因此，对它们的分析，笔者主要借用中医"望、闻、问、切"四个步骤，使自己尽量深入情境之中。望，就是通过眼睛来了解被研究者所处的校本教研互动情境、背景以及文化环境；闻，就是细心地聆听教研主体有意或无意间对这些实物资料的看法和解释；问，即通过访谈、交流、询问被研究者对这些实物的理解、解释和感受；切，则是笔者自己身临其境亲身体会这些实物资料所创设的互动情境以及研究者自身思辨。

第五节　研究效度、伦理及可能存在的局限

一　研究的效度

研究的信度和效度都代表了研究的品质。在量化研究中，"信度"指测验结果的一致性、稳定性及可靠性；"效度"主要指有效性，即测量工具或手段能够准确测出所需测量的事物的程度。在质性研究中，由于"质性研究是以研究者本人作为研究工具，在自然情境下采用多种资料搜集方法对社会现象进行整体性探究，使用归纳法分析资料和形成理论，通过与研究对象互动对其行为和意义建构获得解释性理解的一种活动"[①]。所以，信度和效度的检验方法和标准相较于量化研究而言有所变化。通常，研究者们不讨论质性研究的信度问题[②]，而"效度"在质性研究中主要是指研究过程中所有因素之间的关系，重在考量研究结果和研究对象真实情况之间的一致性、契合性和协调性，以确保研究的真实性、准确性和可靠性。

由于质性研究是以"人"作为研究的工具、在真实具体的情境中展开的研究。因此，在研究的过程中难免加入个人感情、价值观等主观倾向，并受到不断变化的复杂情境因素的影响。在本书中，主要存在以下几个影响效度的现象：一是笔者与研究对象之间背景差异影响研究效度。由于笔者和研究对象在所处的环境、思维方式、知识背景等方面存在一定的差异，所以在笔者对研究对象就校本教研主体互动情况进行访谈的时候由于对"主体互动"的理解误差而影响到研究的效度；二是笔者对"局外人"和"局内人"双重身份的把握影响研究的效度。扎

[①] 陈向明：《质的研究方法与社会科学研究》，教育科学出版社2000年版，第12页。
[②] 陈向明：《社会科学中的定性研究方法》，《中国社会科学》1996年第6期。

根式的参与进研究对象的活动之中使研究者从一个"局外人"走进研究现场变成"局内人",虽然更有利于研究者体会研究对象的文化氛围、行为方式等,但是在参与式观察教研活动的时候,也容易因为笔者的参与而影响到研究对象的认知方式和行为表现而影响到研究的效度。三是笔者与被研究者之间的关系影响研究效度。质的研究不仅受到研究者个人因素的影响,而且很大程度上还受到研究者和被研究者之间的关系的影响。被研究者对研究者的接纳和配合程度直接决定了研究资料的收集和资料的真实程度,因此,能否和被研究者之间建立起良好的人际关系也影响着研究的效度。

为了确保研究结果贴近学校校本教研主体互动的实际情况,笔者时刻警醒和规避可能会影响研究效度的问题,并采取了以下措施来提高研究的效度:

1. 合理抽样

在本书中,为了能够访谈到既能够积极配合,又能够提供有价值的信息的对象,访谈对象的确定是在对整个教研活动情景进行观察之后、再抽取进行深度访谈的样本。在进入观察现场的过程中,笔者首先让自己尽量融入案例学校的教师集体中去,与他们开诚布公地交流,建立起友好的关系。事实上,通过几次接触,笔者与案例学校的教师们都成了好朋友,平时在教研室蹲点,他们不仅会与笔者分享自己参与教研的体会和收获,还会就曾经或当下遇到的教学研究困难与研究者一起讨论。此外,笔者在抽取后续的访谈对象时会结合观察所获得的结果,选取在校本教研中"扮演"不同角色的主体进行访谈,以听取不同立场主体的不同声音,以确保研究的效度。

2. 三角互证

第一,通过不同的方法对所获得的信息进行相互对照和检验,以求获得结论的最大真实度。比如,在本书中笔者以观察法了解教研主体在教研活动中的互动行为表现,再进一步通过访谈或者文件查阅来深入了解教研主体的想法,把观察到的信息再通过访谈和相关文件资料来做进一步补充和证实。有时候也会在观察当中去验证之前在访谈中获得的信息。第二,通过不同的人对同一信息进行反复求证。本书的研究对象不仅有一线教师，还有学校管理者和校外专家等校本教研相关参与者，不同层次的教研主体在教研当中所担任的"角色"是不一样的，所以在主体间的互动中各自的立场和观点难免有不同。因此，为了获得最真实的结论，笔者通常会针对某一个信息访谈不同的主体以提取大家一致认同的观点。第三，通过将自己整理的资料重新返回给研究对象来验证自己的描述和归纳是否准确。在观察或访谈中获得的资料或者是录音转换的文字资料，为了确保其准确性，笔者会以不同的方式将资料反馈给研究对象，希望得到他们的协助以对文稿中表达不准确的信息予以纠正。

3. 明确身份

在开展质的研究的过程中，研究者通常是以改进实践的合作研究者的身份进入现场，因为与研究对象接触较多，研究者的言行难免会对研究对象在实践活动中的行为产生一定的影响。例如，在本书中，笔者在参与式观察个案学校语文教研组举行的"互动式研讨：综合实践活动设计研讨会"活动时忍不住去鼓励和促进坐在身边的教师展开互动。当时的情况是，首先由一位学校聘请的校外专家对综合实践活动设计的基本理论和设计程序进行讲解，讲解完之后是对本校教师进行分组，并由小组自己推选组长，按小组完成综合实践活动设计方案。由于很多老师在专家讲解完并对在座的老师分好组之后，仍然是一脸迷茫，没有进入研讨中的角色。于是忍不住地对身边的小组成员进行召集，想推动他们赶快行动起来。然而，这一组的成员顿时像找到了救星一样，同时将目光投向了笔者，并表示希望笔者做他们组的组长。他们的这些举动提醒了笔者，作为一个研究者，笔者不能因为对他们主动参与活动的殷切希望过多的"干涉"和"扰乱"了他们的正常行为表现。在本书中笔者的身份是双重的，既是一个局内人，又是一个局外人，作为一名合作研究者，笔者应该以局内人的身份去更加真切地理解作为教研主体的他们在教研活动中参与互动的动力来源、困难和影响因素等；而作为一名纯粹的研究者，笔者的任务是客观、真实地描述我所看到、所理解的真实情景，并深刻理解这些情景背后的深层次意义，这个时候我应该跳出来，而不应该因为自己的言行干扰了最真实的现场。因此，在质性研究中，研究者时刻提醒自己明确自己的身份，是避免影响研究效度的重要一点。

二 研究的伦理

在质的研究中,开展研究工作过程中的伦理规范和研究者个人的道德品质是一个不可忽视的问题。严格遵守质的研究的道德规范不仅可以提高研究的质量,还能保障被研究者基本权益和衡量研究者基本科研素养的基本准则。由于本书的案例机构是一所以培养人为主要工作的学校,研究对象是作为校本教研主体的活生生的人,所以在研究当中需要遵循与人交往的基本道德准则和基本育人规律,不能对他们的工作和在场之人造成任何不利的影响。因此,在开展本书调研工作的过程中,笔者认真严谨地遵守研究中的伦理道德原则和行为规范,力求将一切不利因素降至最低,甚至为零,力争实现研究者和被研究者之间的互惠互利。第一,本书调研工作的开展都是事先取得研究对象的同意和支持。将 X 小学作为本书的案例学校是经过 X 小学的校长同意的,当时笔者提出要将 X 小学作为研究个案的时候,X 小学的校长非常支持,因为近年来校长个人对学校教研工作倾注了不少心血,他也希望能够通过合作研究使学校校本教研工作取得更好的效果。而每一次进入现场观察、一对一访谈以及收集文字资料也是经过了每一个当事人的许可的,并且保证在不耽误他们正常工作和生活的前提下进行。第二,在本书中所有有关机构和人员的信息和隐私都采取了相应的保密措施。本书在观察的过程中十分注重对研究对象的"私人领域"和"公众领域"的区分,坚决不涉及被研究者的私人事情。在对被研究者进行访谈的过程中,也尽量寻找一个较为安静的空间开展,以便被访谈对象因为他人的在场而感到尴尬。在观察、访谈和文字资料中涉及个人信息的地方都采取虚拟的代号以保护被研究者的隐私。第三,笔者尽量秉持公正合理的原则对待每一个被研究者以及收集的资料。在研究的过程中不以是非观点来评价任何被研究者在校本教研中取得的成绩或存在的问题,而是真诚地和被研究者共同商讨和交流,也不在学校领导和分管科研的管理者面前谈论任何被研究对象在校本教研活动中的行为表现。最后,笔者在进行调研的过程中非常注意对被研究者所做出的配合和支持表示自己最真诚的感谢。由于本书的研究对象多为学校教师,而本书的主要研究问题就是校本教研主体如何有效互动以促进校本教研的有效开展，所以笔者精心挑选了适合中小学教师阅读的书籍赠予每一位参与研究资料搜集的教师，希望这些书能够对他们平时的教学和研究工作提供些许帮助。通过这些有效措施的开展，使得本书的扎根过程非常顺利，并成功收集到所需材料，深刻地理解和掌握了案例学校的校本教研状况和教师在现实生活世界之中的互动常态。

三 研究可能存在的局限

尽管笔者时刻强调要尽量避免和减少研究中各种会影响研究效果的问题，但是任何一项质的研究都难免会受到各种主客观因素的局限而存在一些不足之处。笔者在开展本书的过程中不断地反思和改进研究的设计和具体实施行动，但在研究结束之后的总结与反思中还是发现研究可能存在以下几个方面的局限。

首先，笔者作为一名学习者研究经验有限从而影响研究效果。笔者开展研究的过程实际上也是笔者自身的学习和成长过程。质化研究对作为研究工具的研究者的科研素质要求极高，但是由于笔者的实践经验和理论知识有限，难免在资料收集、整理和分析等方面存在不足之处。由于笔者科研能力和素养处于成长和上升的过程之中，可能无法完全科学地运用教育科学研究方法开展研究，从而影响教育研究的效果。

其次，时间不足。校本教研主体互动是一个十分复杂的关系研究和行为研究，而校本教研主体之间的互动行为与校本教研实际效果的显现是一个需要长期积累和不断检验的过程。由于受到时间的限制，笔者在这一项研究中从正式走进案例学校，到结束调研，前后一共经过了一年半左右的时间，由于大型教研活动的开展之间间隔的时间较长，学校的常规集体教研活动是每周开展一次，所以笔者在 X 小学调研期间除了每天在教研室观察教研主体的日常教学工作和生活的时间较多之外，大型集体教研活动的参与机会并不多。所以 1 年多时间可能只是发现了校本教研主体之间复杂的互动关系和互动的现实图景的其中一部分真相，虽然笔者力图在访谈和文件资料的收集上尽量弥补 X 小学以往开展教研活动的信息，但是仍然可能会存在疏漏。

第 四 章

校本教研主体互动的生活世界考察

> 生活世界构成了交往实践的背景,在生活世界当中,交往主体努力共同解决他们日常生活中遇到的问题。
>
> ——[德] 尤尔根·哈贝马斯

生活世界就是人们相互交往,并共同讨论自然、社会和人的主体内在生活而构成的世界。① 生活世界作为行为主体的共同背景或视野,作为交往行为始终运行其中的境域,即主体所共同存在的外在环境、所经历的社会发展过程、社会结构形式、所处的人际环境等,这种生活世界实际上又可以用"文化背景"来概括。人与人之间的互动是在一定的文化背景之下通过语言、行为等媒介而进行的交往,这种交往就是在生活世界中进行的。哈贝马斯认为,这个在一定的文化背景上通过语言而进行相互交往的社会生活领域,如果从这个社会领域中内部的人来看,可以被看作生活世界。② 学校是开展校本教研的主阵地,是校本教研主体共存的公共领域,校本教研主体之间的互动是一种特殊群体间的交往,其交往的文化背景就建基于学校这一特殊社会生活场域。为了深入理解和解释校本教研主体互动的现实样态,本书首先从校本教研主体的生存情境入手,观照学校文化与校本教研主体互动之间的关系。简而言

---

① 王晓升:《哈贝马斯的现代性社会理论》,社会科学文献出版社 2006 年版,第 39 页。
② [德] 尤尔根·哈贝马斯:《交往行为理论(第一卷)》,曹卫东译,上海人民出版社 2004 年版,第 10 页。

之，即校本教研主体互动是在什么样的文化背景下进行的。基于扎根研究和嵌入式案例研究的方法，本书分别考察了 X 小学的历史发展过程中教研工作的发展情况、教研组织和管理制度的改革过程、领导者的教研领导方略、主体精神文化范畴等方面的基本情况，深入揭示 X 小学校本教研主体互动在一个什么样的生活世界中进行，从而更好地理解校本教研主体互动需要一个什么样的公共空间。

第一节　从"老学校"到"新学校"：X 小学的教研传统、问题与发展

任何一所学校的发展都不是一蹴而就的。X 小学在其悠久的发展历程中同样经历了如何面对传统观念、突破当下困境和取得新的进步等一系列问题。面对这些学校内部的问题，自然需要从学校内部展开探究，走以校为本的教研兴校之路。以下即是笔者对作为案例学校的 X 小学进行考察所了解到的，其以开展校本教研为抓手，从一所"老学校"走向"新学校"的发展过程的现实素描。

一　积淀：X 小学优良的教研传统

X 小学位于 C 市 S 区，是一所有着悠久历史的全日制小学。X 小学创建于清末民初，其前身是"CW 小学"。2015 年 10 月，笔者第一次走进了这所具有悠久历史的全新学校。走进校园就能发现，这是一所全新的，具有科学规划，教学楼排列有序，学生学习区、生活区和运动区域划分明确且合理的现代化学校。这所学校被高楼环抱，几栋"长得"不高但很精致的教学楼和广阔的运动场在高楼群立的建筑之间显得别具一格，这是 X 小学现在的图景。听着年轻校长的介绍，才进一步了解到，这所新学校，它的前身并非在这繁华的高楼之间。顺着校长手指的方向，我们从高楼的缝隙间隐约看到一个被绿树覆盖的小山坡。校长告诉我们："原来我们学校是在那个小山上的，我们当前的很多学校文化建设都留存着那所老学校的影子，比如校园里的'五彩田园'，校园里树木，我们设计的一些运动设施等。"在后来的阶段性考察中，笔者有

幸到那所老学校去看了看。2015 年 12 月的某一个周末，校长正好有时间，笔者和随行调查人员到"老学校"去看了看。从"新学校"步行，大约 20 分钟，我们来到"老学校"大门前，首先映入我们眼帘的是两个极具分量而又有些斑驳的大字"崇文"。走进校园，俨然已经没有了学生和教师在场的那种热闹气息，并且这个场地已经租给一些"生意人"用来存放东西。即便如此，看到校园里那些还隐约留存的文化长廊，那摇摇欲坠的走廊挂画，那尚未被擦去的黑板上教师授课的板书。看到这一幕幕，不由得让笔者联想到教师和学生在这里的欢快场景。这是一个风景秀丽的山坡头，放眼望去，新学校旁的高楼也显得极其渺小了；这是一个仍然留存着生命气息的生活世界，在这里，到处都是学生曾开展实践活动课的"菜园"，到处都看得到教师们当年在此备课和讨论教学的场景。

"新学校"在延续"老学校"优良传统的前提下做了适当创新。学校继续在"立德崇文"的办学理念引领之下，遵从"立德于规范，崇文以致远"的校训精神，实现"规范与特色并存，传统与现代兼容的优质小学"之办学愿景。学校办学策略上着力从四个大的方面全面贯彻落实："注重规范——着重从规范行政管理、规范教师教学、规范学生习惯三方面落实；强化特色——着重从学校仁爱和谐管理文化特色、教师校本研修特色、学生特色项目推进培养三方面落实；弘扬传统——着重从百年校史追溯传统文化、校园环境再现传统文化、唱读讲传激活传统文化三方面落实；现代引领——着重从现代教育理念引导、现代教学模式创新、现代教学设施保障三方面落实。"[1] 学校通过各项发展策略的全面、深入推进，逐渐形成严谨规范、仁爱和美的校风；博学善教、博爱善育的教风；乐学善思、笃行精进的学风。在漫漫的发展历程中，学校形成了优秀的校园文化氛围，展现了从"老学校"到"新学校"的文化传承历程，突出了 X 小学的教研文化传统。

一直以来，X 小学非常重视科研工作，尤其是新课改以来，以校为本的教研制度在中国中小学广泛推行，X 小学也积极开展校本教研，在

---

[1] 资料来源于 X 小学的档案材料。

教研工作中取得了丰厚的成果，获得诸多荣誉称号（如表4-1所示）。

表4-1　　　　　　　X小学在教研方面所获荣誉（部分）

时间	下达单位	荣誉名称
2004年2月	"校本教研优质化研究"总课题组	国家教育科学"十五规划课题"校本教研与教学优质化研究"实验学校"称号
2004年9月	C市S区教育委员会	创建以校为本教研制度建设基地国家项目区"项目学校"称号
2004年11月	C市教育委员会	C市基础教育课程改革"先进集体"
2006年10月	C市S区教育科学研究所	C市教育科学规划课题"中小学弘扬和培育民族精神实施研究"的"优秀实验学校"
2006年12月	S区《中小学地方课程开发、管理与实施研究》总课题组	参加教育部西南基础教育课程研究中心基础教育改革项目子课题S区《中小学地方课程开发、管理与实验研究》实验中，被评为"先进实验学校"
2007年12月	C市S区教育委员会	学校语文教研组被评为区课程改革"优秀教研组"
2007年12月	C市S区教育委员会	学校承担的课题《校内备课组、教研组教研活动组织与实效性研究》获得"优秀教育科研成果"课题类一等奖
2007年12月	C市S区教育委员会	S区课程改革"先进集体"
2007年12月	C市S区体育局、沙坪坝区教育委员会	荣获2005—2007年度C市S区"体育传统项目学校"称号
2008年5月	C市S区教育委员会	学校《品德与生活·社会》教研组被评为"特色教研组"
2009年12月	C市S区教育委员会	教研组建设"先进集体"
2010年1月	C市S区中小学教师继续教育中心	S区2009年度中小学教师继续教育"先进单位"
2011年9月	C市S区教育委员会	C市S区推进学校内涵式均衡发展工作"突出贡献奖"

资料来源：表格内容根据X小学教导主任H老师所提供的文件资料整理而成。

2011年，对于X小学来说是发展进程中较为特殊的一年，也可以说这一年是 X 小学新旧交替的转折点。与校长进一步交流得知，由于学校所在区域规划改革及周边产业园区的建设，X 小学的生源快速增长，学校办学规模需要扩张，加之原校区的办学硬件设施已经较为破旧，所处地理位置在山坡上，交通较为不便。因此，为了学生能够在更好的办学条件下学习、健康地成长，学校在政府的支持下于 2011 年 8 月整体搬迁至大约一公里外的安置房居民区，建成一所全新的集学前教育和小学教育为一体的完全小学。新校区占地面积 18589 平方米，建筑面积 10291 平方米，绿化面积 5736 平方米，运动场面积 7620 平方米，办班规模可达 30 个班，容纳学生约 1500 人。搬迁至新校区时，X 小学的教学班级达到 25 个，学生总人数 1251 人，教职工 61 人。目前，X 小学有教学班级 29 个，学生 1471 人，教职工 64 人，其中，该校具有小学高级职称教师 19 人，区级十佳教师、十佳班主任、优秀教师多名。这便是我们走进的这所屹立于高楼之间，既古老又年轻的"新学校"。

二 困惑：X 小学前行中的迷失

搬迁以前，学校的整体工作都是优良的，在校本教研方面也取得了丰硕的成果，校本教研也在学校整体发展中起到了良好的支撑作用。搬迁之后，学校的整体面貌焕然一新，变化最为明显的就是学校硬件设施的更新和办学规模的扩展。如校园面积扩大、教学设备更新、生活运动设施完善、学生数量激增等。但是，搬入新校址之后学生人数激增、办学规模扩大，而学校师资力量、生源质量、校园文化等办学"软件"却一时跟不上"硬件"的更新步伐。这给学校的内涵特色发展和教育质量提高带来了一系列的困难，让重建后的学校迷失了前进的方向。

（一）复杂的生源结构使教学面临重重困难

学校搬迁重建扩大办学规模之后，附近产业园建设规划区域内的安置房在学校附近陆续建成，学校生源当中增加了很多从周边城乡结合区域搬迁过来的学生，使 X 小学的生源结构发生了巨大变化。办学规模扩大带来的生源结构变化为这一所全新的学校实现新的发展带来了契机，但同时也给学校带来了诸多新的问题。尤其是学生之间的知识基础和人文素养等方面的差异给教师的教学质量和学校整体办学质量的提升带来了极大的挑战。很多教师表示，同样的知识点、同样的教学活动，再用以前的方法和经验来实施教学已经不能达到同样的效果了。对这一点，在 X 小学任教了 11 年的教导主任 H 老师深有感触。H 老师在一次交流中提道："2011 年 9 月，我们正式在新校区上课。学校的学生人数从那时候开始每年都有大幅度增长，很多新增的生源都是来自旁边的安居房小区。他们的家庭并不像城区的知识分子家庭，很多都是父母在附近产业园工厂上班，甚至有的父母出去打工了，孩子跟着爷爷奶奶在家。刚开始面对这样的生源我们真的有点'头疼'，因为他们的学习基础本来就稍微差一些，加上家长在教育观念、能力、时间等方面的欠缺，大多数都没有精力、能力和耐心来关心和辅导孩子的学习。尤其是跟着爷爷奶奶在家的孩子课后基本上没有人监督和辅导了，一放学就是"放羊"的状态，所以老师教起来比较费劲。如果全是这种学生也好办，至少我的教学和管理是能够同步的，但是现在我们一个班级里至少有两个不同层次的学生。所以有时候很难均衡，教的深入一点、快一点，他们'吃不下'；教的浅一点、慢一点，基础好的学生'吃不饱'。刚开始好多老师都反映面对教学工作开始迷茫了，找不到前进的方向感。"（TI-A-HYJ，2015/10/16）

（二）教师数量和质量的双重匮乏导致学校教学质量不高

"教师是学校发展的第一关键资源"[①]，是影响学校教育教学质量的核心要素。X 小学搬迁重建、扩张办学规模之后面临的一个重要问题就是如何优化师资配置。一方面生源的增加需要学校配备更多教师，但是学校的教师编制配备仍然没有相应增长，导致学校教师数量严重不足。解决办法是实行大班教学或一人教多个班级，这使在岗教师工作量加大、任务偏重，很难保证工作质量。另一方面在教师数量不足的情况下，学校因为亟须补充教师而采用了紧急招聘新教师、学校自聘代课教师、接纳顶岗实习师范生等办法，甚至采用本校在职教师中非本学科的教师代课等途径来补给师资数量。但由于这些教师的学历层次较低、专

---

① 叶文梓：《论中小学校长的办学理念》，《教育研究》2007 年第 4 期。

业化水平不高、教学经验不足，从而带来学校教学质量下滑等较为严重的问题。

（三）学校文化价值的缺位使学校发展艰难

价值观念是学校发展的灵魂。搬迁重建后学校的硬件设施得以完善、办学规模不断扩大。但是在校园搬迁的过程中，学校一心专注于校园物质建设而忽视了对学校精神理念的传承和更新，导致新校区文化价值缺位。办学理念是学校灵魂的内核，应该紧跟学校发展步伐，植根学校办学实际并引领学校教育实践，推动学校理性发展。X小学搬至新校区之后，短时期内未能很好地摸清"新学校"的实际情况，学校盲目照搬"老学校"办学传统，办学理念未能结合新形势得到及时更新，使得学校办学目标、学生培养目标、校园文化建设等学校文化价值建设没有统一的方向，进而使得学校各项工作的运行动力不足。X小学在新的校园内却难以实现新的发展和超越。Y校长回忆起当时的情况还略带自责："刚搬迁过来时情况比较特殊，学校各项建设还没有十分完善，所以我们的重心放在了物质建设和教学工作，因为教师也非常紧缺，所以抽不开身来对学校的长远发展做一个理性的思考。没想到这些看不见摸不着的精神、价值的东西却影响了学校的整体发展步伐。"（I-A-YMC，2015/10/16）

三 发展：X小学行进的新方向

经历了短暂的迷茫期，X小学逐渐地适应新环境、认清新形势、盘活新资源，明确学校定位。同时X小学也认识到，在办学资源、师资力量、生源水平等情况都不占明显优势的前提下，只能拾起传统，重走"科研兴校"的内涵式发展道路。为了让师生在有限的资源下塑造学校的灵魂，确立共同的价值观念，搭建并拓展更加广阔的发展平台，X小学在以学校为本的教学研究工作中，基于"崇文"这一学校文化传统，使"文"化于内心，让生命因有"文"而有所触动。基于此，X小学逐渐明确了"心动教育"这一学校特色品牌建设的目标，开展"心动德育、心动课堂、心动管理"的研究与实践，致力于课堂教学改革、校本课程建设、养成教育、校园文化建设等方面的工作，提炼出"激活生命智慧，创造心动奇迹"的办学理念。并以此为精神引领，在有限的学校硬件基础上挖掘和创设出以"心动教育"为核心理念的学校文化环境。通过以学校特色为本的教学研究，X 小学逐渐找到了发展的方向。近年来，学校先后荣获全国校本教研制度建设实验基地学校、C 市课程改革先进集体、C 市科技教育先进集体、C 市领雁工程项目验收一等奖等荣誉。

（一）塑造灵魂：X 小学"心动"核心价值观念的确立

任何一所学校的核心价值对于学校的发展来说至关重要，它就相当于构成建筑物的柱子、横梁与钢筋，虽然人们看不到它们，但如果没有它们，建筑物就不能屹立于地平面。同样，如果一所学校缺少精神理念层面的价值观引领，学校的发展也将失去方向和动力。学校的核心价值观念具体体现在学校办学理念、校训、办学目标、培养目标等方面，这些共同构成了学校发展的顶层设计，形成了学校独特的办学风格。校本教研作为学校发展的重要手段，需要以学校核心价值为导向，围绕学校办学理念、目标而展开；反过来，它又能丰富和提升学校的核心精神，形成学校办学特色。顾泠沅教授曾提出校本教研制度建设应关注的"四个转向"[①]：从技术熟练取向转向文化生态取向；从关注教材教法转向全面关注教师和学生行为；从重在组织活动转向重在培育研究状态；从关注狭隘经验转向关注理念更新和文化再造。从这四个转向来看，学校为教师开展校本教研建设一个具有凝聚力的顶层设计、提供一个良好的文化生态和研究氛围显得尤为重要。很多研究者在对中小学校本教研开展现状进行调研后发现，教师们对校本教研缺乏主动性，与同伴之间的合作教研较为形式化。部分研究者也开始认识到出现这种现象的原因不能简单地归结为学校组织和制度等显性条件的不足，而应该关注学校核心理念、价值观念、文化生态等更深层次的因素对促进校本教研主体之间互动合作的内在引领价值。因为，精神的凝聚力可以将校本教研主体团聚在一起，为达到共同的目标生发源源不断的内在合力。

---

① 顾泠沅：《再造教师学习文化——与上海市教科院副院长顾泠沅教授一席谈》，《上海教育》2005 年第 03A 期。

X小学近年来充分认识到学校价值观念和校本教研之间相辅相成的密切关系，一方面注重发挥学校价值观念对校本教研的引领作用；另一方面以教研活动为手段不断地根据本校实际情况改革完善学校的核心价值。为此，X小学依托校本教研，将学校的办学目标、办学理念、学生培养目标和学校办学特色分成了四大主题的教研课题，进行学校全员公关。经过三年的努力，X小学依托校本教研逐渐塑造了自己的办学形象和文化价值体系。

一是通过对学校文化传统的挖掘和研究，以课题研究的方式确立了学校办学目标。X小学在学校搬迁之后，基于学校悠久的教研传统，根据学校的现有办学资源、生源情况、师资力量等学校实际情况和当前教育改革发展的大趋势，重新调研、分析和确定学校的办学定位，确立了"建设西部大型优质品牌学校——在全区有示范性，在全市有良好声誉的高质量、有特色的小学"的办学目标。

二是通过全校师生对办学目标的实践和行动研究，逐渐促成了学校办学理念和校训精神的提炼。在对目标进行具体化实践的过程中，逐渐发现真正的学校教育应源自学生内心的触动，学校和教师的职责在于把学生的内心真正引导出来，帮助其成为自己。于是，X小学提出了"激活生命智慧，创造心动奇迹"的办学理念和"源于心，成于行"的校训精神，激励学校师生在成长的过程中，不仅要"心动"，更要"行动"，让一切起源于内心的思想、创意，都在一步一个脚印的行动中实现。"源于心，成于行"的校训精神，对于教师来说，意味着由心出发，静心教书、潜心育人、慧心启智，在思想和脚步的同行中享受专业成长带来的成就和乐趣，收获幸福而完整的教育生活；而对于学生而言，意味着塑造积极、自信、成功的自我意象，使学生身心沿着正螺旋方向前进，用心获得一生有用的知识和能力。

三是通过对全校学生基本情况的深入调研，确定了全校一致的学生培养目标。X小学在调研中发现，大部分新增生源都来自附近安置房小区，家长由于各种原因对孩子疏于管理，这部分学生的人文素养有待进一步提高。基于学校生源的特殊情况，根据生命的存在和延续是道德存在的基础，道德修为的高低决定智慧的近与远的内在逻辑。X小学进一步确立了"健、雅、慧"的学生培养目标。"健"是指培养健康、善良的生命，并达到身心两健，实现学生对自己、他人生命尊重的观念，并在尊重生命的基础上热爱生活，能科学合理地规划自己的人生；"雅"是指培养纯洁、高贵的灵魂。也就是要培养学生具有良好的习惯和高尚的道德情怀，具有宽阔的知识视野、文化视野和国际意识；"慧"是指培养活泼、智慧的头脑。培养学生的科学精神和研究意识，强烈的好奇心和能独立地发现问题、分析问题和解决问题的能力。

四是依托校本课程改革与建设的研究，逐步形成了学校办学特色。X 小学在将学校办学理念转化为学校教育实践的过程中，以打造学校"心动教育"办学特色为目标、以校本教研为手段，致力于课堂教学改革、校本课程建设、养成教育、校园文化等方面的工作。围绕"心动德育、心动课堂、心动管理"等主题展开研究与实践，通过以打造学校"心动教育"特色为本的校本教研，使学校走上了内涵式发展道路。

X 小学是一所既古老又年轻的学校，学校抓住了搬迁重建契机，将学校传统与现实进行"心动"对接，以学校为本开展教学研究，为学校品质提升、教师专业发展、学生全面成长提供了"心动教育"的顶层设计。同时，这也是学校进一步有效开展校本教研的精神动力。

（二）校本课程资源开发：X 小学互动式校园环境的打造

校本教研的具体途径和突破策略就是尽可能地开发校本课程资源，使学生在日常学习环境中受到校园隐性课程资源潜移默化的影响。校本课程资源开发的具体策略在 X 小学主要体现为，校园物质文化建设和校园精神文化建设两方面。校园物质文化建设主要指校园环境建设。校园精神文化建设主要指学校长廊文化、走廊文化、班级文化、教师文化、学生文化和领导文化等。

校园环境是学校育人功能得以发挥的一个重要因素，主要体现在校园的整体布局、细节设计等显性因素和校园卫生、组织纪律等隐性因素方面。校园环境在与师生日常的交融与互动中逐渐形成了学校特有的校园文化氛围，在师生的校园工作、学习、生活的点点滴滴中产生着潜移默化的影响。X 小学是一所重建的新兴学校，校园环境还在逐步建设和完善中。但是，当前的校园已经随处能够感受到"心动教育"的办学特色。

首先,"物我合一"的学校建筑布局。学校建筑是一种潜隐的课程,是一种无声的语言,默默地与师生进行心的交流和沟通。① 学校的建筑布局和布置风格也透露出学校的育人理念和潜在的文化观念。走进 X 小学校门的第一感觉是这所小学规模并不大,左边是运动场、右边是一栋建筑物,整所学校被尽收眼底。尽管校门口的视角给人感觉规模不大,但学校整体却是非常大气。仔细一看,统一的浅黄色建筑和黄绿相间的塑胶运动场所整体呈现出来的冷暖适度的色彩,视觉上给人以舒适安静且又严肃紧张之感。走过学校的每个角落,深入了解了整座校园大大小小的建筑设施和设计布局,就不再单纯地觉得这是一所小规模的学校了。学校在有限的物质资源基础上,充分地发挥每一寸土地、每一面墙壁的作用,围绕着"心动教育"这一办学定位,试图创设不仅能令师生"心动",还能激发师生"行动"的校园环境。在 Y 校长的详细介绍下,笔者对学校的建设理念也有了更深入的了解。

Y 校长:"学校这样的建筑设计其实是在受到限制之下的一些创意,也算是对有限的资源进行创造性的利用吧。由于受到学校所在社区整体规划布局对校园占地面积的限制,学校是从校门向内延伸的长方形布局。学校教师办公楼、教学楼、师生食堂等基础设施基本是在一条线上。我来到学校的时候学校的建筑已经建成,后来我们领导班子结合教师们的意见只做了一些微调,主要是考虑到师生教学和生活的方便,怎样充分利用有限资源。于是就有了现在集教学与生活于一体的校园整体设施布局。就比如说一些很细微的事情,学生帮老师收集和传送作业,我们学校教学区到办公区的这种一体化设计,即使是下雨天,学生也不会淋湿;再者就是方便教师尤其是班主任对班级情况的及时了解和管理纪律。"(参观校园过程中 Y 校长的介绍,2015/9/17)

X 小学的建筑布局理念很简单,就是在以人为本的理念之下,既满足"教"的需要,又满足"学"的需求,充分达到物我合一,使学校

---

① 卢真金:《教育研究的新课题:学校建筑》,《外国中小学教育》1988 年第 8 期。

物和人实现交融并进。

其次,"动静结合"的走廊文化设计。学校里除了师生课堂教学的场所——教室之外,最重要且接触最频繁的就数学校大大小小的走廊了。尤其是对于在高层教室教学的师生而言,教室外面的走廊就是师生之间、生生之间、师师之间课间十分钟放松和交流的最佳场所。X 小学独特的建筑布局,设计出一条条走廊连接着师生学习、工作、生活的每一个区域,为走廊文化的设计提供了充足的空间。X 小学结合学校"心动教育"的办学特色定位,以"源于心,成于行"的理念建设学校走廊文化,创设以走廊为载体的满足师生对话、交流需求的互动空间,营造学校的非正式学习氛围。同时,X 小学还发动全校师生集思广益创造性地设计和更新学校走廊文化,一改传统学校走廊文化之单纯展示文化典故、名人名言、学校办学理念以及学校活动记录等静态资源的设计,更多融入了允许师生互动参与的动态、立体、多维的元素,强调走廊文化在师生的参与中动态生成和持续革新。在参观校园的过程中 Y 校长谈到这些设计理念的来历:"刚启用这个新校区的时候,整个校园给人的感觉很没有学校的气息,当时我也是刚开始任校长,对于校园文化建设没有经验。总想着要创设学校的文化环境,但是又没有特别好的想法。一次我在阅读的时候看到了这么一句话,是苏霍姆林斯基说的'让每一面墙都会说话',当时我受到了一点点启发,那个时候我们也刚好在构思学校的办学目标和办学理念。刚好觉得这句话和我们'心动教育'的初步设想有相通之处。于是,我召集了学校的领导班子和教师代表商讨,怎样能让学校的环境布置和师生进行互动,而不单纯是一些展示板之类。在多次研讨之后,我们将学校的办学理念作为学校环境布置的顶层设计,试图在静态的走廊里融入'会说话'的动态元素,为师生创设一个能够'激活生命智慧,创造心动奇迹'共同成长的文化氛围。在那期间我去沿海一些城市参加了几次校长培训班,参观了很多小学,深有感触,在办学资源方面,我们学校完全没得比,因为受到很多内外因素的制约。既然没办法改变一些外部条件,那就尽可能地通过对学校内部的一些可控因素的改变来改善学校的办学条件吧。"(参观校园过程中 Y 校长的介绍,2015/9/17)

笔者在 X 小学调研时发现，X 小学"动静结合"的走廊文化设计，的确能够让师生"心动"与"行动"并行，一些有趣的设计不仅触动了师生的内心，还激发了他们行动的欲望。如，每一层走廊拐角的开放式读书角，学校统一制定和设置了阅读架（如图 4-1 所示），阅读架上的图书除了学校统一购置之外，还倡导学校师生捐赠自己阅读过的图书，供全体师生阅读交流，相互促进。这样不仅丰富了学校的图书资源，实现了资源共享，还在大家相互交流阅读书籍的过程中培养了互助合作的习惯，在图书传阅的过程中实现了知识的交流。又如，每一层的走廊都有可以供师生互动交流的平台设计，图 4-2 展示的是高年级楼层的一个数独互动游戏设计。这是一个动态的走廊文化，以思考题的形式出现，题目由易到难，不仅可供师生观看、思考，还为师生提供了亲自动手实践的平台，师生可以将自己的思考结果在张贴栏展示出来供大家参考和讨论。

图 4-1 X 小学走廊开放式阅读角和"交流平台"样例

显然，这种有序而又科学的校园文化建设不是偶然的萌生，而是学校全体教师基于校本教研的研究成果。据 Y 校长介绍，为了建设更具生命力和贴近学生的学校文化，学校专门成立了"校园文化建设课题

图 4-2　X 小学走廊互动式"游戏"设计样例

研究小组",由校长担任组长,经过长达两年的探索,形成了科学合理的校园文化布局和丰富独特的校本课程资源。不仅如此,针对学校文化建设成果经验,教师们还撰写了若干研究论文,并依托现有研究成果申报了更高一级别的课题。

第二节　从"封闭式"到"开放式":X小学的教研组织和管理制度改革

学校通过教研组织制度的建设来加强对校本教研的管理和领导。学校教研组织制度是协调学校教研工作中的权力关系、人员配置,维系学校各基层教研组织、人员正常运行的基本结构和规定。学校教研组织制度建设的根本目的在于划分学校各级教研组织的权利与责任范畴,确立教研主体的行为规范,推动学校校本教研工作有效进行。对于一所组织机构健全的完全小学来说,学校的教研组织和制度建设是学校有效、持续开展校本教研的基础和动力。而学校教研组织制度的建设与校本教研主体对这一套学校独特的教研组织制度的践行行为的交融便形成了影响学校校本教研开展的一种特有的学校教研氛围。这种氛围能够将学校教研组织制度外化为教研主体的自觉行为，从而形成推动校本教研发展的无形之手——学校教研管理文化。

一 从单向线性到多元互动的教研组织结构改革

（一）科层取向教研组织机构下单向线性的教研管理

学校教研组织机构是学校为了有效推进学校教研工作而设立的校内各级教研组织及其关系的一种管理机构形式。学校各级教研组织不仅承担着对学校教学研究工作的指导、服务及管理等职能，还体现着学校各级教研组织及成员之间的沟通方式和工作规范。一所学校教研组织的结构映射出学校教研工作的基本运行机制，是教研主体之间互动交流、共同发展的公共平台建设的组织保障。因此，中国教育行政部门和中小学校一直比较重视学校教研组织机构的改革与完善。

但是，由于受到学校科层式行政管理理念的影响，目前中国大多数中小学校的教研组织机构大多采用从高层到基层的科层式组织结构设置方式。研究者对 X 小学组织机构改革的相关文件材料进行分析，及对 X 小学现任领导、教龄超过十年的几位教师的访谈中，发现 X 小学自教研制度在学校实施以来所设立的教研组织机构也存在明显的科层式取向。随着校本教研在中小学的广泛实施，为了加强对学校教研工作的组织和管理，促进校本教研系统化、持续性开展，学校成立了教研工作领导小组。教研工作领导小组的建立既体现出学校对校本教研工作的重视，也便于学校领导对教研工作的管理和领导。X 小学的教研工作领导小组由校长牵头领导，两名副校长的其中一名分管（另一位副校长主要负责管理学校后勤和德育等工作），下设一个与全面负责学校教学工作的教导处并列的教科室来主要负责学校的教育科研工作，教科室下再设四个学科教研组（语文教研组、数学教研组、英语教研组、综合学科教研组）主要负责各学科的教研工作，每个学科组下面再分别设置各学科内的六个年级组。各层教研组之间的上下级管理关系构成 X 小学教研组织机构（如图 4-3 所示），从学校层面到普通教师依次自上而下的直线式管理模式，便于学校各级教研管理者对教研工作进行整体统筹和规划。

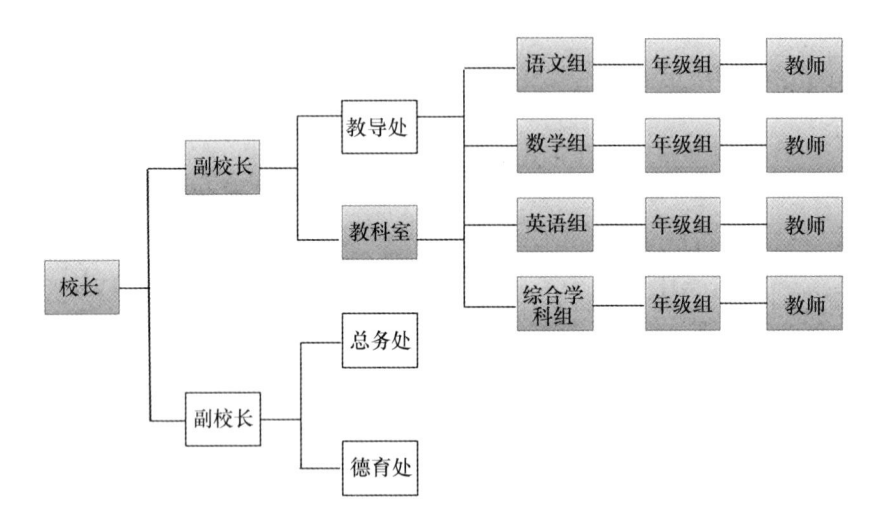

图4-3　X小学以前的教研组织结构

X小学曾经这种典型的"单向线性"科层式行政机构设置及其影响下的教研组织结构设置几乎适用于中国大多数同等办学规模的小学。科层式教研组织结构有其优点所在，即自上而下地设置各个教研职能组织，各上级组织有权向下一级组织发布教研任务和命令，每一级组织服从上一级组织的指挥和领导，各级组织之间层级清晰、分工详细、职责和任务划分明确、工作有序，能够取得较高的工作效率。但是"层级制度造成不对等的权利关系，管理者依赖于权力更大的上级，但他们同时被权力更小的下级依赖"[①]。并且过于强调秩序和效率的科层制对于面对复杂多变的管理对象、需要创新工作思维的学校教研工作来说，却显得较为机械和呆板了。科层式教研组织习惯于自上而下单向"传播—接受"或"指令—执行"式的教研方式，较少"自下而上"地审视校本教研运行机制，很难关注到教育实践中的现

---

① ［美］哈罗德·J. 莱维特：《自上而下——永恒的层级管理》，商务印书馆2006年版，第127页。

实问题。久而久之使得校本教研演变成上级安排的定期例行公事的规定动作，这不仅限制了教研主体在教研工作中创造性的发挥，还阻碍了教研主体之间多向度互动和交流的自由，难以发挥校本教研在学校教育中的真正意义。

X 小学的领导在管理和领导校本教研工作的实践中逐渐认识到了"科层取向"的教研组织机构设置的弊端，认为这种单向线性的教研管理体制太"封闭"，缺乏灵活性。一方面阻隔了不同学科的教师之间、各层管理者和一线教师之间的互动和交流，不利于教研主体之间相互合作开展校本教研；另一方面"教导处"和"科研室"两套班子分开设立实施管理，往往使教学工作和教研工作分离，不仅加重了教师的工作负担，也容易使校本教研脱离学校教育教学实际，湮没了教研主体的积极性和创造性。

Y 校长在访谈中提到 X 小学的教研组织机构在实际工作中面临的一些问题："学校教研组织机构近年来做了一些改革和调整，主要体现在实际工作中吧。我来 X 小学担任校长的时候就已经成立了教研工作领导小组，这个领导小组领导下的教研组织设置就体现了当时教研管理的结构。主要是校长领导，下面有一个副校长分管，这个副校长主要负责的工作就是教学工作和学校的科研工作，下面又分教导处和科研室两个不同的机构。教导处主要负责学校教学工作，教科室主要负责学校的教育科研工作，这两个部门是分开管理的。虽然下面都是管理同样的三个学科组，但分工不同。再到下面就是每个学科再根据不同的年级设立了年级组。这套教研管理体制单从管理方面来说还是比较便利和有效率的，学校可以掌控下面各级的教研工作，但在教研工作这一块也不完全是学校自主自觉的，学校上面还有区教科院，很多时候学校都是在落实区里安排的教研任务，所以学校里面这样的设置就能很好地将区里面的教研指导思想和工作逐级落实下去。但是，我发现这样做，学校里面教师们的教研积极性、主动性很低，大家疲于应付上面给的任务，很少主动去探究学校实际上需要解决的问题和考虑学校的发展需要。因为他们本来教学任务就很重，教导处会要求他们定期交教案、教学反思、组织听课评课等。那教科室也会根据各学期的科研计划和区、校的教研工作安排组织教师申报课题、指导上研究课等教研工作。所以老师们总抱怨同样的事有时候要做两遍……实际上我也觉得我们整个学校一直在忙着教研工作,但是教研工作却没有真正带动学校的发展和教师专业能力的提高。近年来,学校在教研管理工作这一方面一直在不断地改进,尽量精简机构,在实际操作的时候也不要这么固定、封闭,以免限制了教师们的教研主动性。"(I-A-YMC,2016/5/11)

不难看出,偏向于科层式的教研组织机构是限制教研主体的积极性、创造性和阻隔教研主体之间互动、交流与合作的主要因素。自上而下的机构设置和管理职能的发挥,使得教研活动的开展成了本应是教研核心主体——教师以外的管理人员控制的一种常规活动。按部就班地开展教研忽视了一线教师的真实需求,甚至把教师当作了完成当前教研任务、课题任务的工具和摆设,没有考虑到教育、教师、学生持续成长的实际需要。长期疲于完成常规的教研任务,却得不到校本教研对自己工作的实际帮助,自然而然地便磨灭了教师参与校本教研的积极性。同时,自上而下单向线性的教研组织结构,过于重视各级教研组织和人员之间垂直的阶层关系,忽视了组织之间和不同学科教研主体之间横向的联系与合作。

显然,由于中小学长期实行科层式管理模式,培养了教师上传下达、自上而下的线性思维方式。例如在校本教研实施过程中,通常是专家或校长发出指令、教研室接受指令、教师分配执行的教研管理模式。研究者称其为"下行式"校本教研模式①。受这种"科研"课题"下行式"实施模式的影响,校本教研各层教研主力习惯性地依赖上级下达的"命令",往往依照由上到下单向直线式的运行方式开展教研活动。这不仅限制了校本教研各层主力之间物质、能量、信息的交互流动,也形成了以线性思维为主导的教学思维和研究思维。这种教研思维导致"教师的内在发展需要并没有被唤醒,教研文化建设与教师发展之间的相互滋养、互动共生的良性运作模式也未得以确立。"② 因此,

---

① 范蔚、谭天美:《校本教研生态失衡的根源探析》,《中国教育学刊》2015 年第 10 期。
② 孙元涛:《学校教研文化重建论略》,《教育科学论坛》2007 年第 10 期。

当前的校本教研陷于一种非共生态的困境。

(二)扁平取向教研组织机构下多元互动的教研管理

建立一个结构合理、运转灵活的教研组织结构是保证学校层面教研工作有效开展的基础。近年来,随着学校校本教研工作的持续推进,X小学的领导和教师逐步意识到学校教研组织结构的改革对于校本教研工作有效开展的重要性。原来科层取向的教研组织机构虽然在教研工作开展方面具有一定的约束力和推动作用,但是随着学校教研工作的校本化转变,校本教研的核心主体最终还是站在教育工作最前线的一线教师。校本教研功能的发挥最终还是需要建立在教研主体自身的需求和积极参与之上。于是,根据学校教研工作的实际需求,X小学对教研组织机构进行了改革与完善,并在实际教研工作中灵活管理,给教研主体之间创设了更广阔、更开放的互动空间。近年来,X小学在学校教研组织结构中的改革主要体现在以下三个方面。

一是纵向引领,横向交流。原来单向线性的教研组织结构设置,虽然便于学校各层管理者对学校教研工作的全局把控,但是不利于教研管理者与一线教师之间,不同学科、不同年级的教师与教师之间的交流与互动。于是,X小学进行了教研组织的结构改革,在纵向自上而下引领的基础上增添了横向交叉互动的链接。这为不同学科教研组和教师之间就一些共性的教学问题进行交流研讨提供了渠道,从而构建了一个横向交流和纵向引领相结合的网状内在互动机制。教师们对这一项改革赞不绝口,"我是教计算机的嘛,我们学校就我一个专职计算机老师,以前除了学校派我出去学习的时候有机会和同行交流之外,在学校里总是我自己一个人闷头苦干,教学上遇到问题只能跟教科室主任交流。但是现在学校进行了一些改革,不同科目的老师之间也可以互相听课,一起研讨一些相通的问题了。我觉得我再也不是一个孤独的信息老师了。"(I-T-ZJ,2016/5/11)

二是精简机构,重心下移。"教"和"研"的分开管理,一方面,让教师重复同样的工作加重工作负担;另一方面容易使教师从事的研究工作脱离日常教学,导致作为教研主体的教师工作陷入"教""研"共存但不共生的困境。因此,X小学将学校原来分管教学的"教导处"

和分管科研的"教科室"进行了功能合并,在管理实践中引导教师将日常教学工作和教学研究工作结合起来,真正做到"为教而研,以研促教,教研相长"。此外,X小学还将管理的重心逐级下移,使管理者深入实践一线、贴近教师群体,做到任何一项教研工作的管理都面向实践,每一次教研活动的主题都来源于实践,使校本教研真正立足于学校实际。比如,X小学的校长本身是数学老师,那么他就以普通教师的身份参加数学学科的教研活动;H副校长是语文教师、教导主任H老师是音乐教师……保证每一个学科教研组都有学校层面的教研管理者直接参与,增强上下信息互通。数学学科的教研组长Z老师反映:"教研机构改革之后,上一级的思想和教师们可以直接对接,不用再每一次都由我们这些中层来中转,能够掌握更直接、更准确的信息,我感觉老师们更积极了。我个人觉得我们组每一次教研活动都有了方向感,比以前更实在、有质量了。"(I-A-ZGH,2016/5/11)

三是开放思想,灵活管理。校本教研是学校工作中具有研究性、创造性的一项工作,但是科层思维导向下自上而下的管理和控制在一定程度上限制了教研主体的创造性思维和创新行为。X小学更新了管理理念,对校本教研的管理采取开放的思维,灵活处理教研过程中的一切事物。首先,以人为本,民主决策。把校本教研与教师成长、学校发展结合起来,定期组织学校领导和教师代表对教师(尤其是青年教师)发展需求、学校发展前景进行分析研讨,听取民意,并在此基础上制订学校教师培养计划和学校发展计划。其次,适当放权,自主决策。不强行限制教师一定要在本学科、本年级教研组内参加教学研究,而是鼓励教师自下而上自主建立具有共同研究方向的教研共同体,一起研究日常教育教学中实际遇到的问题,并将具体问题转化成研究课题,共同探究,共同成长。聊到教研共同体,数学组的Z老师很兴奋:"我主持了一个成长课题,课题组的成员是我们自己组合的。因为我们的问题是'小学数学高段实践活动的开发与实践研究',里面涉及到魔术、魔方的内容,所以我们课题组成员并不全是我们数学组的,此外,我们还请了一个对这方面比较有经验的科学老师来参加。有趣的是你看到我们办公室门口的那个白色铁皮柜子吗,那是我们课题组的'黑板',我们平时讨论就直接在上面写写画画……并且我们把大家一起研讨设计的活动在课堂上应用了，学生很感兴趣……我们也体会到了教学和研究结合的乐趣和收获。"（I-A-ZGH，2016/5/11）

X 小学结合学校发展和教师成长的需求，对学校教研组织结构进行调整（如图 4-4 所示），试图构建适合本校实际的校本教研管理机构。完善之后的教研组织结构从单向线性逐渐走向交叉联结，不仅增加了教研主体横向的交流关系，还缩短了纵向引领的距离。这些改变为校本教研主体之间的交流互动、相互协作、共同提高、共同发展提供了多元的交互空间，更有利于校本教研的开展，特别是为教研主体之间形成了较为和谐的教研共生关系。

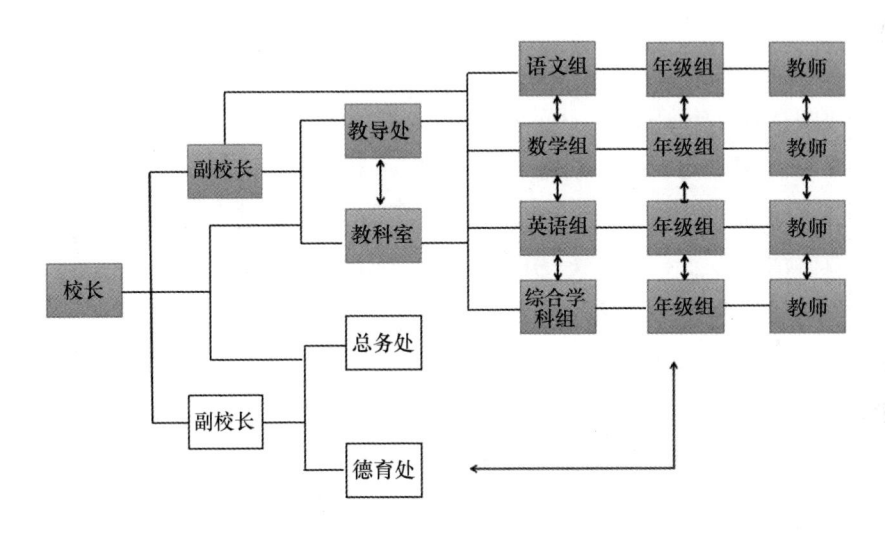

图 4-4　X 小学改革后的教研组织结构

二　从零散无序到初具体系的校本教研制度建设

制度是大到整个社会，小到一个微型组织赖以存在和运行的基本规则。它是在社会生活中，人为设定的以约束和改善人的行为、维护社会发展秩序的一种行为规则，是人类在社会中生存的基础，尤其是人与人之间的交往、联系活动中必不可少的基本运行规则。学校作为一个微观社会，它的顺利运转也离不开相应的学校制度来促进和规范。"从更深的意义上讲，学校组织制度是一个学校在长期的管理实践中摸索、选择、积淀下来的管理思想和管理理念,是经过验证的规范精华,充分展示了学校悠久渊源的文化传统。"① 因此,作为学校制度核心组成部分的教研制度建设是形成浓厚的学校教研氛围的重要制度保障。学校教研制度是学校关于教学研究工作的相关制度,它给学校的教研工作以明确导向的同时也为教研工作的活动范围划定了边界,提示教研主体什么行为是受到鼓励的,什么行为是被禁止的,同时也为教研主体之间的交互行动提供了空间和平台。从 X 小学教研制度发展与变化来看,总体上呈现出从缺乏系统化制度支撑的零散无序教研到以集体教研为核心的教研制度体系的建构过程转变。

（一）缺乏系统化制度支撑的零散无序教研

学校教研制度是学校为了规范校内各教研组织、教研主体行为的一种带有强制性的规定和条例。"建立一种良好的学校管理制度体系确实要比塑造什么优秀的、不可捉摸的学校文化更加现实、可行和可操作。"② 如果缺乏科学、规范、系统的教研制度来引导教研主体的教研行为、规范校本教研活动的话,校本教研主体将会迷失行动的方向,校本教研活动将会陷入零散、短效、孤立的境地,这将严重影响校本教研在学校的持续推进和有序发展。

从 X 小学教研制度文本建立的相关文件资料来看,当前执行的教研制度大多数是在 2012 年之后逐渐建立的。2012 年以前仅有《X 小学教师培训制度》《X 小学教师教研活动制度》《X 小学教学管理规范工程实施方案》等零散的有关教学与研究的制度文本。例如:

X 小学教师教研活动制度③

教研活动一般是指以教研组为单位,由教研组长组织的教学研究活动。通过教研活动达到增强教师业务素质、提高教育教学质量的目的。

---

① 范国睿：《多元与融合：多维视野中的学校发展》，教育科学出版社 2002 年版，第 217 页。
② 杨全印、孙稼麟：《学校文化研究——对一所中学的学校文化透视》，教育科学出版社 2005 年版，第 69—70 页。
③ 《X 小学教师教研活动制度》内容来源于《X 小学各项制度汇编》。

1. 学校成立教研教改领导机构，重视教研组建设，各层次管理岗位职责明确，定期研究检查、指导教研教改工作。从校长室——教导处（教科室）——教研组，任务明确，职责清楚，校长室负责监督和指导，教导处（教科室）指导、协调和检查，各教研组具体落实。

2. 学校按不同年级的学科设置教研组，每个教研组设一名组长。

3. 各教研组由组长负责制订工作计划，提出具体工作目标，安排具体活动内容与时间，采取措施，保证计划切实可行。

4. 教研活动严格按照教研组工作计划执行。集体备课活动内容、时间、地点不准轻易变动，组内成员必须准时参加集体备课。

5. 每学期开学初，组长根据教学大纲要求，结合教材内容和学生实际制订教学计划、教学进度与活动课计划。

6. 教研组每学期至少组织两次观摩课。做到课前说课、课堂听课、课后评课。

7. 期末组织质量分析，对命题质量标准与学生问答情况分析科学准确，为改进教学法提供可靠依据。

8. 在教研活动中注意培养新生力量，为青年教师的脱颖而出创造条件与机会。

9. 教导处每学期根据教学改革要求，从教学实际出发，确定1－2项教研专题，积极引导教师进行教学改革试验，做到不求人人上课题，但要人人搞教改。

10. 引导教师理论联系实际，认真总结教学经验，在教研组内交流，强化教师间的协调与合作，与教研教改同成长。任课教师每学期写一篇较有价值的教学论文，争取获区级以上奖励。

2007年5月

首先，从制度本身来看，文本内容缺乏可行性和操作性。以《X小学教师教研活动制度》这一制度为例，这一教师教研活动制度包含十条细则，涉及了学校层面教学和研究活动的方方面面，但是每一项细则都只是简短、抽象地表达了基本要求，而没有涉及具体、可行的操作细则。如第8条："在教研活动中注意培养新生力量，为青年教师的脱颖而出创造条件与机会。"提到了通过教研活动培养青年教师，但对如何培养、培养什么样的教师等具体内容却没有涉及。显然，这一教研制度缺乏可行性和操作性规范，较难发挥制度应有的导向性功能。

其次，从制度的规约对象——教研主体对制度的执行情况来看，制度对教研主体的教研行为不具有指导性，制度的实施缺乏持续性、长效性。任何一项制度的执行情况与该制度内容本身的科学性、合理性、可行性有密切关系。研究者在对 X 小学教龄较长的几位教师的访谈中得知，仅有的几项教研制度虽然是根据学校教研工作的实际需要而建立的，但是制度的执行情况却并不乐观。X 小学教务主任 H 老师表示她从 2005 年本科毕业就在 X 小学任教，大多数制度都是她来校工作后才制订的，但制订的过程她并没有机会参与，她只是模糊地记得每次学校都会开会宣布新制度的施行，而且制度实施的过程并不是很顺利，很多方面都没有长期、持久地坚持下来。虽然这些制度现在仍在 X 小学的制度手册上，但是由于制度内容并没有与时俱进地扩充和修改，故很多项内容已经形同虚设，没有实施了。

最后，从制度涉及的范围来看，缺乏教研主体相互协作、互动交流的基本运行规则，教研主体之间交互行动的空间和平台缺乏制度保障。X 小学当时的教研制度中仅有教学管理、教师教研、教师培训方面的宏观制度，并未对教研活动的具体实践作基本规范。校本教研是立足于学校，以教师群体教研为主要实践形式的教研，作为教研主体的教师和教师之间的相互协作、合作教研涉及的参与主体较为广泛，这就需要一定的制度规范来引导各教研主体在合作教研中的行为，避免行为冲突。然而，由于教研制度的缺失，教研主体的教研积极性、主动性不足，教研主体之间缺少互动交流，导致当时的 X 小学校本教研效率低下，教师在校本教研中被上级命令牵着鼻子走，缺乏教研的自主性和积极性。

总的来说，由于没有健全、科学的教研制度保障，X 小学过去的校本教研工作推进缺乏动力。加之仅有的《教师教研活动制度》等制度文件，缺乏相应的具体实施办法，以及配套的监督、考评和激励机制，致使教研主体在教研行动中缺乏明确的目标、任务、方法和步骤。久而久之，无序、散漫的教研活动磨灭了教研主体的教研积极性和主动性。教研主体之间的互动交流也缺乏相应制度的引导和支持，使得"校本"教研偏向了"师本"教研。[①]

（二）以集体教研为核心的教研制度体系的建构

学校教研制度是以群体研究为基本实践形式的校本教研活动必不可少的基本行动准则。同时，一个学校的教研制度也反映着这个学校的教研价值取向。学校对教研工作的要求和态度，在学校的教研制度中具体体现，而学校教研制度实施的过程，也是学校教研价值不断实现的过程。系统、完善的校本教研制度体系的建立是校本教研有效开展的基本保障。为了充分发挥校本教研的功能，促进教师专业发展、推动学生健康成长、打造学校办学品质，X小学也在持续进行校本教研制度建设。其具体措施如下。

一是逐步完善教研制度文本。从X小学现有的校本教研制度文本（如表4-2所示）来看，主要包括教学管理制度、教研活动制度、课题管理制度、教师学习培训制度、教师评价和激励制度等。为了将制度落到实处，对教研实践活动的开展具有指导性、操作性，X小学还为相关制度附上了相应的评价表和具体实施细则。从X小学各项校本教研制度建立的时间来看，这些大大小小的教学研究制度都是在X小学不断推进的学校教研工作中，结合学校教研工作开展的实际需求不断地丰富和完善起来的。从X小学各项制度涉及的范围和文本的内容来看，X小学的教研制度都是在学校共享的办学价值理念指导下建立的，均在一定程度上渗透着X小学的办学思想和理念，从而形成了X小学特有的校本教研制度文化。

---

① 注："师本"教研区别于"校本"教研，是指以教师为主体，以教师的课堂教学实践为基础，对自己的教育实践进行反思，促进教师自身的专业化发展，从而实现教师的自身价值。师本教研的内容及方式主要有：基于解决重难点的主题式教研、基于探讨会诊的案例式教研、基于引领提高的培训式教研、基于教育研究的课题式教研。[李雅芬：《师本教研：一种有效的教研模式》，《河北师范大学学报》（教育科学版）2010年第4期。]

表4-2　　　　　　　X小学校本教研制度汇总表

现有制度名称	建立时间	执行情况
X小学教师教研活动制度	2007.05	执行情况一般
X小学教师集体备课制度（附集体备课评价表）	2012.07	执行情况良好
X小学教育科研常规管理制度	2012.07	执行情况良好
X小学课题管理办法	2012.07	执行情况良好
X小学听评课制度（附教师课堂教学观察评价表）	2012.07	执行情况良好
X小学教师成长课题管理办法	2012.07	执行情况良好
X小学校级课题管理办法	2012.07	执行情况良好
X小学"一课多研"研讨制度	2012.07	执行情况良好
X小学校本教研对话交流制度	2012.07	执行情况良好
X小学教师专业成长积分制	2013.10	执行情况良好
X小学教研组考核细则	2015.07	执行情况良好
X小学教研组长考核细则	2009.07	执行情况良好
X小学教师获奖奖励标准	2009.07	执行情况良好
X小学校级骨干教师考核细则（试行）	2009.07	执行情况良好
X小学青年教师培养方案（附X小学新教师拜师协议）	2012.08	执行情况良好
X小学新教师培养方案	2012.08	执行情况良好
X小学骨干教师培训机制	2014.08	执行情况良好
X小学校级骨干教师评选办法（试行）	2014.08	执行情况良好
X小学教师培训制度	2008.07	执行情况良好
X小学职教职工学习制度	2013.07	执行情况良好
X小学教学管理规范工程实施方案	2010.07	执行情况良好
X小学"心动学生"评选办法（参照X小学学生星级评价标准）	2014.08	执行情况良好
X小学"心动教师"评选办法	2014.08	执行情况良好

资料来源：表格内容根据X小学教导主任H老师所提供的文件资料整理而成。

"同样的人在不同的制度下，其积极性、创造性和潜能的发挥也是极不相同的，不同的制度下的人的精神和个性表现出不同的状况和特点，有着不同的发展水平。"① X 小学的教师开展校本教研的积极性和主动性随着教研制度的不断完善也在日渐增强。X 小学校本教研活动也在日渐全面系统的制度推动下走上了持续、有序的发展轨道。

二是从专制转向民主的制度文本建设。X 小学的教研管理者在校本教研相关制度建立及实行的过程中，逐渐转变了思想观念，认识到作为校本教研主体的教师参与制度建设的重要性，校本教研相关管理制度的建立过程从"专制"走向"民主"。校本教研制度的建立不再是少数领导和管理者在会议室上凭借感性经验制定的，而是学校全体教师共同在实践中逐步提出、形成，并在教研主体的教研实践当中不断运行、检验，再结合实践来修改、完善的。

笔者以"学校教研制度的制定和施行主要由哪些人员参与"这一问题分别访谈 Y 校长和一些普通教师，他们的回答虽然有细微的出入，但是仍然可以看出 X 小学教研制度建立的程序逐渐从专制走向民主。

Y 校长："我刚到这当校长的时候就发现，有些教研制度并没有很好地执行，我认真研究了这些制度内容，可能是有点脱离学校的实际。我觉得要想让教师在实践中认同和践行这些制度，那么制度的制定就要多听取将要执行这一个制度的相关人员的意见。所以我们后来修改完善教研制度的时候也改善了制度制订的程序：组织教师代表和相关负责人研讨，调查民意——相关负责人起草制度文本——将制度文本的草案给相关教职工传阅，提供修改建议——搜集建议，再次组织教师代表研讨修改——学校领导班子审阅通过。做这些改革主要是确保制度的可行性和操作性，这也是保证民主管理和教师积极性的重要因素。"（I-A-YMC，2016/6/4）

T 老师："近几年学校增加的那些教研制度我比较熟悉，虽然大多数没有参与制订，但是大多数是征求过我们的意见的，然后领导会把这些制度张贴出来，或者在开会的时候强调这些制度要怎么执行，所以现

---

① ［美］道格拉斯·C. 诺斯：《制度、制度变迁与经济绩效》，上海三联书店1994年版，第4—5页。

在我对我们学校的教研制度还是比较了解的,比如教研组考核制度、一课多研制度、集体备课制度。"(TI-T-TS,2016/6/6)

从实证调查可以看出,有制度执行主体参加,凝聚执行主体自身经验和感受的制度逐渐在实践中成为全体教研主体共同乐于遵守的契约和规则。从这个角度来说,X小学的校本教研制度完善的过程与教师专业成长的过程相互交融、共同进行。

三是从"以事为本"到"以人为本"的制度执行过程。校本教研制度的根本目的在于规范和引导校本教研主体的教研行为,使各项校本教研活动能够有效地开展,从而促进学校发展、教师专业成长、学生快乐学习。但是,如果制度的制定和实施不当将会引起制度执行者的抵触心理。因此,传统的以强制性、约束性为特征的"硬性"制度,还需要在执行的过程中灵活增添以人为本的"软化剂",将学校有形的教研制度内化为教研主体无形的精神动力和价值追求。X小学的教研管理者在校本教研制度建设的过程中,也逐步认识到学校中的"人"的重要性,要想使学校教研工作进展得顺利,必须让作为教研主体的教师能够积极地、主动地投入到这项工作中来。而过去的实践已经证明要想让教师投入校本教研,在教研中成长、运用教研手段推动学校发展,完全依靠行政手段的强制力是不行的。教师是人,人是有情感和基本需求的,所以必须使教师在校本教研活动中感受到自己作为一个人,一个具有主体性的人的存在,而不是作为学校这个大系统中的一个"零部件"或"工具"的存在。分管学校教研工作的H副校长对这方面特别有感触:"我作为一个中层领导,这也是我自己以前在工作中的一个困惑。教师们都非常忙,他们每周至少有十三四节课,有的还要当班主任。老教师还得带新教师,新教师从进入学校那一刻起就要不断地面临各种教学考核和检查。很多老师反映除了基本的教学工作之外还有很多事务性的活动需要参加,很多材料需要整理上报。所以有些教研制度的推行就比较困难,比如有个别老师觉得集体备课浪费时间,即使参加也是应付了事。遇到这样的情况,还不能用硬性的制度去强制他们,越强制越反抗,可能最后连象征性的出席都困难。既不能强制,也不能放任不管,这让我当时的教研管理工作陷入了困境。后来我想我们作为管理者只能以身作则、以身示范，所以我倡导我们教研管理者无论多忙都要参加教研活动。另外，也要尽量从教师的发展需求出发，可以合并的工作尽量融合起来，不加重教师的负担。我发现，我们的举动老师们都看在眼里。教师们从教研活动中获得了成长，在校本教研工作中感觉到主体意识，教研制度的执行情况越来越好。这可能就是我们管理者'目中有人'的管理方式的成效吧！"（I-A-HLS，2016/6/6）

从某种程度上讲，X 小学的校本教研实践活动经历了从零散到初具规模、从无序到规范、从管理控制到主动参与的过程；X 小学的教研制度也是伴随着校本教研实践活动的开展需求而逐一建立、完善的。因此，也可以说 X 小学的校本教研实践过程，就是 X 小学校本教研制度的建设全过程。

第三节 从"有迷惘"到"生智慧"：X 小学的校长教研领导力提升之路

随着教育改革理念不断推陈出新，改革实践不断向纵深推进。中小学校的改革发展逐渐从主要依靠国家、政府等外力推动的外延式发展转向主要凭借学校内部力量变革的内涵式发展。学校的内涵式发展是以学校为本，从学校内部挖掘潜在的发展因子来促进学校质量提升、打造学校办学品质的一种微观学校行为。内涵式发展将发展的核心力量放在学校内部，那么校长作为学校的"守门人""决策者""领导者"，其个人的领导力将影响着学校发展道路的方向和进程。校长组织管理学校的一切大小事务，而以校为本的教研活动更是离不开校长的引领和规划。在校本教研中校长是决定本校教研航行方向的舵手，是支撑校本教研灵魂的支柱。在校内教研活动中，校长教研领导力的强弱是决定一所学校校本教研质量高低的重要因素，校长对学校教研活动的决策、管理和执行等方面的一举一动都直接影响着学校校本教研的成败，关系着学校教师参与校本教研的积极性和主动性，主导着学校与校外一切校本教研资源的联系紧密度。但是，校本教研的有效开展仅靠校长一个人的力量是不够的，还需要校长发挥自己的教研领导力，不断地激发和协调各级教研管理者、全体教师、校外专家等相关人员的力量，促进教研主体之间在协作、对话中形成合作伙伴关系，共同推动校本教研活动的有效开展。在这个意义上，校长的校本教研领导力就是校长与其他校本教研参与者在互动中形成的教研合力。

当然，校长的教研领导力也不是与生俱来、一蹴而就的，需要校长持续地学习理论知识，并在长期的实践中逐步摸索和总结经验，才能一步一步成长起来。X小学近几年取得的发展就与该校校长的成长历程密不可分。

一 X小学新校长教研领导的迷惘

校长是学校的法定负责人，主导和负责校内一切事务，因而校长个人的领导力也是决定这所学校发展水平的重要因素。因此，作为一个非常年轻的新任校长Y校长倍感压力。Y校长是一位年轻的校长，接任X小学校长是他第一次担任校长这一职务。Y校长在访谈中多次谈到自己初任X小学校长这一职务时的困惑和感受："刚来X小学的时候，虽然我对新工作充满期待和激情，但是由于对校长这一职位的生疏和对学校情况的不熟悉，我在刚开始展开工作的时候感到特别迷茫。有时候甚至不知道自己该如何开展学校各项工作，其中让我感到最难解决的问题主要有这么几个方面。一是对陌生的工作环境和同事关系的了解。我虽然对X小学的基本情况做了前期的调研，但是对于学校内部组织的人员分工、各负责人的工作能力、领导班子之间的合作氛围、全体教师的专业能力以及学生和家长的情况等都非常的陌生。加上对学校环境的生疏，使得我在投入学校管理之初陷入了忙乱之中，感觉有千头万绪的工作需要去开展，却不知道应该从哪里开始。二是对校长身份的适应。之前一直做的是学校的教研主任和副校长等职务，所以分管的工作比较具体。所以来到X小学做校长还很不适应自己的角色。本来是想多了解学校教师的教学情况和研究情况，经常走进教室听课，和教师们交流如何解决问题，凡事都喜欢亲力亲为，但是久而久之我发现自己还处在一个'教研组长'的角色难以自拔。这样做虽然对基层的情况比较熟悉，但是工作效率非常低，对学校也缺乏全面的认识。对于学校的整体发展、教学工作的管理、学校教师的成长、教学质量的提高缺乏整体规划和考虑。三是对学校发展方向的迷茫。当时我觉得最棘手的问题就是学校的发展问题。因为当时 X 小学处于一个比较特殊的时期，搬迁重建使其成了一所既古老又年轻的学校，所以当我们考虑它的发展方向的时候既不能脱离以前优秀的传统，也不能完全将其还原成原来的样子。继承和创新成了当时我思考学校改革发展的一个重要的信条，但是继承和创新应该把握一个什么样的度，则是一个大的挑战。……这一系列问题令刚接任校长的我非常迷茫。于是，我试图通过各种途径去提高自己的领导能力和素质。"（I-A-YMC，2016/6/4）

从 Y 校长的交谈当中，看得出他是一个很有思想的人，他想做好 X 小学的各项工作，希望自己能够在原来旧的 X 小学的基础上有所创新和超越。但由于他既是初入 X 小学，又是初任校长职务，因此在实际工作中遇到了很多困难，这使他遭遇了对学校管理和领导的迷茫。但是 Y 校长并没有轻易地折服于困难，而是迎难而上，越是自己感觉到摸不准的地方就越是用心地去了解，试图通过调研的方式一边工作一边深入了解 X 小学的各项情况，有针对性地破解困惑。

二 在教研工作中提升领导智慧

领导力是决定组织领导效能的内生力量，是实现组织目标和愿景的决定性因素。校长的校本教研领导力是校长领导力的一个具体方面，是校长在学校制度和情境下领导、管理、组织学校教研事务的素质和能力。具体来说，这是校长在特定的学校教育机制和体制规定之下，利用科学的领导制度和有效的领导方式与学校教研管理者、教师等相关人员的相互作用，运用一定的手段激励学校全体成员相互协作、合作共生，形成强大的教研合力促进学校发展、教师成长、学生成才。这种能力是校长在领导校本教研的过程中逐步形成和提升的，因此，校长领导校本教研的过程也是校长提高自身教研领导力的重要历程，教研领导力和领导教研工作是相辅相成、互相促进的。

"一个有远见的校长，常常把自己的决策建立在研究的基础之上，把学校的发展规划与发展方向建立在研究的基础之上。"① 研究者通过对 X 小学部分教师的访谈和与 Y 校长本人的交流发现，Y 校长是一位善于自主学习、乐于接受新思想、具有创新精神的年轻领导者。他在任职初的迷茫时期，并没有停步不前，而是通过不断反思，迅速找到提升自己工作质量的突破口——在理论学习和教研实践中提升领导力。他以课题研究的形式深入了解学校实际情况，明确学校定位，建设本校特色文化；重视学校课程与教学，以教学研究创新推动学校内涵式发展；以教师整体素质提升为契机，带领学校教师走教师专业发展之路。从"教""研""训"三个方面全面推动学校发展，在以学校为本的教学研究工作中不断积累经验，提升自己的教研领导力。

（一）明确学校定位，建设本校特色校园文化

校本教研之所以强调以学校为本，是因为每一所学校都是一个独特的组织，不同的学校具有不同的地理位置、民俗风情、生源情况、师资力量等现实境遇。因此，要推动学校的发展、打造学校特色品质，首先必须明确学校实际情况，找准学校定位，提炼适合学校发展的办学理念。作为学校指导思想的办学理念的提炼、呈现和实施，是形成积极的校园文化、打造学校办学品质的前提性工作。X 小学的校本教研之所以能够获得较好的发展，与 Y 校长对学校的准确定位、对办学理念的精准提炼、对学校教研文化氛围的建设密不可分。

在与 Y 校长的沟通中了解到，他刚到 X 小学的时候，恰逢 X 小学搬迁改建。由于社区规划改革需要以及城镇化进程带来的生源激增等客观原因，学校搬迁重建在离原来校址大约一公里的公租房小区内。学校的搬迁改建，为 X 小学打造了一个全新的校园，在办学硬件设施、学生上学交通、社区环境等方面都获得了很大的改进。新兴的校园为学校的发展带来了新的机遇，同时也使学校面临重重挑战。学校搬迁后面临的第一个亟待解决的问题就是校园文化建设。在新的社区环境、新的办学设施、新的领导班子聚合的校园里，要完全将原来校园里的文化照搬进来是不可能的，也是不合适的。因此 X 小学亟须进行新学校的校园

---

① 郑金洲：《校本研究指导》，教育科学出版社 2002 年版，第 36 页。

文化建设。Y校长进入X小学上班的第一周就感觉到了紧迫感，他认为自己既然接手了一个全新的小学，就有责任和义务将学校推向一个全新的境界。但Y校长刚从其他学校调任至X小学担任校长，自己对于X小学的基本情况还在逐步熟悉中。为了深入了解X小学的实际情况和本土特色，找准X小学的发展定位，Y校长召集了学校教职员工对X小学的校史资料、新的社区环境、生源情况、师资力量、政策制度、评价标准等办学资源和基本情况进行了详细的调查、评估和分析。

笔者："您和您的团队在通过调研明确了学校的基本定位之后，提出了一个怎样的办学理念呢？"

Y校长："经过大家的努力和付出，最终学校提出了'源于心、成于行'的核心理念，认为真正的教育应源自学生内心的触动，并把'心动'教育作为学校内涵发展的重要载体。"

笔者："你们怎么想到要以'心动'教育作为X小学的办学理念来打造以'心动'为核心的校园文化呢？"

Y校长："根据调查所获得的信息，我们总结出了几个需要重视的问题。首要问题就是生源结构的变化，X小学附近的安置房随着城镇化发展陆续建成，那么新增的生源为学生人文素养的培养增添了新的挑战；其次是由于学校周边征地拆迁，处于城镇化进程中的转型过渡期，可供学生学习、活动的基础配套设施严重不足，可供学校开发利用的外部资源相对贫乏；最后则是课程建设的问题，经过全校教师多次集体研讨，大家一致认为学校现有的课程缺少一个恰切的顶层设计和整体规划，国家课程校本化实施的方法与途径也缺少系统规划。于是，学校的几位领导和各个学科的教研室主任召开集体研讨，希望通过校本教研的形式，将学校办学理念和校园文化建设作为一项学校的教研课题来抓。结合大家多次研讨的结论和教师们在日常教学工作中遇到的实际问题，大家心目中的设想逐渐地明晰起来。学生人文素养的培养、教师的专业发展和学校特色建设是当前学校的首要目标和任务，那么学校的课程整合和教育资源整合是可以采用的一种手段。学校外部资源不足的情况下，我们只能自己动手创设一个良好的校园文化环境。起初就是这么一些零散的想法，经过后期的提炼和精简，就形成了现在的'源于心，成于行'这样一个办学理念。'心动',对于教师来说,意味着由心出发,静心教书、潜心育人、慧心启智,享受专业成长带来的成就和乐趣,收获幸福而完整的教育生活。而对于学生而言,'心动'意味着塑造积极、自信、成功的自我意象,使身心沿着正螺旋方向前进,用心获得一生有用的知识和能力。但是,在师生的成长过程中,仅仅是'心动'是不够的,还需要'行动'来将其付诸实践。"(I-A-YMC,2016/05/13)

在 Y 校长的带领下,X 小学不仅提炼出了"心动"教育的办学理念,以"心动"为核心的校园文化建设也随之慢慢地完善起来。还记得第一次走进 X 小学的校园,映入眼帘的校园景象使研究者有一种耳目一新的感觉。整个调研过程中,研究者置身于 X 小学校园内,参与学校的各项教研活动,所以校园里发生的一切大大小小事件尽收眼底。研究者发现 X 小学的"心动"教育文化不仅仅体现在校园物质文化方面,学校的制度文化、精神文化乃至师生的行为举止中都无不洋溢着"源于心,成于行"的教育理念。

(二)重视课程教学,引领学校教学研究创新

课程与教学是学校的立身之本。当前中国实行国家课程、地方课程、校本课程三级课程管理体系。其目的在于:"改变课程管理过于集中的状况,实行国家、地方、学校三级课程管理,增强课程对地方、学校及学生的适应性。"[1] 因此,三级课程管理体系的提出着重强调:"学校在执行国家课程和地方课程的同时,应视当地社会、经济发展的具体情况,结合本校的传统和优势、学生的兴趣和需要,开发或选用本校的课程。各级教育行政部门要对课程的事实和开发进行指导和监督,学校有权力和责任反映在实施国家课程和地方课程中所遇到的问题。"[2] 三级课程管理体系的实施给学校层面提供了更大的发挥和创造空间,同时也给学校课程教学带来了新的挑战。这就要求:"中小学校长要在认真落实国家义务教育课程标准的基础上,以素质教育为导向,以能力培养

---

[1] 教育部:《基础教育课程改革纲要(试行)》,《人民教育》2001 年第 9 期。
[2] 教育部:《基础教育课程改革纲要(试行)》,《人民教育》2001 年第 9 期。

为重点,结合各学科特点及学生成长发展阶段的不同需要,引领学校课程改革。"① Y 校长的改革举措中,课程教学改革就是其中一个非常重要的方面。访谈中 H 老师谈到 Y 校长在课程与教学改革中的做法:"我个人认为,Y 校长比较重视学校的课程与教学改革这一块的工作。他是一个比较重视政策和理论学习的领导,他一来到学校就跟我们表明,要想把学校建设好,办出学校的特色来,就必须在紧跟国家课改的政策和步伐的基础上,准确地摸准学校定位,针对学校具体情况和特点,开发和实施具有本校特色的校本课程,为学生全面发展和个性培养提供最合适的课程和最有效的教学。因此,Y 校长在原来学校所实施的校本课程的基础上,结合学校面临的新问题,进一步改革和完善学校课程。针对学生的特点和师资力量的优势,开设了《口风琴》《花式跳绳》《课前精彩三分钟》《快乐大课间》《国旗下展演》等具有学校特色的学科课程和活动课程。"(TI-A-HYJ,2016/9/13)

从 H 老师对 Y 校长的介绍和研究者对 Y 校长日常工作状态的观察可以看出,Y 校长非常重视学校的课程与教学改革,并试图通过校本教研这条具体途径来实现。因此,他努力提升自身理论素养和科研素养,积极引领学校教师开展教研活动。例如,有一次研究者无意间看见 Y 校长工作之余在研读日本教育家佐藤学的译著,他说他一直很欣赏佐藤学关于学校课程教学改革的理论。他能准确地道出佐藤学在《静悄悄的革命》一书中所提到的观点:"要改变一所学校,需要不断开展校内教研活动,让教师们敞开教室的大门,进行相互评论,除此之外,别无他法。"② Y 校长特别强调课程改革必须与教学改革同步进行,因此,他以校本教研为手段带领全体教师共同探讨校本课程的开发和实施,以课程系统规划和课堂教学实践为核心来推动学校教学质量的整体提升。Y 校长再忙都会坚持自己上课,每个学期他都会负责至少两个班的数学课程教学,他也会经常走进其他教师的课堂,倡导教师之间打开教室大门互相听课,共同研讨日常教学中所面临的问题。在 Y 校长的带领下,

---

① 张茂聪、侯洁:《中小学校长能力建设问题探析》,《中国教育学刊》2013 年第 10 期。
② [日]佐藤学:《静悄悄的革命》,李季湄译,长春出版社 2003 年版,第 45 页。

重视课程教学的风气浸润到每个教师的日常工作之中,同时,以教研为抓手促进课程教学改革已经成为教师的工作惯习。

(三) 强调团队素质,带领学校教师专业发展

教师的专业发展是教育改革理念实施和学校内涵式建设成败的关键。斯帕克斯和赫希认为,如果要为学生在日益复杂的世界中做好生活上的准备,学校成员的专业发展以及组织的重要变革都是必要的。[1] 教师专业发展在所有教育改革策略中居于中心地位——没有它,改革策略就仅仅只是理想而不能变为现实。[2] 学校任何一个改进计划的实施都离不开学校全体教师的参与和实践,培养教师自我发展的能力,提高教师队伍的整体素质是将学校办学理念、改革措施落到实处的必要条件。X 小学的领导不仅重视自己作为领导的专业发展,也非常重视和支持教师的发展,积极倡导以促进教师专业发展为重要工作目标,以"团队作战"的方式,带动教师集体发展。

X 小学的领导非常重视自身的专业发展。尤其是 Y 校长十分注重自身领导力的提升,同时也倡导其他校领导共同注重自身领导能力和素质的发展。"校长是首席教师,是教师的教师。"[3] 因此,校长自身专业得到良好发展是引领广大教师专业发展的基石。Y 校长表示,校长在学校里面不仅作为领导者和管理者的身份而存在,同时也是一个教育者,一个教师。作为一个校长要引领全校教师做好教育教学工作,那么首先需要自己在这一方面有独特的见解和丰富的经验。这也是 Y 校长在领导和管理学校的繁忙公务之外始终坚持担任教学工作的一个重要原因。Y 校长十分注重自主学习和学习型组织的建设,希望通过自我修炼和集体修炼提升自我和团队的整体素质。

X 小学全体教师在校长引领之下迅速成长。以往中小学组织机构的

---

[1] Sparks Dennis, Hirsh Stephanie, *A new vision for staff Development*, Association for Sunervision & Currieulum Deve, 1997, p. 115.

[2] 袁贵仁:《全面落实以人为本的科学发展观,努力造就让人民满意的教师队伍——在 2005 年度教师教育工作会议上的讲话》(Http: www.moe.edu.cn/edoas/website18/info10410. htm)。

[3] 林森:《教育家办学导论:校长专业化发展的使命与策略》,人民教育出版社 2010 年版,第 118 页。

设置多呈现为"金字塔"结构,层层向下实施领导职责。这种领导形式虽然可以提高办事效率,却阻碍了上层领导和基层教师之间的互动连接,不利于领导深入了解教师发展最真切的需要,限制了管理和引导的灵活性和创造性。因此,Y校长在领导学校教师专业发展的过程中对传统学校管理模式进行了创造性改革。

一是精简和改进学校的领导模式,为校级领导和基层教师之间开辟畅通的互动渠道和对话空间,让教师在民主和开放的校园领导文化中实现发展。一位年轻的老师与研究者在办公室闲聊中说道:"我虽然来到学校才一年时间,按道理我只是一个什么都不算的新手教师,但是也能跟校长们一起探讨工作中的问题。也许他们觉得我是新老师,又比较年轻,所以经常问我教学工作中遇到什么问题吗?只要我说出来我面临的困难,他们都会跟我一起探讨,手把手教我如何解决。"(I-T-TS,2016/10/12)

二是为教师专业发展提供支持、搭建平台。为了有效推进教师专业发展,学校一方面积极邀请校外专家指导教师开展教学研究工作,另一方面积极鼓励和支持教师走出校园,参与区内、校际教研活动,参加省内外的学习培训,在校内外的交流与互动中提升专业能力。比如,每周区内都会有教研活动,Y校长以灵活的管理方式,为教师们提供时间上的便利,尽量让X小学的每一位教师都有机会去参加。Y校长积极为年轻教师争取各种学习和成长的机会,鼓励他们投身于学校的课程教学研究中,这种行为使青年教师们倍受感动和鼓舞。H老师在回答"学校支持你们去参加校外培训和学习活动吗?"这一问题时表现得非常满意:"非常支持的,外面有什么培训,校领导和教研主任会针对老师们的特点和需求,选派对这个培训主题最有需要的老师去参加。有时候刚好碰到要派出去学习的这个老师那一天有课,领导们会同意这个老师和其他老师调课,其他老师也很配合。能够遇到这样一个处处为我们的发展和进步着想的领导,我们在这教书再辛苦也不觉得累了。"(TI-A-HYJ,2016/9/13)

三是实行"师徒制",手把手带领年轻教师成长。"师徒制"是中国新教师专业成长中较为普遍的一种方法,X小学也不例外。该校通过开展"师徒制",有效促进年轻教师成长。传统师徒制一般采取"一对一"或"一对多"的形式,但是 X 小学采用的却是"多对一"或"多对多"的混合师徒制。为了避免多人指导推卸和渎职现象的发生,在"多对一"和"多对多"形式中,X 小学还是采用了原来"一对一"负责制,即一个"师傅"必须对其中一个"徒弟"的专业发展负责,由负责师傅来组织其他"师傅"对自己的"徒弟"进行指导。X 小学的混合师徒制全面掀起了学校教师合作教研热潮,也有效促进了学校教师之间的互动与交流。

第四节 从"少交往"到"常互动":X 小学校本教研中的团队精神培育

马克思认为,社会性是人的本质属性,"人的本质是人的真正社会联系,所以人在积极实现自己本质的过程中创造、生产人的社会联系、社会本质"。[①] 马克思还认为与人的社会性本质一起构成人的统一本质的还有人的类本质,并且提出人的类本质在于劳动,劳动不仅生产人们生存所需的必需品,同时还生产人与人之间的生产关系,人与人之间正是在生产劳动的过程中结成各种社会关系。[②] 人和人之间在共同的生产劳动中不断地创造或改变人们之间的关系,这种关系也在不断地促进或制约人们的各种行为和活动。在学校这一微型社会场域中,同事关系就是学校内人与人之间的劳动关系中最为重要的一种关系。同事之间也在学校教育教学工作中不断建立和升华着相互间的关系,同事之间关系的质量也会影响共同的工作效率。学校发展成功与否,关键取决于学校内教师与教师之间、教师与领导之间、领导者相互之间等各种人际之间的关系和相互间的互动质量。因此,学校内教师同事之间的人际关系是作为教研主体的教师在教研活动中和日常交往中进行互动的基础。反之,

---

[①] 马克思:《1844 年经济学哲学手稿》,人民出版社 2000 年版,第 170—171 页。
[②] 李友谊、于秀艳:《马克思关于人的社会性本质理论的原本认识——兼联系马克思关于人的类本质的理论》,《白城师范学院学报》2004 年第 4 期。

教研主体之间在教研活动中的交往与互动行为也是建立良好同事关系的重要途径。

基于此，如何在教研主体互动中形成和谐的同事关系是进一步促进教研主体之间有效互动的关键。但是人际关系是一个较为敏感的话题，研究者在访谈之前没有预料到这一问题的敏感程度。直到研究者在第一次正式访谈之后才意识到，这个问题很难通过对教师们的访谈来获得真实信息。研究者结合第一次调研的情况对这一问题进行了调整和修改，将原本提纲中设计的访谈问题："请您谈谈您对学校领导与普通教师之间上下级关系，以及教师和教师之间的同事关系的感受？您认为目前学校的这种人际关系对于您在教研过程中与他人互动合作有什么影响？"改成了"学校领导在学校团队建设方面采取了哪些措施？这对教师之间、教师和教研管理者之间在教研活动中的互动与合作起到什么作用？"第二次访谈的时候，教师们就敞开了心扉，从侧面谈到很多有关同事之间相互关系的话题。同时，研究者结合对办公室日常的观察、与管理者的非正式谈话来侧面了解 X 小学的同事关系氛围。通过实地观察、访谈和互动，研究者了解到，X 小学良好教研共同体的形成主要得益于以下几点。

一 鼓励自发建立教研共同体，激发教研主体的团队意识

在对教研活动的观察和访谈中，研究者发现 X 小学开展校本教研的一大特色就是独立于学科组、年级组之外，还有很多自发建立的教研共同体。这些共同体是根据教师对某些教育教学问题的共同兴趣爱好及特长自发建立的教学研究共同体，多以自发组织的课题组形式存在，这也是来源于"教师成长课题"实践的启发。针对课题研究与教育实践脱节、与教师脱节的现象，C 市 S 区从 2011 年开始，降低课题研究"门槛"，鼓励教师从实践中的"小问题"入手，推行"教师成长"课题行动计划，其目的在于让教师在课题研究中解决问题，实现专业成长。教导主任 H 老师是"教师成长"课题的主持者，在访谈中她提到自发建立教研共同体使教师团队意识倍增。

H 老师："一开始在学校里组织教师申报'教师成长'课题，老师

们基本上没有什么反应,主要是他们从来没有申报过课题,连申报课题的基本程序和要求都不了解;还有就是学校以学科组、年级组的形式下达任务,教师们觉得是行政任务,而且是以学科组作为课题组,大家就以为组长自己完成申报事务就行,自己就挂名做一个形式上的课题组成员即可。课题推行了一年,我们发现在课题研究中,课题组成员既没有主体意识,也没有团队意识,'教师成长'课题应有的效果没体现出来。后来校长组织校内各级教研管理者召开研讨会,想到了摆脱现有分组的限制,让教师自发组织课题组成员,让教师们自发寻找具有共同研究专长和爱好的团队成员,这样的组合本身具有共同的目标,更有利于在研究中形成团队意识、合作意识。"(I-A-HYJ,2016/10/27)

欧文斯曾指出:"教育组织存在的唯一意义就是:通过培养人们的合作精神,从而实现单靠个人努力不能完成的目标。所以,理想的组织标准着重于合作、和谐、协作。"① 显然,X小学自发组织的教研共同体是基于合作、和谐、协作的关系而组合的,这有利于成员之间在共同的行动中形成团队合作意识。

二 建立以人为本的评价标准,注重竞争中的合作精神

在教师岗位聘任制和绩效工资改革等日渐量化的评价背景下,校内教师之间的竞争日趋激烈。为了缓和教师之间紧张的竞争关系,促进教师在互动交流中实现互助合作,X小学在校本教研评价方面坚持"以人为本"的理念,将严苛的量化评价标准人性化,引导教师之间在竞争中合作,在合作中竞争,在竞争与合作双重力量推动下共同进步。在与Y校长的交流中,他提到竞争并不是对立,处理得好竞争也能转化成合作的动力。

Y校长:"教师们在工作中,尤其是教研工作中难免会存在评比和竞争,有竞争就不可避免地出现一些人际关系的矛盾。要避免和化解矛盾,关键在于我们怎么去对待竞争和处理竞争。所以我们学校都会尽量

---

① [美]欧文斯:《教育组织行为学》(第7版),窦卫霖等,华东师范大学出版社2001年版,第402页。

将竞争放在公平有序的条件下进行，使每个教师的潜能被最大限度地激发出来。以竞争机制来提高教研主体的主动性必须在合作的基础上进行。比如我们很多教研成果展示和评比都会以团体的形式参加，即使是个人上台，都会代表他所归属的团队。设置的奖项除了个人的之外，还会有配套的集体奖。这样既有利于教师们在评比之前相互协商、共同准备、形成合力，获得较好的效果，还能够降低教师个人的竞争压力，为教师之间的团结与协作奠定良好基础。"（I-A-YMC，2016/10/27）

除了Y校长谈到的这些措施外，X小学还将教师之间互相学习纳入考评体系，鼓励教师之间构筑相互学习的关系，主动参与同事的教研活动，在相互协作中互相学习、相互影响。尤其是被评为学校骨干教师、特色教师、心动教师的先进个人和优秀教研组织，在教师群体中产生了榜样示范的辐射效应。同样，学校也在《校本教研对话交流制度》中明确提出："对互动交流做得好的教师个人和教研组织，学校依据相关规定，将其纳入骨干教师或优秀教研组考核之中。"[①]

这样教师们不再将同事仅仅看作是竞争对手，而是共同进退的搭档，别人的进步对自己不再是威胁，而是成长的有利条件。刚入职1年多的W老师对此就有特别深刻的感受，访谈中他说道："刚来的时候感觉压力好大，不管是学校里面还是区里面，有很多各种各样形式的比赛，每一种比赛都是自下而上地逐层推选，感觉自己一定要比过自己的同事才能有机会往上走。但是后来慢慢地发现这些担心是多余的，因为学校的评比活动设置多种多样，它为不同类型的教师创造不同的机会去发挥自己的潜力。有适合青年教师的成长课赛课、适合骨干教师的示范课赛课、适合书面表达较强的教师的论文评比等等。而且每一次参加比赛都不是自己一个人在努力，而是同事们都在帮助你准备这一次的比赛，2015年11月我参加的新教师赛课活动，我们年级组的教师都帮我一起磨课，比赛前几天还陪着我加班加点，让我非常感动，也给了我努力一搏的动力。"（I-T-WJ，2016/10/31）

可以看出，X小学的教师之间有竞争，也有合作。学校的评价方式

[①] 内容引自《X小学校本教研对话交流制度》。

很好地避免了教师之间竞争带来的负面影响，利用竞争来促成团队合作，也很好地把教师个人的力量整合起来，形成合力。这些合作和竞争都非常有利于参与教研的教师之间的互动与交流，从而促成教师专业发展。

三　创设教研主体间交流平台，化解同事间的防御心理

X 小学的领导班子非常注重与教师们的沟通和交流，主张基于实践的管理理念。尤其是 Y 校长，他具有很强的服务意识，他认为："领导与教师之间不是上下级关系，而是平等的合作关系。在学校建立和谐的同事关系，作为学校领导不仅应该起到组织、协调作用，还应该以身示范。校级领导和教师之间应该是平等的，并不是行政方面的上下级、管理者和被管理者的关系，在工作中大家应该就是平等的合作关系，只是分工不同。"（I-A-YMC，2016/10/27）

此外，X 小学的领导还非常重视教师同伴之间的互动合作，为教师们创设和提供很多校内外交流互动的平台和机会。例如 X 小学一直坚持开展并取得良好效果的"心动论坛""'五课'交流活动""校内外备课交流活动"等。

"心动论坛"主要是在每周一下午组织全校教师开展。教师们围绕课程与教学、课题研究、自主学习等方面畅谈令自己心动的一幕幕情景，这为教师们搭建了交流展示的平台。每次论坛要求准备充分，有主题、有互动、有深度，以心动的事迹为引子，促进教师相互交流、相互感染。

"'五课'交流活动"主要是鼓励教师以"课"为载体进行相互交流、互助合作、共同提高。其中"五课"是指行政推门课或教师预约课、邀请课、互助课、教研课、示范课。

"校内外备课交流活动"是为教师们创设以备课为主题的校内外交流平台。每周一次校内集体备课，隔周一次校际集体备课活动。让教师不再将教育教学思维局限于个人、局限于校内，而是在与校内教师、校外教师的互动交流中博采众长、优势互补，获得更加丰富的教育教学知识和经验。

M 老师在访谈中谈道："以前我们基本上只是跟身边有工作交集的

几个同事互动比较多，而校内其他同事和校外的教师因为没有什么共同的话题，所以几乎很少交流。但自从学校出台了《校本教研对话交流机制》，里面有关备课、评课、读书交流等方面做了具体计划和要求，有了这些'名头'我们就有机会去跟其他老师交流了，不然你去找一些没有什么关系的人交流，别人还以为你有什么不良的企图啊，肯定不会真诚地跟你交流的，人都是有基本的社交防御心理的。在这些交流活动中，我收获很大，每个老师的知识、风格、特长都是不一样的，和任何人交流都是能够从中获得启发的，而且很多方面大家也具有互补性，有时候自己也能够给别人带来帮助，就会感到特别开心，特别有成就感。"（I-T-MYY，2016/10/31）

可见，教师在学校组织的交流与互动中，专业主体性得到充分的尊重与发挥，教师之间一改过去那种彼此孤立与封闭的状况，做到相互尊重、相互学习、共同研究和解决教学中出现的问题，整个学校的工作氛围变得轻松、愉快。"合作带来的不仅仅是个体较高的成就，还有良性的人际互动促成的成功、积极的人际关系与健康的个体心理状态。"[①] 校内良好的人际交往环境，不仅可以减轻教师工作中的紧张感、压力感和挫败感，还可以使整个教研团队形成强大的凝聚力，在不断的交互工作中形成稳固和谐的同事关系，使交往互动在同事间形成相互促进的良性循环。

[①] ［美］戴维·约翰逊、罗杰·约翰逊：《领导合作型学校》，唐宗清等译，上海教育出版社2003年版，第13页。

第 五 章

校本教研主体互动的现实过程解析

> 每一个有语言和行为能力的主体在自觉放弃权力和暴力使用的前提下,自由、平等地参与话语的论证,并且在此过程中,人人都必须怀着追求真理、服从真理的动机和愿望。
>
> ——[德]尤尔根·哈贝马斯

对校本教研主体互动场域背景的了解是为下一步洞悉校本教研主体互动行为的实现过程和揭示影响校本教研主体互动的因素打下基础。通过前期调研发现,从层级(纵向)上来讲,X 小学的校本教研主要在"区"—"校"—"组"三级教研组织机构之下展开。"区"即 X 小学所在的区教育委员会,是引领 X 小学校本教研开展的上级教研机构;"校"即 X 小学这个校本教研的主阵地和教研现场;"组"即 X 小学校内教研机构的基本组成单元——"学科教研组"和"年级组"。从校本教研内容(横向)来看,X 小学的校本教研主要围绕"教学""研究""培训"这三个方面展开。但这三个方面并不是相互平行、彼此分立、互不相干的,而是共同围绕着学校办学理念,以解决学校教育教学中的实际问题、促进教师专业发展为目标,在相互交融、相互促进中螺旋式前进。校本教研对于教师来说不是单纯的研究行为,它是将教学、研究、培训等日常教育工作融为一体、相互渗透、相辅相成的教学研究工作。因此,在"区—校—组"三级教研机构内的"教、研、训"活动是 X 小学三位一体的校本教研主体互动行为的运行体系。其中,"教"

是"研"和"训"的源泉;"研"是为了更好地"教";"训"围绕"教"和"研"展开。为了全方位、立体化地将 X 小学校本教研主体互动的实现过程从不同维度、不同剖面进行透视,本书分别选取 X 小学校本教研系统中"教""研""训"三个方面具有代表性的"切片"对校本教研主体互动的实现过程进行描述和解析。

第一节　校本教研主体以"教"为载体的互动过程

教学是"学校实现教育目的的基本途径"[①],是基础教育改革理念付诸实践的关键环节,是教师专业发展和学生成长的核心过程。随着教学研究逐渐转向教学实践,聚焦课堂、关注教学已经成为教师获得专业发展自觉,提升学校教学质量,形成学校办学特色的首要任务。《诗经》中有句名言"如切如磋,如琢如磨",学校层面教学质量的提升和学校办学特色的塑造,需要作为教研主体的学校教师共同切磋和琢磨,在彼此商量和砥砺、相互吸取长处、互相修正缺点的过程中逐渐实现,这也彰显出了教学的研究特性和根基。因此,以"教"为载体的校本教研正是作为校本教研主体的教师对教育教学中面对的共性问题进行共同协商、相互砥砺、共同研究和解决学校教育教学中的实际问题的相互作用过程。简言之,以"教"为载体的校本教研是校本教研主体在教学工作中相互协作、互相作用的过程。

每周二和周五下午是 X 小学的常规教研活动时间,笔者在这些时段对 X 小学的教师教研行为进行跟踪调查,发现 X 小学以"教"为载体的教研主体互动行为主要发生在备课、说课、上课、听课、评课这五大基本教学研究活动之中,这五个方面在实践当中并不是分头开展,而是相互交织着交叉进行。这些以"教"为载体的教研活动展开的核心动力又主要来自对日常教学工作质量的提升和参加竞赛两个方面。因此,本书从这两个方面分别对 X 小学以教学为载体的校本教研主体互动行

---

① 顾明远:《教育大辞典》(第一卷),上海教育出版社1990年版,第178页。

为进行深入剖析和诠释。

一 自觉：日常教学工作中的教研主体互动行为

随着校本教研在学校的推进，相互协作开展教学研究逐渐成为 X 小学教师日常工作中的一种常态行为，在教师的思维和行为之中得到内化，并上升到"自觉"的高度。从 X 小学当前日常校本教研主体互动现状来看，其互动行为主要承载于备课、听评课和"闲聊式"教研之中。

（一）备课：校本教研主体日常"同伴互助"与"集体协商"

备课作为教师进行课堂教学的前提和基础，其过程和结果是否合理且有效，直接关系到教师整个教育教学活动的质量。通常说备课就是教师为了上好课，而在课堂教学进行之前所做的各项准备工作，"一般包括钻研教材，了解学生，组织教材和选择教学方法，以及准备有关的教具和设计板书等"[1]。然而，在教师的教学实践工作中，备课并不仅仅是做好课前的准备工作，课堂教学过程中的思考，教学之后的反思和完善也是备课必不可少的环节。叶澜教授曾说："一个教师写一辈子教案不可能成为名师，如果一个教师能够坚持写三年教学反思，就可能成为名师。"[2]因此，备课贯穿于整个教学活动过程的始终。不管是教师的个体备课，还是备课组集体备课都是作为校本教研主体的教师在自我反思、同伴互助、专业引领中展开信息交流，进行理性分析，确定一个最适合某一特定教学场景的教学设计的过程。因此，教师在备课中与自我、与他者的互动效果决定了备课的质量，备课的质量则决定了教学的水平。为了提升学校整体教育教学质量，打造学校办学品质，促进师生共同发展。X 小学非常重视备课这一教师专业实践活动的重要环节，将备课作为学校校本教研中的一项重要研究工作来抓，并提倡教师之间在相互协作备课的过程中互相提升。《X 小学教研活动制度》中第 4 条和第 14 条两次重复提到教师备课的基本要求，强调教师要将个人备课和集体备课相结合，集思广益、优势互补、资源共享，以研究者的态度不断审视自己和他人

---

[1] 《中国大百科全书·教育》，中国大百科全书出版社 1985 年版，第 20 页。
[2] 李明华：《怎样写好教学反思》，《教学与管理》2007 年第 9 期。

的教学行为，在对自我的反思和对他人的审视中共同进步。

（1）教师个体日常备课中的互动行为表征

一是个体备课中的自我反思性互动。X小学特别强调教师在备课过程中的自我反思性互动。如《X小学教师备课制度》中明确提道："教师备课要提前一周，精心备好每一课，不得出现无教案进课堂的现象；上课前一天要修改超周教案，对第二天的教案要结合学生当前的学习情况作适当的调整和修改；每周至少要对本周的课堂教学作两次书面教学反思，结合上课的得失对教案进行二次设计。"[①] J老师是一位校级语文骨干教师，也是语文教研组的组长，负责组织和指导全校语文教研组的教师开展集体备课，而她个人的备课方式在学校也较有代表性。这种代表性在研究者对其他教师的访谈和日常交流中得到了证实。据了解，她是学校备课活动的组织者和领导者，她的备课行为较为贴合学校备课制度要求，同时她也在教研活动中将这种备课理念以专业引导的方式传达给其他教师，故大多数教师都持有和她类似的观点。她在2016年9月开学后的一次"心动论坛"中作为老教师向新入职教师介绍备课经验时谈到作为一位教师应如何在备课中通过自我反思与自己进行互动。

J老师："备课是教师提升自我的一个最基础也是最重要的环节，我从教近二十年，感受到备课的过程对我的专业能力的发展作用很大，我也是从不会备课到慢慢学会如何在备课的过程中不断思考、不断学习、不断吸取经验。我有一个习惯，从来不会先看教参或网上的资料，当我拿到任何一篇课文，会做这样几件事情。

第一步是反复地读，在读的过程中让自己真正融入课文，与课文、与作者产生情感上的共鸣。

第二步是明确这一篇课文所在的学段，仔细研读课标的要求，精确地抓住这篇课文在这一学段所应该突出的关键训练点。

第三步是结合自己所教班级的学生的特殊情况来思考在不同的班级里所要分别突出的重点和要突破的难点。

第四步是授课，在课堂上，我会结合学生的反映来即时思考和生成

---

① 《X小学教师备课制度》内容来源于《X小学各项制度汇编》。

一些原本教案中没有的环节,以弥补教案中难以预设的情况。

　　第五步是课后教学反思。只有反观自己的教学才能有进步,不管是成功的地方,还是失败的地方,都要回顾一遍,这样既能够在自己的实践中体会到成就感,获得继续努力的动力,也能够及时修正自己做得不够好的地方,避免再次出现类似的错误……

　　我觉得在备课的过程中不断跳出来审视自己,和自己对话是教师提高个人备课水平的有效方法。"①

　　每一位教师作为一个独立的教育实践者都应该成为自己教学研究场域中的主体,把握好自我发展的内在动力。在明确自身教研主体性的基础上,以客观的立场对自身教学行为进行审视,使主我的行动和客我的思维产生交互作用,增强对自我行为的准确认识。这是教师通过自我反思性互动缩小自身教学实践和理念之间差距的有效方式。杜威认为,自我反思就是一种和自己的假设进行互动的过程,"反思就是人们为解决现实问题而进行的一种能动的、审慎的高级认知加工过程……对于任何信念或假设性的知识,根据其所依据的基础和进一步结论而进行的主动、持久和周密的思考"。② 从 J 教师的备课经验中可以看出,教师在备课的过程中通过反思,让思维跳出主我,客观地审视、思考和观察自身的教育教学实践,对自我行为表现进行解析与修正,进而不断提高教学效果和自身专业素养的过程,是教师实现自我反思性互动的关键。

　　二是以互评促同伴互动。教师个体备课同样需要与他人讨论问题、交流经验,在相互协作中更好地解决困难和疑惑。为了增进教师们在个体备课过程中的交流互动,X 小学在《教师备课制度》的基础上制订了以互动为出发点的《教师备课评价表》,希望以评价为载体来促进教师们备课中的交流合作。对于为什么会制定这样一个评价表,Y 校长作了如下解释:"以前我们学校只有一份《教师备课制度》,制度主要对备课的基本要求做了说明,没有涉及教师之间相互协作方面的内容。教

---

① 资料来源于 X 小学"心动论坛"活动观察记录和活动录音文字转换记录(部分)。
② Dewey J., *How to Think: A Restatement of the Relation of Reflective Thinking to the Educative Process*, Boston: D. C. Heath, 1933, pp. 30 – 32.

师们除了集体备课的时候会进行交流,私底下较少就备课有互动。教师之间在非正式场合的交流非常有限,一般私交较好的才会在遇到困难时主动交流。这主要是因为教师之间存在很多隐性竞争,所以教学设计中的特色也不想让别人知道。另外就是'害羞'吧,这也是中国人的特点,如果没有被要求,很少愿意主动将自己的东西拿给别人看的。所以我们就考虑制订这个备课评价表(如表5-1所示),征求了所有备课组组长和部分教师的意见。评价表的一个功能在于促进教师借评价的平台放开心态,形成相互学习的氛围。所以备课的评价主体方面我们还特意设置了教师自评、教师互评、学校评价三个维度。既让教师自己反思自己,也让教师们在互评的过程中得到信息的交流,实现资源共享、优势互补。另一个功能是以评价的方式保障《教师备课制度》的有效施行。"(I-A-YMC,2016/5/27)

表5-1　　　　　　　　　X 小学教师备课评价表

学校_____ 教师_____ 年级_____ 科目_____

	评价项目	分值	自评	互评	校评
钻研教材	1. 能认真专研教材,领会教材的编排意图。	5			
	2. 积极参与(教研组)集体备课	5			
	3. 能根据课程标准的基本要求,确定教学目标	5			
确定内容与重难点	4. 设计的教学内容符合课标要求,适合学生的学习发展	10			
	5. 本节课的重点、难点准确,适合学生的认知发展水平	10			
教学过程的设计	6. 一学一问,每课时都有对学生的预习要求。鼓励学生提出问题,并对学生的真问题有所预设(少一次扣1分,扣完为止)	5			
	7. 二学二问,创设适合学生年龄特点的教学情境。根据学生的年龄特点,灵活运用合作学习方式,有对学生合作学习的具体方法指导,灵活预设学生合作学习中可能会产生的问题,并有应对问题的方法与措施	10			
	8. 三学三问,引导学生有效进行交流与反馈,有突出重点、突破难点的有效措施,有对学生"问题"的充分预设、及应对措施	15			

续表

评价项目		分值	自评	互评	校评
作业设计	9. 语数英三科每课时都要有作业设计，作业设计有利于学生理解和巩固课堂所学知识（作业设计少一次扣1分，设计不具体酌情扣分）	10			
教学反思	10. 认真进行反思教学，并及时记录上课得失（每月两次，反思少一次，扣5分，反思不具体酌情扣分）	10			
资源应用与其他	11. 积极利用教具、学具与现代教育技术，充分利用优质教学资源	5			
	12. 板书设计合理，突出重点（板书少一次扣1分，扣完为止）	10			
综合评价	合计	100			
	综合得分（自评得分20% + 互评20% + 校评60%）		等第		
	简单描述				

检查人：　　　　　　　检查日期：

注：优秀：90分及以上；良好89—76分；合格：75—60分；不合格：60分以下。

资料来源：《X小学教师备课评价表》内容来源于X小学各项制度汇编。

W老师是一位教龄4年的年轻教师，她觉得教师之间就备课进行互评对新教师的成长很有帮助。访谈中她说道："教师之间互相评价不仅起到了督促我们认真做好备课工作的良好效果，还使教师之间通过评价获得相互学习的机会。以前我们一般不会无故将自己的教案给别的教师看，我刚来的时候作为一个新老师，也不认识几个同事，所以除了自己的师傅之外，一般很少会有机会看到其他优秀教师的教学设计。但是自从备课评价方案实施后，每个教师之间都是公平的，都可以相互看到教案，教师们的心态也就跟着变得开放了。互评是随机的，教案收回来后由负责人随机发放给组内的成员，所以不管是新教师还是优秀教师都不会有什么面子上的顾忌，都会在这个过程中学习

自己评价对象的优点,也会诚恳地指出对方还需要改进的地方。"(I-T-WSJ,2016/5/27)

显然,Y 校长和 W 老师的陈述表明教师的互评促进同伴互动是校本教研主体互动的一种重要形式。这些积极有效的互动行为对校本教研实效提升具有重要意义。

(2) 集体备课中教研主体互动行为

集体备课是一种有效的校本教研形式,也是作为校本教研主体的教师相互交流、互相协作的一个重要平台。X 小学充分利用集体备课这一载体来推动校本教研同伴互助的实现。从《X 小学集体备课制度》和实施现状来看,X 小学成立了年级备课组(同一学科内,同年级有两位及两位以上任课教师的可成立一个备课小组,只有一位的可与该科目相邻年级的任课教师成立备课组)和校内备课组。年级备课组每周开展一次集体备课活动;校内备课组在有较大型校外公开课或竞赛课时会临时组织相关教师开展集体备课活动。根据对 X 小学集体备课活动的观察,及活动后对参与集体备课的部分教师的访谈发现,X 小学每次集体备课大致遵循以下顺序进行:活动前,提前确定主备人,备课主题,由主备人提前准备好相关材料,并进行初步备课。组内其他人员则结合主题提前"备研",以便后续更好地参与集体研讨;活动中的主要流程为主备人说课——全组老师集体讨论,提出修正意见——备课组主要负责人组织大家讨论协商,达成共识;活动后,主备人要根据集体讨论的建议和授课班级的实际情况进行二次备课,并在授课后撰写教学反思。在整个集体备课的流程中将教师个体的思考和集体的智慧进行有机结合,从而使教师的群体智慧形成合力,盟生效力。显然,集体备课既有教师自身反思互动的后台准备,也有前台的展示和交流。在集体备课的整个过程中,教研主体间的交流互动行为主要发生在集中讨论环节,以下是研究者对数学学科二年级备课组的一次集体备课活动中各主体互动行为的观察记录(如表 5-2 所示)。

表 5-2　年级备课组集体备课活动过程中主体互动行为时序分析

科目：数学　　参与人员：数学二年级备课组成员　　备课主题：《乘法的初步认识》

时序	活动环节	主体行为描述		
		主备教师	备课组组长	备课组成员
14：30 | 14：33	备课组长主持	打开多媒体设备；拷贝说课课件；发放纸质教案。	介绍本次集体备课主题（乘法的初步认识），主备人（数学二年级组的 L 教师），及活动流程。	一边翻看 L 老师刚发下来的纸质教案，一边听备课组长的讲话。
14：34 | 14：45	主备人说课	就《乘法的初步认识》这一知识点分两个课时，分别按照说教什么（教学内容、教学对象、教学目标）、说怎样教（教学方法、教学程序）、说为什么这样教（教学理念）展开说课。	听主备老师说课，观看课件及纸质教案。一边做笔记一边做活动记录。	听主备老师说课，观看课件及纸质教案。（部分教师在教案上做笔记、做记号）
14：46 | 15：02	备课组成员讨论第一阶段：按顺序发言	一边听其他教师的建议，一边做笔记。	见成员们都不发言，便指定坐在身边的一位教师开始，依次轮流发言。当教师发言时做记录。	开始都保持沉默，当组长提出轮流发言时，很多老师低头在组织自己的语言，显然没有听前面发言的教师在说什么。
15：03 | 15：50	备课组成员讨论第二阶段：自由讨论	当有教师对某个教学环节设计表示疑问时作简短的回应和解释。并在教师们都轮流发言完毕的时候提出了自己对这堂课设计的疑问。	听备课组成员讨论，同时做笔记和活动记录。在教师们就某些问题难以达成一致时做适当调解和评价。	主备教师的疑问激起了所有老师的兴趣，大家将注意力集中于此。但对这一问题发表自己看法的教师中较有经验的老教师居多，年轻教师则一副虚心听讲的姿势，并没有就此发表自己的看法。

续表

时序	活动环节	主体行为描述		
		主备教师	备课组组长	备课组成员
15:51 | 15:57	主备人陈述改进方案	对教师们提的建议做了辩证吸收,不明白的地方再次跟老师们确认,敲定最后将如何修正。	听主备教师陈述,对主备教师的疑问做出解答和指导主备教师怎样修改。做记录。	听主备教师陈述,个别教师与主备教师就疑问展开对话,补充和解释自己的观点。
15:58 | 16:10	备课组组长总结	听组长发言	总结本次备课活动;布置下一次备课主题和确定主备人	听组长发言

资料来源:表格内容来自于笔者对 X 小学数学学科二年级备课组的一次集体备课活动的观察记录。

通过对集体备课集中讨论环节的观察发现,集体备课中教研主体的互动较为程式化,有部分教师处于被动参与活动的状态。表现之一:教研主体间互动重形式,而轻实质。在所观察的备课活动中,教研主体的互动行为基本上按照约定俗成的流程一一进行。所有参与教师都有发言的机会,表面上看起来教研主体之间就这一备课主题进行了充分的讨论和交流,但实际上很大一部分教师是为了完成发言的任务而发言,是受"制度"和"条约"控制而被动发生的行为,对于活动目的的达成并无太大效果。例如,轮流发表建议时一个教师的发言:"我觉得 L 老师这堂课设计得非常完美了,我今天听了他的说课深受启发。我暂时没有改进的建议。"在集体备课活动中类似这样的发言非常常见,因为在《X 小学教师集体备课评价表》中提道:"教研活动不发言不得分",于是有的教师抓住了制度的短板,认为只要发言了就不会扣分。在活动后的访谈中,备课组的组长 Z 老师提道:"在这种集体教研活动中,教师之间的互动交流难以从形式走向实质的原因,最主要的还是(教师)缺乏主体意识。他们认为每一次都有主备人,那么,当自己不是主备人的时候就不用花精力去做这一次备课的工作,所以很多非主备老师没有在集体备课活动进行之前'备研',在讨论的时候自然就无话可说啦。"(I-A-ZGH,2016/10/14)

表现之二：互动结果强调统一，过于"迷信"权威。集体备课是发挥骨干教师作用、促进年轻教师发展的一个重要途径，但这也很容易导致集体备课过于强调以"权威"为标准的统一。在研究者所观察的集体备课活动中，就经常出现这种状况。当老师们对主备教师突破"让学生初步理解乘法的意义"这一教学难点的方法存在争议的时候，组长发表自己的观点进行调节，这时候教师们就停止了争论，默认了组长的观点，集体备课顿时演变成权威教师"说"，其余教师"记"的局面。"教学有法，但无定法"，这种因为权威身份而形成的"统一"并非真正意义上通过相互协商而达成的共识。正如哈贝马斯所说，"共识是建筑在对个性和多元性的承认之上的。"[①] 因此，集体备课应该是一个教研主体在共同协商的基础上"求同存异"的交往互动过程。

（二）听评课：校本教研主体间"听评互动"与"师传徒学"

课堂教学是作为校本教研主体的教师的核心任务。因此，立足于提升教师课堂教学水平的相互听评课是学校教学管理的重要工作。为了加强教师之间的交流与合作，强化学校教学工作的中心地位，深化校本教研，促进教师教学水平的提高，在学校内部形成浓厚的教学研究的风气，X 小学制订了专门的《X 小学听评课制度》。在制度的推动下，相互听评课逐渐成了 X 小学教师自觉的行为习惯。

一是行政领导听评课。领导走进教室听课是学校管理者贴近实践、了解学校教育教学实际情况、结合学校实际进行教研管理的重要举措。X 小学的听评课制度明确规定校级干部每学期听课不少于 40 节，中层干部每周 2 节。可自行采取随堂听课和重点听课相结合的方式自行选择班级进行听课。

笔者："您通常以什么样的方式和学校其他教师互动交流？"

Y 校长："听课吧，我每个星期至少要下教室听 2 次课。听课既能充分了解学校的整体教学情况，也能深入了解学校的每一位教师。学校对我们校级领导听课数量有规定，在这个规定的基础上我自己还有一个目标，就是每个学期要听学校每一个老师的课，这也是我近距离和每个

---

① 章国锋：《哈贝马斯访谈录》，《外国文学评论》2000 年第 1 期。

老师交流的机会。"

笔者："听课之后，您会给老师一些建议吗？"

Y校长："听了课肯定要点评，不然听课就没有意义了。我通常利用听课后的课间十分钟和任课老师进行交流，如果时间不够我会预约这位老师中午或者放学后再来找我。我在听课的过程中会做详细的记录和备注，把自己当时的想法都一一列出来，很多老师都知道我的这个习惯。有一次有位老师说：'校长如果忙的话，把你的笔记借我自己看就好了'。但我拒绝了，因为评课并不是我说完就行了，而是要让双方理解各自的想法，我们必须面对面交流沟通，有时候我的观点也不一定对，我也需要听任课老师的解释，我才能知道他为什么对这节课这个环节做这样的设计。"（I-A-YMC，2016/6/13）

对于行政领导听评课，X小学的教师也深有体会，认为这是与学校领导交流、接受领导指导的珍贵机会。L老师在访谈中说道："学校领导都比较重视课堂教学，他们不仅经常下来听课，还坚持自己上课。像我们Y校长不管多忙都坚持亲自上课和参加日常教研活动。几个领导几乎都听过我的随堂课，如果我们学校任何一个老师需要去校外参赛的话领导都会亲自参加研课的。听完课一般都是会进行点评，如果是随堂课的话点评可能就直奔主题，不会说一些表扬的套话，也不会严厉地批评，而是直接针对你这堂课存在的问题和你进行讨论。有时候也会提出他们自己的观点跟你商量，不会把他自己的想法强加给你。我认为听课是一个与学校领导交流、接受领导指导的好机会。"（I-T-LX，2016/6/13）

从对校长和教师们的访谈中，可以看出领导听课并不是为了完成制度的规定，而是作为领导走进事实本身、了解教师教学实践情况的一种行为自觉。教师则把领导来听自己的课当成了一种专业引领和提升自己教学水平的机会。行政听评课从一种制度规约逐渐变成了一种学校管理者和基层教师之间交流信息、相互作用的互动契机。

二是"师徒"间听评课。"师徒结对"是X小学培养青年教师和提升骨干教师的有效方案之一。结对的师徒之间相互观摩教学、进行听评课是经验丰富的老教师指导和带领青年教师成长，提升青年教师课堂教学水平的主要方式。学校规定师徒每周至少互听1节随堂课，每月指导

1节汇报课，每学期上1次展示课，每学期指导1次学校评优课。凡结对的师徒都要在师傅展示课、徒弟汇报课、随堂课、学校青年教师评优课等各种形式的课堂教学情境中互相听课、互相评课。

在调研过程中研究者发现X小学教师交往最为密切的就是结对的师徒之间。师徒之间的交流随时随地都在进行，主要交流话题大多围绕互相听评课而展开。研究者选取了X小学的三组"师徒"进行追踪观察和深度访谈，发现每一对师徒相互听评课的方式略有不同，各自有不同的着力点。但总的来说，"师徒"间以听评课为载体的互动存在单向倾斜的状态，主要表现为徒弟听得多、评得少，师傅听得少、评得多。

第一组：笔者在教导主任办公室观察的时候，就多次看到H老师所带的徒弟来找H老师对自己的课进行点评指导。谈到带徒弟，H老师很有心得："因为担任教导主任，所以行政上的事务较多，所以带徒弟就只能见缝插针式的指导，不过再忙我都会按要求去听每一个徒弟上课，上完课如果因为时间关系当时没有及时进行点评，就会利用午餐时间、大课间等时间稍微长一点的间隙找徒弟来谈谈我对她那一次课的点评，告诉她哪些做得好的要继续发扬，不足的地方要怎么改进……"（I-A-HYJ，2016/10/11）

T老师是H老师的徒弟之一，她参加工作才2年，但从她的工作状态来看俨然已经平稳地走过了适应期，并且已经逐渐地形成了自己的教学风格。她非常积极参加校内外各种教学技能比赛，并且获得了很多奖项。谈到自己的师傅，她脸上就洋溢着幸福的笑容："在大学期间实践的机会比较少，所以很多教学实践的东西都是工作以来在师傅的指导下学会的，师傅很忙，但是她听了我的课后无论如何都会找机会对我的课堂教学进行评价的，有时候她的评价哪怕只有一句话，都胜过我自己反思一整天。"（I-T-TS，2016/10/12）

第二组：R教师是一位青年教师，她认为师傅的指导对她的成长最有促进作用的就是从备课到上课及课后点评的详细指导："如果师傅要听我的某一节课，她会提前问我要教案，了解我对教学设计的理念及对重难点的把握，分析我的设计思路、方法选用的科学性和合理性。课后她会以解决问题为主，将我上课时存在的问题指出，但不会告诉我怎么解决，而是让我自己思考并说出应该如何改进。然后师傅再帮助我分析我的改进策略是否合理。"（I-T-RY，2016/10/13）

第三组：W教师是一位师傅，笔者和W老师的几个徒弟一同听了W老师的一节"师傅展示课（示范课）"，但是下课后徒弟们都因为下一节有自己的课便跟师傅打了个招呼后各自离开了。笔者趁W老师走回办公室的过程中与W老师进行了简短的交谈。W老师认为师徒结对既是促进青年教师的成长的途径，也是骨干教师持续发展的一个好方法，但是在结对师徒之间，师傅的提升幅度远比徒弟的成长速度要慢。说到原因，W老师做了详细的解释："因为我是师傅，所以大多数时候只是我将自己的经验和知识传授给徒弟，平时观察他们上课，指导他们改正不足。（像刚才徒弟听了您的示范课因为时间关系没当场点评，后续他们会补充吗？）一般情况下不会，除非我主动去问他们，可能就是因为师徒的身份固定了我们的思维，徒弟总是带着学习的心态来听课，几乎都不会主动进行点评。所以我只能在听徒弟的课的时候发现他们的一些新东西，这个是有助于我更新自己的一些传统教学思想的。"（I-T-WSJ，2016/10/14）

三是同事间听评课。为了增进教师之间在教学研究中的交流与合作，使教师们在日常教学工作中形成相互学习、相互促进的合作性同事关系，X小学在《听评课制度》中明确规定每个教师每周必须听1节其他教师的随堂课。

X老师2012年本科毕业就来X小学任语文教师，担任班主任工作。她觉得同事之间互相听评课对于自己来说是一种很好的学习途径，所以已经超越了学校要求而成了工作中的自觉习惯。她说道："虽然学校规定了每周至少要听一节其他老师的课，但是大多数时候每个星期我们都不止相互听一节。因为是比较年轻的老师，对自己所教学科还没有从头至尾上过一遍，很多授课内容对于我来说比较陌生。遇到自己没上过，又把握不准的内容，我一般都会先去听有经验的老师怎么上，回来再结合自己的想法和学生的情况设计这堂课，这是一个方面。另一方面就是我自己会邀请和自己经常交流的几个老师来听我的课。有时候自己看不到自己的课堂到底是怎样的，比如心理活动课，我们学校没有专门的心理老师,都是班主任兼任的。我对心理学很感兴趣,自己利用周末在外面的培训机构学习心理学,但是毕竟不是专业的,我就请我们学校一个 XN 大学心理学硕士毕业的老师来听我的课。她之前学的东西偏理论,在这边也是教数学,所以在小学心理活动教学实践方面也不是特别经验丰富,于是我们俩就经常共同摸索,一起做教学设计,互相听评课。互相听完课都会很详细地就教学设计、教学环节、课堂的突发状况等问题进行详细的讨论,然后一起商量怎么修改和完善这一堂课。因为共同的兴趣爱好,经常一起研究如何上心理活动课,慢慢地我们两个还成了好朋友。"(I-T-XML,2016/10/31)

刚入职半年的 Z 老师认为:"我们新教师之间相互听课,听新教师的课就是等于照镜子,从他们身上看到自己的缺点,自己在教学中就会尽量避免,也能学习他们比较有特色和可借鉴的地方。"(I-T-ZR,2016/10/31)

通过访谈可以看出,老师们普遍认为同事之间听评课相对于领导和师徒听评课来说,是听课者和授课者站在平等的立场共同研究教学的一种有效方式。这种听评课的形式更有利于听评双方以开放的心态就课堂教学中遇到的问题展开沟通和交流,是一种教师同伴互助、共同发展的有效途径。

(三)"闲聊式"教研:校本教研主体的"微研""趣事"

除了有组织、有计划的教研活动之外,教师之间临时发起的"微型教研"也是校本教研的一种重要形式。"微型教研""是'微观教学研究'或'微型教学研究'的简称,包含两个方面的内容:一方面是研究课堂教学中出现的有待深入解决的细节问题;另一方面是第一时间分享或传递自己或他人已经解决了的问题的方法措施或成功经验。"[1] X 小学在落实每周两次校本教研活动的基础上,也大力倡导教师们开展"闲聊式"微教研,将教学中的点滴及时与同伴分享,遇到的困难及时寻求同伴的帮助。研究者在 X 小学 5 个办公室蹲点观察的过程中发现,X 小学的教师们课前课后都热衷于和同事相互探讨有关教学的问题,办

---

[1] 李建钢、许光曙:《初中物理微教研的实践与思考》,《教学与管理》2014 年第 9 期。

公室的日常教研氛围浓厚。X 小学的"闲聊式"教研没有固定组织、没有事先的计划、不拘泥于某种形式、教研主体自主决定是否参与交流,在宽松的日常工作环境中教研主体畅所欲言、碰撞出思维的火花。X 小学的教师们在"闲聊式"教研互动中生发出了很多有趣的教研故事。

办公室互动场景观察记录:

时间:2016 年 11 月 3 日　星期四上午大课间

地点:数学学科一年级教师办公室

人物:Z 老师(年级组长)、G 老师(中年教师)、L 老师(年轻教师)、C 老师(年轻教师)

上午大课间(小课间 10 分钟,大课间 30 分钟),年轻的 C 老师面带愁容地坐在办公桌前整理刚批改完的试卷。Z 老师这个时候正好下课回来,见状便问道:"小 C,今天怎么了,愁眉苦脸的。"C 老师像见到救星一般,立马打起精神来:"Z 老师,你回来了,太好了。我正发愁下一节课怎么讲解这一道题(如图 5-2 所示),你看好多学生都做不出来,上一次课其实我已经讲过该怎么做类似的题目了,还是那么多学生不会,怎么上课都不认真听呢?"Z 老师:"给我看看……哦,这一道啊。你上次课怎么教的?"

C 老师:"我就是用画一画'补墙'的方法啊,上次的那道课堂练习(如图 5-1 所示)大家掌握得还不错啊,这次这道题同样是找出缺了几块砖,就是稍微换了缺口的位置,他们就找不出了。"

刚下课回来的 L 老师听完马上热心地说起了自己的方法:"我有一个办法,就是教学生先数上面那一层一共有多少块,然后空缺的那几层就数有的块数,每一层总块数减去有的块数,就得出缺的块数。每一层缺的块数相加,就是总共缺的块数了。"

这时一直默默坐在一旁的 G 老师说话了:"问题是学生怎么能够想到每一层的块数是一样的。一年级学生,一般没有空间思维,他们只会直观的去数。"

Z 老师也发言了:"还有一个问题,你看从上至下的第三层,从原有的砖来看每一头有一个半块,以前我的课堂上很多学生不会把这两个

缺了（　）块

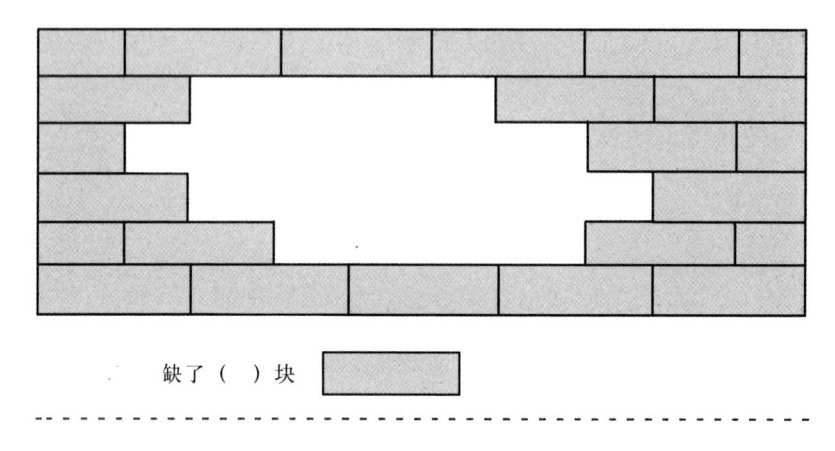

图 5-1　C 教师出示的教学参考书截图

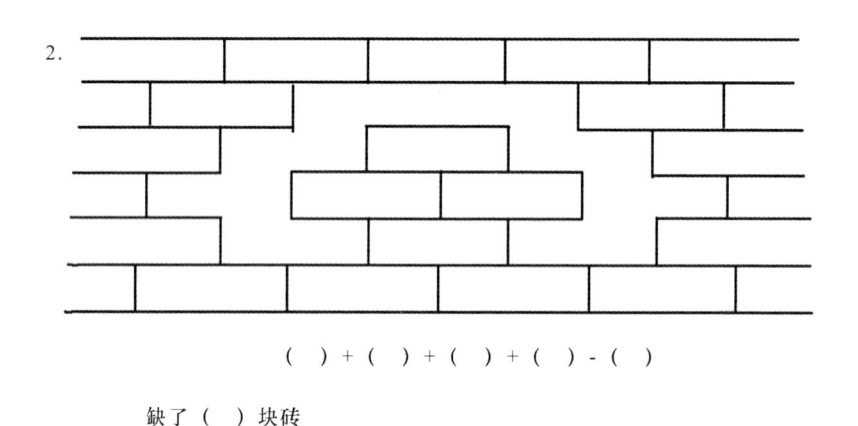

2.

（　）+（　）+（　）+（　）-（　）

缺了（　）块砖

图 5-2　C 教师出示的试卷截图

半块当成一块来算。"

G 老师连忙说道："所以我们要引导学生在画一画'补墙'的时候以半块砖头为单位画出来，因为学生还不了解墙面的堆砌结构，很容易被整块和半块的砖头弄糊涂了。所以我们把砖头统一划分成半块，学生就比较容易理解。"（G 老师见大家面面相觑，还没理解自己的意思，便拿起一支红色粉笔走到办公室角落的白色铁皮柜子上画了起来,其他教师为他的机智鼓起了掌声。)

研究者正以为这已经算是探究出了一个比较适合一年级学生的教学方法了的时候。Z 老师说话了:"这些方法都是我们站在成年人的角度想出来的,然后我们以我们思维水平的方法去教授一年级的孩子,自然他们很难转换并理解成自己的知识。并且,如果题目稍微一变,变成补全缺失的砖头,而不是数出缺了多少砖,那 G 老师班的学生可能会有一部分转换不过来。我们应该思考一下为什么 C 老师班的孩子在换了题目的图形的时候就做不出来了?"

大家一下子都沉默了……

L 老师小声说:"那我们是不是应该先让学生观察墙面上砖头的排列规律,再让学生补全缺失的砖头,然后再数出补全的砖头的块数。"

G 老师恍然大悟:"我们也可以让学生自己动手,回家拿'麻将'来试试怎么砌墙啊,他们就能很直观地理解墙的结构了。"

这时候大课间结束的预备铃响起……

Z 老师:"那我们先讨论到这吧,我们大家可以在自己的班级里先实践一下,明天周五刚好是教研活动时间,到时候我们可以进行实践后的反思和总结。"[①]

激烈的讨论结束后其他老师都去上课了,刚上完一节课的数学一年级组的组长 L 老师在办公室。笔者趁机对 L 老师就教师们在办公室的日常"闲聊式"教研的互动情况进行访谈。

L 老师谈道:"我们学校倡导教师们随时随地进行'闲聊式'教研。就我们数学一年级组来说,我们就经常随时随地展开讨论。就像你刚才看到的一样,只要在场的老师都会积极参加。因为这样的场景更加轻松,没有集体教研那么严肃,更容易使大家无所顾忌地说出自己心中的想法,不用担心说错话让领导和同事会有看法,反而更加容易激发大家的创造性,很多疑难问题的解决,和很多好的创意反而是在办公室的非

[①] 资料来源于研究者对 X 小学数学学科一年级教师办公室教师之间日常交流行为的观察记录。

正式讨论中产生的。集体教研每个星期只有两次，但两次是远远不够的。每一次集中教研只能解决1个到2个问题，但是我们的教学工作每天都在进行，随时都有可能出现始料不及的状况，如果我们将问题留到教研时间再解决，不仅会拖延教学进度，也会使很多滞留问题最终因为时间关系而得不到解决。所以我们经常在办公室随时针对突发的问题展开研讨交流，我们叫这种教研方式叫'微教研'，研究的都是比较细微的问题。有趣的是我那天看到我们办公室一个年轻教师发了一条朋友圈：'办公室柜子秒变小黑板'。因为数学很多问题需要演算，办公室比较拥挤所以没有准备黑板，所以老师们就地取材直接拿那个白色的柜子拿来做黑板了，老师们都很机智啊。"（I-A-LXY，2016/10/18）

从上述观察和访谈中不难看出，"闲聊式"教研主要是作为教研主体的教师根据教学实际问题自发开展的即时性研讨，因为参与主体之间的平等地位和亲近关系，互动的氛围更加轻松、更加开放。同时，由于互动主题是大家共同感兴趣的话题，故教研主体在研讨中的参与度更高，教研主体之间的互动性更强。此外，研讨目的除了通过相互交流互动解决问题之外没有其他功利性的外在目的，所以教研主体之间的互动具有很强的实效性。

二 研磨：教学竞赛驱动下的教研主体互动行为

以"教"为载体的校本教研除了围绕学校日常教学工作展开之外，还有一种重要教研形式，即在各级教学竞赛驱动下对课堂教学进行"研磨"的教研活动。从教师访谈中得知，中小学教师参加教学竞赛的机会很多，小到学科组、校内，大到区、市、国家层面，各种级别、各种类型的教学竞赛为处于专业发展不同层次的教师提供了良好的发展平台。学校非常重视赛课对教师成长和学校发展的促进作用。H老师表示："不管竞赛是什么级别，学校都会组织相关教师团队来磨课，对参赛教师进行'魔鬼式'训练。一方面是让参赛的老师和参与磨课的老师在准备赛课过程中提高教学能力，另一方面也是希望通过集体的努力为参赛教师个人和学校集体获得荣誉。"（I-A-HYJ，2016/11/1）

笔者在X小学调研期间恰逢X小学在准备一个S区举办的赛课活动，

学校正组织各学科教研组以教研活动的形式为此次赛课活动做准备。故本书将以此次备赛中 X 小学数学学科的教研活动案例为"切片",对在教学竞赛驱动下的校本教研主体互动行为进行描述和分析。具体通过对这次竞赛从筹备到展示的主要环节进行实录,对参赛教师、参与磨课的教师、指导专家等相关人员进行访谈,从中了解校本教研主体在以竞赛为载体的教研活动中的互动行为,以及其对教研效果的影响。

(一)全面部署:以教研管理者为核心的教研主体互动

X 小学所在学区为了有效推动中小学课堂教学改革,紧跟国家基础教育改革发展步伐,2012 年 9 月在全区正式启动"卓越课堂"行动计划,从 2013—2014 年度开始举办区"学本式卓越课堂"学科赛课活动。"学本式卓越课堂"赛课活动坚持"以学生学习为本、以学生发展为本"的核心理念,落实学科评价标准、学习共同体建设、导学精要开发等指导意见。"学本式卓越课堂"赛课以 S 区中小学所有在职在编教师为主体,整合区域、校际、学校三方力量,自上而下形成全区、校际共同体、学校三级管理体系。赛课活动为全区一线教师、研修员、课改专家搭建了一个面对面交流、沟通的平台,推动教师之间相互交流展示、加强区域专家力量对教师的专业引领。自下而上展开竞赛,从校内初赛,到共同体组内复赛,再到全区决赛,层层突破,为一线教师创造一个逐层扩展的交往互动平台,使每一位教师跟着赛课的步伐扩宽教研视野。

X 小学紧跟赛课部署,围绕赛课紧密展开相关教研活动。在全区召开年度第一次卓越课堂赛课动员工作会议之后,X 小学所在片区的第六共同体根据区级会议精神,结合共同体内各学校实际情况召开了组内培训和筹备会。Y 校长、分管教学和教研工作的 H 副校长、教导主任 H 老师在参加全区和共同体组内会议之后,及时组织学校各学科教师开展赛课工作部署研讨会,将"学本式卓越课堂"的赛课精神和理念传达给每一位教师。部署会上 Y 校长对全体教师提出了几点要求:"一是以赛促教。所有教师要积极参与,认真做好前期准备工作,严格按照'学本式卓越课堂'的理念开展教学工作,力求通过赛课切实促进全体教师的专业发展。二是以赛促学。无论是围绕赛课展开的教学,还是日常教学均应以学为本,从学生发展核心素养出发进行课堂教学。通过赛课的研习每一位教师都要将学本立场真正融入自己的教学中,促进学生能力得到全面发展。三是以赛促研。全体教师应团结一致,协力共进,整合资源,全力以赴。全面整合校内骨干教师优势资源,形成学科教研组、学校两级研课辅导团队,打造优势研课力量,组建高效研课团队,扎实开展校内研课、磨课活动,为提升参赛教师课堂教学质量提供专业保障。"①

为了更好地给参赛教师提供研课平台和保障机构,X小学成立了由H副校长牵头的校级研课辅导团队,负责全面指导学校各参赛学科的研课活动。不难看出,赛课部署动员阶段是以各级教研管理者为主力向全体教师普及竞赛理念和要求等信息的重要环节,并且以赛课为载体的教研主体间互动的价值取向主要以师生的发展、新课程的推进为中心。

(二)校级初赛:以全体教师为中心的校内教研主体互动

校内选拔是此次赛课的最初程序,比赛分学科进行,故校内选拔即为学科内选拔。为了公平起见,X小学以教师自愿报名的形式在学科教研组内进行初步赛课,结合赛课成绩选拔参加校际共同体赛课的教师。本书主要聚焦于数学学科教研组,以在此次赛课中成功突围学校、校际共同体初赛,并最终代表学校和第六共同体参加全区赛课并获得优异成绩的Z老师为案例,呈现X小学数学教研组内以赛课为载体的教研活动中校本教研主体的互动行为。

1. 年级组"民主"推选及组内研课

第一次"学本式"研课活动——说课。数学学科各年级组内自由报名,各报名的教师自行选择授课内容,根据"学本式卓越课堂"评价标准进行教学设计。各年级组组织报名教师开展"集体说课暨推选参赛教师"的教研活动,由年级组内全体教师进行民主投票推出参加学校全体年级数学组竞赛的人选。Z老师所在数学六年级组利用星期五下午的教研活动时间展开了说课选拔活动,全体六年级数学教师参加,并参照"S区中小学学本式卓越课堂评价参考标准"来权衡和投票。根

---

① 资料来源于2016年10月20日X小学关于开展赛课工作部署研讨会的会议观察记录。

据说课情况和教师综合素质,六年级组内教师一致决定推选 Z 老师参加校内数学赛课,Z 老师除了是一名数学老师之外还有一个特殊的身份——X 小学数学教研组的教研主任。

对于组内推选结果,研究者访谈了六年级组的一位普通教师,这位教师认为参赛以获奖为目标,因此,水平和能力是大家推选参赛选手的重要标准。R 老师说道:"推选 Z 老师代表六年级教师参赛并不是因为她是我们主任就恭维她,我们大家都知道这次赛课不仅代表的是数学六年级教研组,更是代表学校、代表共同体的数学老师去参加全区比赛,我们肯定要根据教师的上课水平,推选最好的,最有可能突围出去获得最大荣誉的老师去参加啊。(那您不觉得应该给机会让年轻教师去参赛锻炼吗?)……年轻教师也可以在参与磨课的过程中学习和提高啊,也相当于给他们示范怎么上课和参加比赛。……因为是竞赛,竞赛就会有输赢之分,所以肯定以获奖为目标来推选参赛人选的。"(I-T-RL,2016/10/25)

被同事们推选出来继续参赛的 Z 老师则站在一名教研管理者的立场,坚持认为比赛的目的不是一较高下,而是推动所有教师在交流互动中共同学习的一种有力手段。Z 老师谈道:"这一次说课教研活动不仅是小组内的一次初步选拔,也是全体教师对'学本式卓越课堂'教学理念的一次集体学习。如果把资料打印发给大家,估计大家很难认真去看。竞赛并不是说我们区的老师组织起来进行教学比武,看谁厉害,竞赛的最根本目的其实是通过比赛的动力来推动所有教师在相互切磋中共同提高新课程的实施能力。所以不管是参赛的还是不参赛的,都要去学习和实践'学本式卓越课堂'行动理念。"(I-A-ZGH,2016/10/25)

第二次"学本式"研课活动——集体备课。数学六年级组确定 Z 老师作为代表参加校内突围赛之后,紧急展开了一次临时研讨,全体六年级数学老师就 Z 老师自己选取的三个备选上课内容进行研讨。首先 Z 老师自己就所选的三个教学内容《分数的乘法》《圆》《分数的除法》作了简要分析,并分别阐明自己将如何进行"学本式"教学设计。在座的教师听完 Z 老师的陈述之后发表自己的看法,大多数教师认为《圆》这一知识点更利于师生、生生之间互动开展课堂活动,最好做学生自学、互助、展评等教学活动设计。Z老师在听取其他教师意见之后最终确定在学校突围赛的时候以《圆》这一知识点中的《圆的认识》作为授课内容。Z老师再一次就《圆的认识》这一教学设计的初步想法进行了简单陈述，其他教师纷纷提出自己的创意供Z老师选择。集体备课结束之后Z老师结合其他教师的意见自行设计教案，并打印出纸质版分发给组内所有教师请同事们帮提建议。Z教师还特意带着自己的教案去请教了同样是数学老师的Y校长，并邀请Y校长做自己的指导老师。

第三次"学本式"研课活动——试教。结合其他教师意见对教案进行修改之后，Z老师在自己所教授的班级进行了第一次试教，旁听Z老师试教的有Y校长、六年级部分数学教师。试教后笔者访谈了Y校长。

笔者："您觉得围绕赛课开展的研课活动能够对教师专业成长和学校发展起到促进作用吗？如果有促进作用的话，主要取决于哪些条件？"

Y校长："促进作用是一定有的，至于促进作用的大小，以及能不能发挥这种促进作用的持续性还要看参与者怎么对待。对于有机会参加赛课的老师来说，成长与否取决于自身在这个过程中的努力付出和对他人建议的领悟能力；对于没有参赛的教师来说，要想从竞赛中获得发展的话主要还是取决于大家对待赛课的态度、准备赛课（研课）过程中的参与情况；对学校来说的话，还是取决于师生的成长，老师通过'学本式卓越课堂'竞赛的过程，使教学以学为本，师生在竞赛中均获得成长就是学校发展的根本。另外，老师代表学校赛课获得荣誉也是对学校办学水平的一个很好的证明。"

笔者："那您认为怎样的研课过程才能提高研课的效率，并且使所有教师从中获得发展呢？"

Y校长："我认为有效的研课过程应该是不管是参赛教师还是不参赛的教师都积极主动参与的，并且以参赛教师为核心展开研讨、交流，共同打磨好一堂课的过程。"（TI-A-YMC，2016/10/28）

显然，赛前的这种互动式研课过程，不仅对参赛教师备赛有帮助，还对所有参与研课的教师也有很大的启发作用。通过备赛教师们集中在一起研讨、交流，不仅可以从参赛教师的示范教学中获得实践经验，还可以从其他教师的建议中得到启发。在这个过程中，准备比赛显然只是一个交流的媒介和载体了，教师之间结合"学本"理念的教学研究才是大家聚焦的重点。

试教后笔者对 Z 教师进行了访谈：

笔者："您认为在您备赛的过程中，您自己的准备和集体研课活动对于您来说分别起到怎样的作用？"

Z 教师："我觉得都是不可或缺的吧。我认为要想把一堂课上好、上出彩，一方面，必须有自己深入的理解，体现出自己的教学特色和风格来。必须自己吃透教材，做好备课工作。虽然现在备课可借鉴的资料非常多，指导磨课、研课的老师都非常专业，但是如果自己没有深入领会要领的话，即使拿一个现成的优秀教案来给我上，那也只能说是生搬硬套，照着'剧本''演戏'。没有自己的理解和思考，肯定很难应对课堂上生成的情况。另一方面，就是必须有一个团队帮你的教学'把脉'，我这一次试教参加老师给我提了不少意见。我自己有了一个总体的框架，每一个环节，大家对我的大框架还是认可的，但是他们提出很多还需要完善的细节问题，也帮我预设了很多学生有可能会提出的问题和教学实施环节上会出现的状况。他们的点评和建议对我帮助很大。"（TI-A-ZGH，2016/10/28）

2. 学校初赛及数学学科两级研课团队研课

在各年级组推选出参赛教师并做好赛前研课工作之后，X 小学举办了"'学本式'心动课堂"暨党团员赛课活动。在观摩赛课前，教导主任 H 老师小声就此次赛课活动的主题解释道："老师们任务特别重，学校把区里举行的'学本式卓越课堂'赛课前期准备工作和校内党团员赛课活动结合起来开展，一方面为了减轻教师们的工作负担，另一方面也是为了将此次备赛工作做得更加充分。"通过之前的研课，每个年级推选出一名教师来参加校内赛课，故初赛一共 6 节课，上午 4 节、下午 2 节，时间非常紧凑。此次赛课由 Y 校长、H 副校长、P 副校长、教导主任 H 老师、骨干教师 T 老师担任评委，评委们严格按照"S 区中小学学本式卓越课堂评价参考标准（2016 年修订）"进行当场打分。但在赛课老师上完课后，评委、其他听课教师并未对赛课教师的教学进行点评和指导。笔者带着观摩赛课时萌生的疑问利用午休时间和下班前半小时对作为评委的教导主任 H 老师、作为参赛教师的 Z 老师和 C 老师、作为旁听教师的 F 老师分别进行了非结构化访谈。

校内突围赛后对作为评委的 H 老师访谈：

笔者："相对于后续的比赛来说，这一次是校内预备赛，对于参赛老师来说也是一次难得的在校内这么多骨干教师面前展示，以及和骨干教师们交流的机会，但刚才比赛结束评委们只做了评分，并未进行点评和指导，您是怎么看待的呢？"

H 老师："的确，这样的全校范围内的比赛机会是很难得的，可能一个学期就这么一两次，但时间紧，你也看到我们的日程安排，今天要听 6 节课，课间十分钟下一位教师要做准备、学生要入场，所以根本没有时间交流。但是你看我听课的时候在教案上都做了标注，哪一个环节、哪一句话、哪一个动作我觉得有改进空间的，我都在旁边标注了，我会把这份教案反馈给他们看。"（I-A-HYJ，2016/10/31）

校内突围赛后对成功突围的参赛教师 Z 老师访谈：

笔者："Z 老师您好，这相当于您第二次上这一堂课了，您上完和第一次试教有什么不同感受呢？"

Z 老师："上一次试教后我把大家给我提出的建议进行了认真分析，选择性地进行了修改。大框架还是按照原来的，就是对课堂活动设计和一些细节方面做了调整。今天上课还是出了一些自己没有预料到的状况，可能是换班上课的原因，刚开始引导学生自学、互助活动的时候学生有点'懵'，不是很配合。我忽视了我和他们之间是第一次进行教学，还没有默契，怪我自己发出的指令不明确。这一点其实上次有个老师提到了，要注意和学生之间的沟通，说话不要太快，只是当时说得比较笼统，我之后也没细想。总之，这一次比上次感觉好很多，因为毕竟经过第一次研课，同伴们和我一起研究这堂课，对我的帮助挺大的。"

笔者："这一次校内赛课你觉得最大的收获是什么？"

Z 老师："最大的收获就是听了另外五位参赛老师的课。从他们的教学中学到了很多，比如 C 老师的导入方式很有创意，对我有很大的启发。还有就是她们课堂上存在的问题对于我就是一面镜子，我会设身处地地思考下一次我遇到这样的情况该怎么办。"

笔者："那您希望评委和其他老师在您讲课之后对您的教学进行点评吗？"

Z老师："当然，但遗憾的是没有及时、当面进行点评，如果有点评环节的话我肯定可以获得更大的进步。不过我们年级组的老师在午休时间又给我指出了很多可以继续改进的地方，我觉得办公室小讨论对我帮助更大。"（I-T-ZGH，2016/10/31）

校内突围赛后对参赛教师C老师访谈：

笔者："这一次校内赛课您觉得最大的收获是什么？"

C老师："最大的收获就是能够和其他几位老师一起相互切磋吧，通过观摩另外五位教师的教学，从中学到很多。还有就是自己站在这么多领导（评委）和教师面前上课还是第一次，对自己也是一种挑战和突破。"（I-T-CYY，2016/10/31）

校内突围赛后对作为旁听教师的F老师访谈：

笔者："您参与旁听这一次赛课对于您来说有哪些收获呢？"

F老师："学习这些优秀老师怎么上课吧。我上次在组内也报名了，说课环节没被推选出来，我后来反思总结原因就是我的教学没有很好地突出'学本'，那我这次听课就着重看这6位老师是怎样设计课堂活动，怎样引导学生自学、互助、展示，怎样以学生为本展开教学的。"（I-T-FH，2016/10/31）

可见，校内赛课更偏重于同伴之间的互学互助，专业引领则相对缺乏，并且互相点评和互相观摩是赛课过程中教师实现同伴互助的两种有效途径。

（三）正式比赛：以参赛教师为中心的校内外教研主体互动

小学第六共同体7所成员学校分别结束数学学科校内突围赛之后，共同体迅速进入了后续两个阶段的备赛（共同体复赛和区级决赛）工作中。成立了共同体内校际、校内两级研课辅导团队，第六共同体内7所学校分别开始着手校际赛课研讨和辅导工作，校内研课、磨课工作。X小学的校内突围赛之后Z老师成为唯一一个代表X小学数学学科参加共同体数学学科赛课的教师，校内研课活动也将焦点汇聚于Z老师的备赛磨课工作中，校内、校际所有教研主体以参赛教师为中心展开互动。为了全力推动Z老师的备赛工作，以及提高全体数学教师对学本卓越课堂的实施能力，X小学组建了数学学科辅导团队和研课团队。辅导团队由Y校长、H副校长、H教导主任、校内各学科骨干教师及上一届获奖教师组成，研课团队成员为校内所有数学教师。在备赛的过程中校际、校内的所有焦点聚集于参赛教师的身上，并展开了一系列教研活动。

共同体复赛后对Z老师进行电话访谈：

笔者："在共同体复赛之前，共同体和学校研课团队为您的备赛提供了哪些专业引领，为您提供了哪些同伴协作的平台来展开集体研课工作的？"

Z老师："在共同体复赛前主要还是以自己学校校内为主，从确定我去参加共同体复赛到复赛之间大约两个星期的时间，时间是非常紧张的，因为我们不仅仅只有备赛，我们还有常规的教学工作要照常展开。所以学校层面一起进行的研课就一次，主要是比赛经验交流和怎样在课堂上突出'学本'，另外就是小范围的研课，讨论教案、试教，然后帮我打磨。"

笔者："那学校层面开展的教研活动有哪些人参加，主要以什么形式进行呢？"

Z老师："这次主要有我们学校在上一届竞赛中获奖的三位老师、参加共同体复赛的各个学科的老师，还有几位学校领导。教导主任H老师负责主持和安排整个活动，她相当于是我们参赛老师和上一届获奖老师的沟通媒介吧，交流过程主要按照H老师的安排进行：第一环节主要是参赛经验的交流，先由以前获奖的老师介绍经验，然后我们今年要参加比赛的老师有什么疑问就咨询，他们根据我们的提问解答。第二个环节主要结合'学本式卓越课堂'的实践理念和评价标准来讨论如何在课堂教学中突出'以学生发展为根本，以学生学习为中心'。这一次讨论比较宏观，所以对于我们参赛老师来说就是对参赛的注意事项和'学本式'课堂的大方向的把握吧。"

笔者："那您觉得参赛之前的教研活动中，对您来说最有用的是哪些?"

Z老师:"我觉得首先还是自己的准备。不仅要自己吃透教材,还要深入了解这个阶段的学生的年龄特点和理解能力。所以我自己把教材、新课程标准和'学本式卓越课堂'的评价标准从头到尾反复研读了很多次,将自己不懂的地方标注出来,私下再去找辅导团队的老师研究讨论。其次是一起磨课。因为我试教之前反复拿教案去跟辅导团队、同事们沟通过,所以磨课的时候大框架大家都是认同的,磨课中主要就一些细节做调整。在自己努力的基础上加上大家的相互讨论起到一种画龙点睛的作用,经过团队的打磨,我的那堂课的教学更加科学合理了。"

笔者:"在共同体复赛中您很顺利地晋级,在比赛的过程中除了向共同体内所有成员展示了自己的教学之外,评委、其他教师与您有互动吗?"

Z老师:"比赛的话我觉得就是一个展示自己和欣赏他人教学的机会,主要还是观摩了其他教师的优秀教学。由于时间关系评委和其他教师并未点评,这一点我觉得非常遗憾,担任评委的都是专家级骨干教师,他们肯定对我们的课有很多建议。好在我利用合影的时间找一个评委请教了几个问题,他给我提出了几个很好的建议,后面准备决赛我还真的按照他的建议做了修改。"(IT-T-ZGH,2016/11/25)

全区决赛后参赛教师Z老师访谈:

笔者:"决赛前的研课是怎样开展的,和共同体复赛之前的研课有什么不一样吗?"

Z老师:"决赛的授课内容是随机抽取的,所以就没有再进行集体磨课,主要就是自己去研究和吃透六年级上册的数学教材、新课程标准、'学本式'课堂评价标准等材料。然后有疑问就跟校内辅导团队的老师讨论,我主要跟Y校长讨论的比较多,因为辅导团队里面就他是数学学科的。与共同体复赛之前研课的唯一区别就是共同体之间现在是一个团队作战了,之前共同体内部比赛互相之间有竞争嘛,所以还是学校自己研课为主的。共同体层面的辅导团队召集我们2个参加全区决赛的老师进行了一次赛课培训辅导。因为今年结合基础教育改革的热点'核心素养'对《S区"学本式卓越课堂"新授课评价指导标准》进行了修订。所以这次主要辅导的内容是关于'发展学生核心素养的学本式教学方式与策略',是我们第六共同体组长学校 L 小学的校长给我们讲什么是核心素养?怎样在学生自学、互助、展评中培养学生的核心素养。然后共同体辅导团队就数学学科教学中怎样做到'以学生学习为本,以学生发展为本'进行自由发言。共同体辅导团队的理论素养比较高,所以这一次培训让我更加深刻地理解了'学本式卓越课堂'的理念,并且进一步明确应该怎样把这些理论和教学实践结合起来。"(IT-T-ZGH,2016/12/20)

全区决赛后数学组未参赛教师 S 老师访谈:

笔者:"您没有参加这一届'学本式卓越课堂'的竞赛,您觉得这一次竞赛对您理解和在日常教学中践行'学本'课堂有帮助吗?"

S 老师:"有的,但是肯定没有参赛老师的收获那么大。因为我们毕竟没有亲身去实践,研课主要是针对 Z 老师的课堂。我主要是在参与 Z 老师的磨课、观摩竞赛的视频、观摩后的议课中了解和学习'学本式卓越课堂'的标准的,看了之后也会在自己的课堂上实践,但是感觉有时候班里学生多,有时候顾不过来,并不是每个学生都能做得很好。"(IT-T-SJ,2016/12/20)

全区决赛后 Y 校长访谈:

笔者:"您觉得这次比赛,数学学科围绕备赛和比赛开展的教研活动中,教师之间、教师和辅导团队之间交流互动的效果怎么样?"

Y 校长:"总体来说还是很好的,这次比赛从年级组初选到决赛一路走过来差不多经历了两个月的时间,这两个月以来不管是参赛的教师还是其他教师都一直心系竞赛。参赛老师很积极、很努力,Z 老师经常加班到很晚,她善于思考也善于沟通,经常主动来找我讨论。其他老师也非常配合,尽心尽力帮 Z 老师磨课的过程中他们也增强了对'学本式卓越课堂'的认识。没有参加赛课并不是他们不够优秀,而是名额有限,2015 年参加过的老师今年就不能参加了,今年没参加的以后每年都有机会,所以他们知道今年在帮助 Z 老师磨课的过程中也是自己为以后参加比赛在做准备,所以都非常主动的。"(IT-A-YMC,2016/12/20)

从 Z 老师参加比赛的整个过程来看，以教学竞赛为载体的教学研究是一种发展取向和功利取向并存的"实践—反思、研究—改进—再实践—再反思和研究……"对教学实践进行不断"研磨"的过程。而"研磨"既是为了推进日常课堂中教学方式深度变革而带来的师生发展，也是为了竞赛给教师个人和学校集体带来的荣誉。但是从围绕 Z 老师备赛而展开的历时 2 个月的教研活动中，各教研主体的互动情况来看，有几点值得我们思考的问题：

第一，以教学比赛为载体的教研活动中，同学科教师之间互动最为密切，不同学科教师之间交流较为缺乏。备赛前的研课主要围绕备课、说课、上课、听评课等几个教学活动的基本环节展开，在这几个环节中，主要以同学科教师同伴之间的互助与合作为主。在 Z 老师的备赛中除了经验交流研讨这一环节会有其他学科的获奖教师的经验介绍之外，以教学为核心的教研活动几乎没有不同学科的教师参加，不同学科之间针对教学展开的互动交流较为缺乏。

第二，以"学本式卓越课堂"理念为核心的研课活动中，较为注重教师同伴间就学科教学知识展开研究，缺乏专家就核心理念对教师的专业引领。教师赛前没有接受相关理论的专业的指导，缺乏对"学本"理念的通透理解和把握，很多教师容易误以为"学本式"课堂就是让学生动起来、课堂活跃起来，按照评价标准出现学生自学、互学、展评的形式即可，并未真正去研究学生要怎样学才能达到"以学生发展为根本，以学生学习为中心"的目标实质。而从 Z 老师的访谈中可以看出，她非常渴望专业的引领，希望在赛后能够得到较为专业的评委的点评，期望从评委的反馈中了解自己的课堂和自己"学本式"教学实践的不足之处。但是比赛之后除了分数和成绩，并没有任何对参赛教师进一步发展有利的反馈信息。

第三，校际共同体内，注重校际领导之间互动交流，而作为教研核心主体的教师之间互动缺失。在从校内、到共同体内、再到全区竞赛准备的过程中，校际共同体内不同层次的领导间就竞赛组织和筹备工作多次进行交流互动。但作为研课主体的共同体内教师之间缺乏对"学本式卓越课堂"教学经验的互动和交流。使得共同体内校际互动的内容偏重竞赛形式，忽略"学本式卓越课堂"精神实质。

第二节 校本教研主体以"研"为载体的互动过程

教和研是校本教研的一体两面，二者紧密相连，不可分割。教学本身具有研究的特性，中小学教师研究也主要是围绕教学的研究。因此，教学和研究是组成中小学校本教研的重要载体。前文探讨了以"教"为载体的校本教研主体互动，这里继而讨论以"研"为载体的主体互动过程。这里的"研"主要指教师在校本教研活动中较为系统地对某个教育教学问题进行持续关注和研究，形成研究专题或课题的研究过程。随着"教师即研究者"观念在中国教育领域的推行，中小学教师通过对自己的教育教学问题深入、持续研究以促进自身专业发展和提高教学质量已成为教育界的共识。校本教研相对于传统教师研究来说，其研究过程更加强调作为教研主体的教师之间相互协作与动态研究，研究目的也更加突出解决教师之间共性的问题。因此，作为教研主体的教师能否在相互协作中将问题进行系统、持续的研究，形成科学合理的解决方案，实现共同发展是以学校为本的教学研究有效开展的重要因素。X小学将区教委的统一部署和学校实际相结合，倡导教师在教育教学实践中发现问题、分析问题、解决问题，并将一些具有深入研究价值的问题进行整理分类，让具有共同研究旨趣的教师自行组成团队，相互协作开展研究，在研究中相互促进、共同成长。需要强调的是，这里虽然将偏向于"研"的校本教研活动进行单独分析，但"教""研"和"训"却不是截然分开的，而是以"教"为核心、以"训"为动力、以"研"为统和才得以发展的。

一 触手可及：课题研究中的主体互动

课题研究是课题负责人与课题组成员共同就某个具有持续探究意义的问题进行研究、为了解决实际问题而进行相互交流合作的过程。过去，对于中小学一线教师而言，开展课题研究不仅遥不可及，而且其

"高大上"的研究成果对教学实践的指导作用并不明显，理论研究和教学实践之间存在难以弥合的鸿沟。"教师成为研究者"观念不断倡导中小学教师学习先进教育理念、进行反思性实践，与他人互动合作开展教学研究，以改进自己的教育教学实践。很多中小学校也将观念不断落实到实践当中，但是，由于教师对研究的认识偏见、教师自身科研能力薄弱以及教师教学工作忙碌等因素的限制，中小学教师开展课题研究仍存在与教学实践脱节、为了完成课题任务而做研究的现象。面对困境，X小学所在学区从2011年开始，独辟蹊径，降低科研课题"门槛"，独创"教师成长"课题。鼓励一线教师从自身教育教学过程中遇见的"小问题"入手，进行持续性关注，系统化研究，形成既贴近实践又能促进实践的研究成果，让每一个一线教师既有开展课题研究的能力，又能尝到课题研究的"甜头"，在课题研究中实现专业发展和教育质量的双丰收。从X小学近几年课题研究情况来看（如表5-3所示），随着"教师成长"课题计划在学校的推行，课题研究从学校少数领导和骨干教师的"专利"逐渐转变为几乎每个教师都有机会自己主持或主研科研课题。一线教师在校本教研中的主体地位逐渐凸显，教研主体之间在课题开展过程中互动合作的效果更为明显。在此，将通过访谈和观察的方法对X小学课题研究的过程作深入了解，进而明确研究过程中教研主体是如何基于课题研究进行互动，又是如何通过主体互动推动课题研究的。

表5-3　　　　　　X小学近年课题研究情况统计

级别	名称	负责人	下达单位	立项时间	进展情况
市	X小学"心动课堂"教学策略研究	Y校长	市教育学会	2012年	已结题
市子	X小学构建"学本式心动课堂"的实践研究	Y校长	区教育科学研究所	2012年	已结题
市子	数学文化视野下小学数学活动开发与实施研究	Y校长	市教育科学"十二五"规划重大课题小学数学文化研究总课题组	2016年	在研

续表

级别	名称	负责人	下达单位	立项时间	进展情况
区重点	城镇化进程中小学心动课程建设的行动研究	Y校长	区教育科学研究所	2014年	在研
区子	X小学教师成长课题管理机制实践的研究	H副校长	区教育科学研究所	2015年	在研
区成长	小学语文高段课前有效预习的策略研究	LX教师	区教育科学研究所	2013年	已结题
区成长	小学中段语文课堂"小组互学"有效性研究	LJ教师	区教育科学研究所	2013年	已结题
区成长	小学语文职初教师习作批改与评讲指导的研究	DW教师	区教育科学研究所	2013年	已结题
区成长	小学高段数学导学单的设计与使用策略研究	HDJ教师	区教育科学研究所	2013年	已结题
区成长	提高小学生运动参与积极性的实践研究	GWZ教师	区教育科学研究所	2013年	已结题
区成长	在活动中培养小学生责任心实施研究	WSJ教师	区教育科学研究所	2014年	已结题
区成长	在角色体验中培养学生责任感的实践研究	LJY教师	区教育科学研究所	2014年	已结题
区成长	小学音乐口风琴校本课程实施的实践研究	HYJ教师	区教育科学研究所	2014年	已结题
区成长	经典古诗文诵读课题研究	PL教师	区教育科学研究所	2015年	在研
区成长	小学数学高段实践活动的开发与实践研究	ZGH教师	区教育科学研究所	2015年	在研
区成长	小学低段诵读识字提前阅读的实践研究	ZY教师	区教育科学研究所	2015年	已结题
区成长	儿童纸盘装饰校本课程的实践研究	JP教师	区教育科学研究所	2015年	在研
区成长	以校本化跳绳为特色的阳光体育实施研究	SXL教师	区教育科学研究所	2015年	在研
区成长	小学第一学段数学活动校本课程开发与实施的研究	YQ教师	区教育科学研究所	2015年	在研

续表

级别	名称	负责人	下达单位	立项时间	进展情况
区成长	平板教学在课堂教学中的现状及对策研究	LFS 教师	区教育科学研究所	2016 年	在研
区成长	小学美术综合材料与装饰绘画俄城开发与实施研究	FW 教师	区教育科学研究所	2016 年	在研
区成长	小学中高段语文单元整合教学的实践研究	CY 教师	区教育科学研究所	2016 年	在研
区成长	单元主题教学背景下小学语文高段课内阅读向课外迁移的策略研究	MYY 教师	区教育科学研究所	2016 年	在研
区成长	以童话剧为载体的小学中段英语学习兴趣培养策略研究	JD 教师	区教育科学研究所	2016 年	在研

资料来源：X 小学的档案文件"课题研究统计表"。

（一）"成长课题"研究渐显教研主体身份

实现一线教师人人做课题的"教师成长"课题计划不仅是区域推进以教学转型为基本特征的课程改革从宏观研究走向具体研究的需要，也是推动全区一线教师通过科研能力的提升来带动自身专业发展的需要。然而，"成长课题"计划推行之初，教师们投入做课题的热情不高，反而以为这又是上级下达的与教学无关的行政事务。怎样才能帮助教师转变对课题研究的认识，如何让教师接受并着手开展课题研究？区领导和学校领导提前作了思考和准备，其核心主旨是引导教师将成长课题研究立足于"教"，得力于"训"，实现"教""研""训"有机结合、相互促进、共同发展。

区教师进修学院的 L 研修员谈道："为了能够让教师主动参与课题研究，我们各个学科的研修员下到学校对教师们进行座谈，对他们的想法进行调研分析，结合教师的需求开展'教师成长'课题专题培训，后续再进一步对他们开展课题研究进行跟踪式指导。结合他们不知道从何下手开始研究的问题，指导他们从'小'字上下功夫，抓住自己教学中的某一个具体问题作为切入点，进而指导他们如何对问题进行深入剖析，形成有效结论，再反过来指导教学。"（TI-R-LBK，2016/10/27）

X 小学的 Y 校长也谈道："'成长课题'实施初期，教师们反对声挺大，他们教学任务本来很重，忽然让他们做课题，他们以为课题研究要另起炉灶来做很多材料应付上级检查，加重工作负担。为了扭转他们的看法，认识到课题研究与教学工作是一脉相承、相互促进的关系，研修院费了很大功夫，学校也尽最大可能去引导教师们转变观念、提高能力。学校利用'走出去·请进来'的方式为教师们做科研能力培训；再引导各个学科的骨干教师尝试做课题来带动其他老师。因为他们的专业水平相对较高，在教学方面的压力没那么大，有余力去对教学中的问题进行深入的研究，主要是想让这些教师在课题当中尝到'甜头'，再带动其他教师都参与进来。"（I-A-YMC，2016/10/27）

随着"教师成长"课题从骨干教师到普通教师的逐步"辐射"，教师们对课题研究的认识逐渐转变，在行动上也从被动应付逐渐转变为主动尝试。研究者在 X 小学调研期间，恰逢 S 区在推动《"区域性推进中小学教师成长科研的实践研究"2016 年下半年研究任务》的践行，X 小学根据研究规划，以"情感分享：我在课题研究中体验成长"为主题开展了一次全校教师参加的"心动论坛"。要求教师们就参与"成长课题"过程中遇到的困惑和体验到的收获进行分享。研究者对这次论坛进行了观察和实录，通过对教师们在论坛中就参与课题研究过程的困惑和收获的发言进行转录和归类分析，将教师参与课题研究前后对课题研究的认识和态度作对比呈现（如表 5-4 所示）。

表 5-4　教师自述参与"成长课题"研究前后的认识与态度变化

参加课题研究前的认识与态度	参加课题研究后的认识与态度
1. 做课题研究是理论研究者的事	1. 成长课题选题小而具体，适合我们一线教师
2. 课题研究是上级布置的任务，浪费时间	2. 尝试着去做了之后发现原来课题研究可以从教学出发，反过来还能促进教学

续表

参加课题研究前的认识与态度	参加课题研究后的认识与态度
3. 课题研究太形式化，对教学没有好处	3. 做课题其实就是在实践中发现问题—分析问题—解决问题的过程
4. 说白了课题研究就是为了完成科研任务	4. 做课题不仅可以出成果，还可以提升自己的专业能力
5. 做课题最主要的目的就是评职称和评奖	5. 进行"成长课题"研究能够把"教"和"研"结合起来，实现"教研相长"
6. 不知道做，不做又不行，课题研究在教师评价指标中占很大比重	6. 自从参与做课题，感觉自己的工作更有专业性了
7. 区里和学校叫我们申报课题，我无从下手	7. 主动去找一些简单的教育研究方法的书来看，学着做行动研究
8. 找不到什么可以形成一个课题的问题	8. 做"成长课题"时发了1篇论文，自己做了研究后有很多的经验和结论想表达出来
9. 研究很"理想"，实践很"残酷"	9. 我的"成长课题"结题报告获奖了，我把自己研究的东西运用于教学，我的课堂越来越受学生欢迎
10. 很难把一些课题研究成果运用于实践中	10. 在做课题的过程中头一次觉得教学反思不再需要应付，而是自然而然生成在脑袋里
11. 想都没想过，课题一般都是善于研究的领导和骨干教师去做，我还是一心做教学工作吧	11. 体会到了教师这一职业的创新性
12. 依赖教研员，他一放手自己就不知道怎么做	12. 在课题研究中发现了志趣相投的朋友，不再觉得做课题是自己一个人的事
13. 研究能力不足，有心无力	13. 在与课题组成员交流的过程中能够碰撞出思维的火花，启发我对问题有了新的思考
14. 课题研究和教学实践两张皮	14. 我比以前爱思考、爱看书了
15. 我是校长那个课题组的成员，但只是挂名而已，我没有起到什么作用，也没有什么收获	15. 课题组一起研究，对教学方法有了新的领悟
16. 我主持的课题感觉就我自己在做，成员们没有兴趣，不积极参与研究	16. 成长课题研究，不仅使教师们教得更轻松，学生也能学得更有趣，枯燥乏味再也不是数学课的代名词了
17. 课题组形同虚设，大家合作不起来	17. 相互沟通交流对于做好一个课题研究来说太重要了，我想这就是为什么做课题需要课题组，而不是一个教师自己做一个课题的原因吧

资料来源：X小学2016年11月4日开展的"心动论坛"活动观察实录。

从"心动论坛"中教师们的发言可以看出,"成长课题"的实施,不仅在一定程度上更正了一线教师对课题研究的认识,还让他们对课题研究的态度从"被动抗拒"逐渐转向"主动尝试"。

有的教师在开展"成长课题"研究的过程中体会到了作为一名教师研究者的乐趣,认为教师做研究无论是对教师的"教"还是学生的"学"都有很大的促进作用。数学学科教导主任 Z 老师在论坛中发言时提道:"以前我不认可小学老师做课题,因为自己没这方面能力,觉得让我们做课题简直就是'赶鸭子上架'。但区里和学校要求我们做成长课题,我抱着试试的态度把自己平时上课思考得比较多的问题理了理写成申报书,就是我现在自己主持的'小学数学高段实践活动的开发与实践研究'的成长课题,课题研究的过程中我发现不仅改变了老师的'教',也改变了学生的'学'。我组织了对这方面有同样兴趣的老师一起开展,大家齐心协力收集资料,在教研活动中集体研讨、相互合作进行数学实践活动设计。我们把设计好的案例运用在自己的课堂教学上,很多老师反馈自己教的更轻松、学生学得更牢固了。比如我们结合小学数学高段教材内的魔术、魔方进行了实践活动设计,然后在课堂上实践了,数学课堂从简单、枯燥、重复的计算,变成有趣的实践活动,学生主动性明显增加了。课后他们还开展了一次魔方比赛,学生体会到学习不仅为了应付考试和升学,还能将求体积和求面积的知识和魔方结合学习考试之外的东西。"

以"小"问题为出发点,"成长课题"让教师认识到参与课题研究不仅仅只是为了评职称、拿奖励,还可以在课题研究中解决实际问题、提升自我、改进教学工作,让生命在研究中产生自由旨趣。

语文教师兼班主任 L 老师在论坛中谈道:"我刚接手做班主任的时候,班里的纪律特别不好。我就向一些有经验的班主任请教,在讨论中我们发现了一个大家在班级管理中共同面临的问题——现在的学生责任感不强,于是我们大家一起动手搜集资料,利用教研活动时间一起研讨,对学生通过角色体验来提升责任感的方法初步达成共识,我们试着将'在角色体验中培养学生责任感的实践研究'作为主题申请'成长课题'。立项成功后我们进行进一步研究和实验,在反复计划、实施、反思、再实践……的过程中，我们的专业能力得到提升，学生责任感的提升带来了班级纪律的好转，还进一步促进了教学质量的提升。让我第一次觉得做课题原来不仅是为了评职称这些必需的科研任务，还真的可以解决实际问题。"

从教师们的自述中可以看出，教师对"成长课题"研究的态度从"被动抗拒"到"主动尝试"的变化是在参与研究的成功体验中逐步发生的。研究能够开展的一个重要因素在于研究问题必须贴近教师自身教育教学工作实践本身，研究过程中教师之间相互交流、相互合作得以达成的主要原因在于共同感兴趣的话题。"教师成长"课题以教师集体的成长为目的，以学校教育教学实践为核心，强调教师之间、教师与专业研究人员之间或与其他相关人员之间的相互交往与沟通。在教研主体间的相互合作中对自身或他人的教育教学行为进行观察与反思，不断达成对教育教学实践问题的相互理解，在相互理解的基础上提高和完善自己以及团队所从事的教育教学实践。

（二）源于"生活"的课题研究助力互动协同共生

"行动研究的秘密就是让人们参与某个问题的讨论和研究，然后让他们自己决定、自己改变自己，而不只是简单地做一些专家讲座或广告宣传。当行动研究者亲自'参与'讨论和研究之后，他们可能发自内心地接受新观念，转向新的立场。"[①] 作为一名教师如果能够全身心地参与课题研究，这个动态的过程将能够对其产生巨大影响。Y校长在谈到学校教师合作开展"教师成长"课题给教师们带来的变化时感触深刻："'教师成长'课题推行中最大的改观在于使教师们通过亲自实践改变了对课题研究的态度，最直接的表现就是以前我主持了两项课题邀请他们做课题组成员，他们总是你布置什么就做点什么，很少能主动融入到课题研究中来，你想跟他们讨论都讨论不起来。但现在在研的那个课题里只要有过成长课题研究经验的老师，都能够主动去思考，全身心地融入课题，讨论起来也有话可说了。"（I-A-YMC，2016/10/27）

笔者顺着Y校长所提供的信息，对其主持的区教育科学规划课题

---

① 刘良华：《行动研究、叙事研究与校本教研》，《教师之友》2005年第1期。

《X小学心动课程建设的行动研究》的课题组成员（以下采用"规划课题"的首字母，简称 G 课题），以及一位普通教师主持的区级"教师成长"课题《以校本化跳绳为特色的阳光体育实施研究》的课题组成员（以下采用"成长课题"的首字母，简称 C 课题）分别进行了访谈，对两种不同类型的课题中教师参与互动的情况进行对比分析。访谈主要以"在课题组主要负责什么工作，和其他成员之间如何相互协作促进课题研究有效开展"等问题为中心展开，深入了解作为教研主体的教师们是如何在课题研究中实现互动，相互产生作用，最终达到有效合作的目的。

首先，课题组成员的主动参与是实现互动的重要前提。受到传统的教育理论和实践分工的影响，以前教师们普遍认为"研究"是专业研究人员的事，"教学"才是自己要认真开展的工作。即使受到一定外在力量的推动要开展课题研究，也只是作为一个纯粹的任务执行者，负责具体去落实课题负责人或少数成员的研究设计，或直接接受研究者研究所获的思想观点，很少主动去参与课题研究的反思与探究。G 课题组成员 P 老师在访谈中说道："'心动课程建设'这个课题是 H 副校长让我加入的，我们是一个学科教研组的，所以平时经常交流。说实话我本来不是特别想参加课题研究，我们平时工作很忙，也不会做科研，但 H 校长既是领导，私底下关系也比较好，不好意思拒绝。另外，我也想着参加课题可以在评职称和评奖的时候多一点机会，所以就参加了。在研究的过程中我主要按照 Y 校长和 H 校长的安排来做，因为我自己对学校课程建设不是特别懂，也没有什么思考，所以我主要是一个具体的执行者。"（C 课题组成员 P 老师访谈，I-T-PL，2016/11/3）

随着"教师成长"课题的持续推进，很多老师已经转变了对课题研究的认识和态度。在参加课题研究的过程中逐渐突出自己的主体地位，学会了在课题研究中和其他成员各取所长、相互合作，共同推动课题研究的发展。C 课题组成员 H 老师在访谈中说道："我 2013 年自己主持过一个区级教师成长课题，对课题研究的过程和方法还算比较熟悉吧。在那之前我很怕这种科研任务，但自从自己亲自完整地做过一次之后，反倒觉得很有趣了。大家一起解决问题，改进教学，还能借机发表论文和评奖，有了这些奖项职称的问题也解决了，所以何乐而不为呢？这个课题是立足于学校层面的课程建设，感觉很有理论深度，但是有了之前做课题的经验，我知道怎样去查阅文献、怎样去探索新的方法、怎样在实践中去验证，然后再把自己获得的体验跟大家一起讨论，所以感觉每一次集体研讨都不会像以前那样会因为发言而苦恼了。"（I-T-HDJ，2016/11/3）

其次，研究内容贴近课题组成员的实践是互动得以深入实施的关键。教师在教育教学实践中以研究者的眼光发现问题、分析问题和解决问题不仅能够改善教学，还能促成自身专业发展。但是将问题系统化、全面化地进行研究仅靠教师个人的力量是有限的，故将问题上升至课题、组建志同道合的教师团队展开研究是使研究得以顺利开展的有效途径。但是怎样才能使课题组成员之间能够在共同开展课题研究的过程中有效地通过相互交往的行为真正地合作起来呢？在对两个课题的成员访谈中找到了答案。

G 课题组成员 W 老师认为："在'心动课程建设'这个课题中我经常感到心有余而力不足，我之前虽然参与过课题研究，但是当时研究的是我自己所教授学科教学中的一个小问题，课题组的成员也和我一样都是语文老师，交流合作起来比较容易。但这个课题是立足于学校层面的课程建设，感觉很有理论深度，涉及面也很广泛，牵涉到学校整个课程体系，对于我来说很有挑战性，有时候集体讨论就很尴尬，因为我根本提不出什么观点和发现。"（TI-T-WSJ，2016/11/20）

C 课题组成员 C 老师认为："'花式跳绳'是学校的特色，后来我们发现将各种难度的跳绳动作和音乐节奏结合起来更有助于创新跳绳的各种动作和节奏。这也是我在这个课题里面负责研究的东西，就是怎样提高学生参与跳绳运动的积极性，引导学生用简单的绳子保持基本运动量，培养他们的创新能力。在课题组成员合作方面的话，我们首先是集体统一方向，再具体划分责任，所以除了自己的任务，还要多和其他老师交流跟上整个课题的研究进度。我跟 G 老师负责的任务联系很紧密，所以我们两个就经常交流，有时候课间一起想一些新的动作，然后我们还要结合'学本式心动课堂'的要求思考怎样去教学，怎样引导学生自学、互学、展示；我们两个会去实践新的设计，互相听课，看这样是不是合理、可行。课题组一起研究之后，我的课堂教学增添了很多新鲜血液，我觉得我们小学老师尤其是体育老师做课题不能光看发了多少论文，还要看研究之后教学有了什么变化，这才是最实在的。"（TI-T-CYX，2016/11/20）

从 Y 校长主持的区教育科学规划课题和 S 老师主持的"教师成长"课题研究中教研主体的参与程度和主体之间的相互协作情况对比来看，在"教师成长"课题中作为课题组成员的教师们参与的主动性和同伴间协作的有效性要略高于前者。一个重要的原因就在于对于课题参与者来说，前者是自上而下地规定教研内容，在实施的过程中任务布置有余而内驱力开发不足。而后者的研究主题是来源于普通教师在教育教学中遇到的问题，这些问题更贴近于课题组成员的工作实际。课题组成员是基于共同关注的问题和研究兴趣自愿结伴参与研究，会对问题进行主动探究，进而有新的认识，所以才会在相互交流中"知无不言，言无不尽"，体现更为鲜明的互动特征。

从 X 小学教师课题研究的情况来看，随着"教师成长"课题的实践推进，教师对自身教学实践不断反思，对自身专业知识不断更新，在课题研究中获得教学能力的提升和专业发展。这使得教师在参与课题研究中逐渐获得作为教研主体身份的成功体验，教师同伴之间的互动也因为有了共同感兴趣的话题而从形式走向实质。可见，校本教研的内容和主题贴近教师自身的实践，不仅是提升教研主体参与研究主动性和积极性的关键，也是促进教研主体之间有效互动与合作的重要因素。

（三）专业引领为"主体互动"提供"外推"之力

"教师之间的互助无法取代专业引领"[1]，中小学教师做课题除了做到自身研究的主动性和教师同伴之间的相互协作之外，适当的专业引领也是极其重要的。即互动不能仅仅局限于平行关系间，还需要拓展到校外场域和更大的专业场景之中，否则很难保证课题研究"研"的性质。X 小学的教师在做课题研究的过程中所获得的专业引领主要体现在两个

---

[1] 余文森、洪明：《校本研究九大要点》，福建教育出版社 2007 年版，第 44 页。

方面，一方面是校内骨干教师对年轻教师的经验指导；另一方面则是学区研修员、大学教授、教育机构的专业研究者等校外专家的理论指导。

笔者："学校主要为教师提供哪些课题研究方面的专业引领呢？"

Y校长："主要创造机会请各个学科的研修员下来参与课题研讨，为了增加受众面，每次都是几个同一学科的课题一起邀请相应年级的教研员参加。为了让教研员在指导前充分了解课题，一般会先安排各课题组汇报展示研究情况，再由研修员逐一进行指导。另外，学校也会请一些理论研究者来做一些理论方面的指导，他们的指导大多在研究方法、理论提升等宏观方面。但是，作为课题组成员的教师却认为校内在科研、教学方面经验丰富的骨干教师的引领更为系统、全面、方便、实效。一位'教师成长'课题的负责人S老师在访谈中提道：在组建课题组的时候，首先得征求老师的意见，坚持自愿原则。但是我还要考虑到新老教师的搭配，尽量在职称、教学研究实际能力方面错开，能够发挥到骨干教师对年轻教师的引领和促进作用。我负责的课题组有教龄37年的高级教师，也有刚入职1年的职初教师。这样的话，课题开展的整个过程就有一个方向感，而且经验丰富的教师看问题更加深刻。对于我们年轻教师来说，组内骨干教师的指导比校外专家的指导更具体、更全面。当然并不一定就说是老教师指导新教师，在技术操作等方面可能新教师也会有一些优势。"（I-T-SXL，2016/11/20）

对此，身为研修员的L老师则认为，专业引领的效果主要还看作为教研主体的教师自身的主动参与程度。他在访谈中说道："我平时下学校，常常有老师问我怎样做教研、怎样做课题，加上我们区在推行'教师成长'课题的时候对课题现场做过调研，也对教师做课题进行过跟进式指导。我发现教师做课题对他们职业发展和工作质量提升有很大帮助，但是大多数教师又苦于不知道怎么去做。我就一直在思考，我作为一个研修员就是要去连通'理论'与'实践'的桥梁，我有责任和义务去指导老师们做教研。于是，我就尝试着去给他们集中讲解，因为一个个去和他们交流的话影响的范围太窄了，而且很多老师不会主动来跟我交流。2014年刚好Y校长跟我谈到正在做一个课题，需要一些理论指导，我们商量后针对在课题研究中怎样撰写论文和研究报告为老们做一次培训。这个培训既为 Y 校长正在研究的这个课题提供指导，也帮助 X 小学所有老师提升科研能力。另外，就是会在课题开题、中期汇报、结题的时候有机会对他们进行指导和提出建议。但是我们提供的培训很难全面、系统地把他们需要的知识都照顾到，也很难兼顾到每个老师的特殊需要，我有时候也是有心无力，因为每个研修员联系的学校都很多，最终还是要靠他们自己主动去学习和实践。"（TI-R-LBK，2016/11/23）

考察 X 小学教师的课题研究过程发现，他们所获得的专业引领大多是校内优秀教师的带领和经验指导，且效果较为明显，但在科研方法和相关研究领域的理论支持方面还较为缺乏。主要原因还在于教师和校外专家之间缺少持续性互动交流的平台和机会。专业引领的有效性程度最终取决于作为教研主体的教师自身的参与度，研修员、骨干教师等在教研方面具有丰富理论和经验的人员所提供的技术支撑、理论指导等都是外在于研究主体自身的，要在实践中真正发挥作用必须经过作为教研主体的教师自身主动的"内化"过程。但"内生"的实现如果有了适量的"外推"之力将会更加有效，因此，一线教师做研究需要"内生"与"外推"的完美结合，实现双向互动。专业引领作为推动教师进行课题研究的主要"外推"力量，其对教师的指引难以解决教师在课题研究中的实际困惑，例如专题讲座停于面而不触及点，面对面点评却依照惯用点评的套路，让教师觉得只可意会不可操作。Z 老师在访谈中说道："似乎说得很有道理，感觉专家比我们理论知识强多了，也点出了我课题里的很多问题，但是自己下来之后，就是不知道具体该怎么做了？听完回来自己在操作的过程中再翻出之前的笔记，似乎还是不知道自己该怎么做……"（I-T-ZR，2016/11/20）

虽然专家也认识到自己的指导很难具体到实践层面，但"理论"与"实践"之间桥梁的贯通，需要理论研究者和实践者之间相互建立互动的连接，在实践者"内生"动力充足的基础上，充分发挥专家的"外推"之力。

二 井然有序：专题研讨中的言语互动

中小学校开展的专题研讨与日常的集体讨论、集体商议不同，它是特定范围内的人员围绕特定的主题专门召开的集中研讨会。因为是参与者基于一定前期研究基础上围绕特定主题进行专门的研究和讨论，相对于集体备课、听评课、磨课来说，专题研讨的探究性、研究性更强，所以专题研讨属于以"研"为主的校本教研活动范畴。从教导主任 H 老师提供的活动记录文本（如表 5-5 所示）来看，X 小学学校层面举行的大型专题研讨学术活动的频率大约每年 1-3 次，主题根据当时学校教育教学的需要或上级推行的某些新的教育理念来确定。

表 5-5　　　　　X 小学近 3 年开展的大型专题研讨会

活动名称	举办时间	举办地点	参加人数	活动级别	作用
"人人通·云教学"课例研讨会	2016.10	X 小学	60	校级	主办
"心动杯"教师技能大赛暨教师专业发展研讨会	2016.05	X 小学	60	校级	主办
传播数学文化，开展数学活动，改进数学教学	2015.09	X 小学	200	区级	承办
音乐导学精要课例研讨会	2015.03	X 小学	100	区级	主办
"学乐云教学平台"在教学中的实践应用研讨会	2015.11	X 小学	50	校级	主办
"心动杯"教师技能大赛暨教师专业发展研讨会	2014.11	X 小学	60	校级	主办
"导学精要的开发与使用"专题研讨会	2013.11	X 小学	60	校级	主办

资料来源：X 小学的档案文件"校本教研活动记录"。

在此，以"'学乐云教学平台'在教学中的实践应用研讨会"为案例，对专题研讨中的教研主体互动行为进行描述和分析。参与此次研讨会的人员主要有教育部教育装备研究与发展中心的三位领导、人人通·云教学平台的 2 位领导、2 位区研修员、Y 校长等学校领导和部分这个时段没有课的老师。研讨会基本经历了如下步骤：

第一环节：参会领导及教师集体观摩 X 小学的 2 位老师分别用"云教学平台"进行教学、展示（讲课安排如表 5-6 所示）。

表 5-6　　　　　　　　X 小学研讨会讲课安排表

执教者	学科	课题
LFS	数学	用方程解决问题
WJ	语文	识字

第二环节：2 位授课教师分别对自己的教学及平台的运用进行总结和反思。

第三环节：参会领导进行点评。

第四环节：自由讨论。观摩教师对以上课例进行点评或向领导、专家分享自己使用云教学平台的体会和困惑；专家、领导进行答疑和指导。

从形式上看，可以说此次历时一个上午的"'学乐云教学平台'在教学中的实践应用专题研讨会"，充分地把教师实践行动、自我反思、专家引领和群体互动进行有机结合，为校内一线教师的实践和校外专家的理论提供了一个相互沟通、验证和完善的平台，为教师在实践中运用新的教育资源提供专业指导。更重要的是，这次参与研讨会的专家不仅有擅长于学科教学知识的研修员，还有能够提供技术指导的教育部和云教学平台的领导，不论是授课教师还是观摩教师都有机会与专家面对面交流与互动。

H 副校长在访谈中说道："学校之所以开展这样的专题研讨活动，就是想给教师提供一个与专家面对面互动交流的机会，所以原则上提倡每一个在场的教师不仅要认真观摩课例、仔细听专家对课例的点评，最好都能主动在自由互动环节争取能够把自己心中的疑虑和问题说出来，寻求专家或在座同伴的指引。"（I-A-HLS，2016/10/24）

通过对 X 小学所开展的专题研讨会的深度考察，及对参与此次研讨会的 2 位授课教师和部分观摩教师深度访谈发现，专题研讨的实际互动效果并不理想。X 小学所开展的专题研讨基本上都采取先汇报展示再互动讨论的形式进行，专题研讨中教研主体之间的互动方式以口头语言的讨论为主，互动过程相对于其他校本教研活动来说具有更强的程序性。

一方面轮流汇报井然有序，但互动研讨不充分。专题研讨会主要指特定人群针对某一具体主题进行的集中研究、交流和讨论，强调参与者之间在相互交流中实现观点的公平交流与分享。在这次研讨中提供课例展示的数学学科授课教师 L 老师表示在这次研讨中获得了新的启发，他在活动的反思日志中写道："今天听了研修员和几位领导的点评，我恍然明白了云教学平台在教学中到底应该起到什么作用，而作为老师应该怎样有效利用这个平台。接触云教学平台半年多了，唯一的感觉就是平台里丰富的资源给我的教学带来了很多便利，备课的时候再也不用自己去网上下载资料，平台里各种各样的课件和音频可以随意使用。但我从来没去思考过要如何运用才能恰到好处地使平台的功能得以发挥。L 研修员的一席话点醒了我，的确如他所说再好的平台也不能取代教师用心的设计，平台里面的课件和习题都适合每个教师和每个班级的学生，充分的资源最重要的还是教师要会利用，才能真正发挥好云教学平台的功能。所以，如果教师自己准备不充分的话，再好的平台和资源都不可能对教和学起到有效的辅助作用。"[①]

但从 X 小学此次专题研讨会的实际开展情况来看，整个研讨会的过程都紧跟着事先计划好的会议流程一项一项"井然有序"地进行，所有发言人员发出的互动行为被研讨会的流程所控制，观点和观点之间并未实现真正平等、民主、公平、自由的交流和互动。例如语文学科的授课教师 W 老师觉得此次研讨活动没有体现出"研究和讨论"的价值："我在授课之后的总结和反思环节刻意提出了自己在教学中的一些难解的困惑，我本想让在座的专家给我提供相应的指导和建议，但是专家点评环节竟然没有人回应到我的问题，而是按照他们自己在听课的环节所做的记录在陈述。后面的环节可能因为时间关系也没有再安排我们授课教师发言，我都没有机会再说一遍我的问题。整个过程我觉得还是按照流程在走，而我感觉我只是完成了展示课例的任务，没有和专家、其他教师在互动中产生思维碰撞。"（I-T-WJ，2016/10/24）

还有教师认为专题研讨中的互动交流形式大于实质："专家的发言偏重于云教学平台的推广，而忽视对平台使用操作的教授，也不怎么对

---

① 资料来源于 L 教师对此次授课的教学反思（节选）。

教师提出的平台功能使用时遇到的问题进行指导。"（I-T-JSH，2016/10/24）研讨的过程中忽视对应该怎样更好地通过云教学平台进行备课、授课，怎样把握学生自学和教师教学反转的限度等实质性问题进行交流。

另一方面关于"云教学平台"在整个教学中的实践应用研讨过程中教师间互动有序而充分，但忽视了与学生的互动。从整个研讨活动的现场情况来看，教师之间的互动有序而充分，但学生只是在课例展示的环节与授课教师产生了教与学的互动，在后续研讨环节学生却全部撤离，并没有参加与教师、与专家的互动，整个研讨会全然没有关注到学生在利用云教学平台学习的体会和感受。在座的专家和教师仅从授课教师和少数发言的教师口中了解到，引入云教学平台之后学生的学习发生的一系列变化，比如学生的学习积极性变高了，学生对待学习更加自信了，通过手机 APP 交流，师生之间、教师和家长之间的互动更方便了等。但是学生在云教学平台辅助下的学习情况真是如此吗？无从考量。学生在教师利用云教学平台的课堂教学中能够很好地使用手机、平板等设备吗？学生面对云教学平台上"海量"的教学资源懂得取舍和能够接受吗？这些问题学生在云教学平台的使用中有切身体会，而专家却没有机会和学生进行互动和交流，了解最真实的问题。实际上，教学和教研的根本目的都是促进学生的全面且健康的发展，但是在有必要了解学生的情况和想法的教研活动中却忽视与学生进行沟通交流，无视学生的想法和观点，这样的教研活动很难实现真正的校本教研主体互动。

第三节　校本教研主体以"训"为载体的互动过程

在本书中，"训"主要从学校和师生发展的实际需求出发，以具体的学校教育教学实践为落脚点，组织专门针对教师发展而进行的知识、技能、信念、情意等教育教学专业能力训练。这种训练既包括学校组织推行的教师自我研修，也包括学校组织实施的促进教师发展的集中研训和个别指导。需要强调的是，这里的"训"是包含在校本教研活动之内的，针对教研主体的教育教学能力提升而展开的研训活动。"训"与"教"和"研"紧密结合、相互促进、相互制约，"训"是为了更好地教学和研究而积累知识，是"教"和"研"得以有效展开的保障。故，"训"和"教""研"一起构成了三位一体校本教研主体互动支持结构。以"训"为载体的教研活动与"教"和"研"一样，需要作为教研主体的教师在自我反思的基础上，与同伴、专家进行互动，在相互讨论、交流意见、共享学习中不断提升学习、研究和教学的能力。X 小学特别重视教师的教学、研究能力的培养，为了让自觉学习成为校内教师的内在需求，在校园内形成教师自觉学习与研究的风气，学校特组织创建了"心动教师团队"，尽可能多地为教师们创造相互学习的氛围和在专家指导下学习的机会。

一 "请进来·走出去"：拓展视野的专业引领平台

校本教研的主体毫无疑问是最贴近实践的教师，但若要提升校本教研活动的专业水准，教师需要更为专业的指导和培训。换言之，校本教研主体间的相互协作缺少不了校外专家的参与。从实证研究来看，X 小学将校本教研活动中教师开展教研活动的实际需求和市区教育局关于教师在职培养的有关活动结合，专门由学校教导处负责组织和协调教师参加各个层面的教研能力提升培训。在对 X 小学的教师进行访谈时，当问到学校为教师获取专业引领创设了哪些平台或机会？多数老师认为，"请进来、走出去"的计划是学校为教师与校外专家互动沟通创造的重要平台。

"请进来"主要指学校领导根据学校教学研究工作推进的需要和教师开展教学研究的需求，邀请进修学校研修员、校外骨干教师、教育理论研究者等校外专家来学校给教师们上课、讲学，对学校教师进行新课程教学理念、教学技能、研究能力等方面的培训。X 小学大约每年会邀请 1 至 4 位校外专家来学校对教师们进行指导和讲学，有时候是针对全体教师工作和发展的需求，有时候是针对某个学科或某项具体工作开展的需要。据教导主任 H 老师提供的工作记录，统计发现近三年 X 小学比较正式的邀请校外专家来校指导的次数大约是 9 次（如表 5-7 所示)。"请进来"是 X 小学为教师们开展校本教研提供"专业引领"创设的主要平台,大多数教师认为这是作为一个常年扎根在教室的一线教师能够与专家"亲密接触"的主要途径。J 老师在访谈中说道:"把专家请进我们学校里面来,我们就可以近距离和他接触了,即使有时候也不能单独地面对面说上话,但是至少他这一次是专门为我们学校而来,为我们学校的老师而来,他在我们校园内讲学的内容就会更贴近我们的实际需求,而且就面向我们学校的老师讲,就算是坐着听距离也近些嘛!而且因为在座的就是我们学校全体老师,我们每个人发言和咨询问题的机会也会多一些。我们英语的几个老师喜欢坐在一块,起来提问的老师就会把我们几个老师的问题一起说了,虽然我没起来说话,但我的问题和想法和专家沟通了。"(I-T-JYH,2016/11/10)

表 5-7　　X 小学近三年请校外专家进学校开展教育科研讲学与培训工作的基本情况

日期	主讲人	主题	参加人数
2014.07	LYF（专业研究者）	科研论文写作	全体教师
2014.10	LBK（研修员）	小学数学课堂中的互学问题及对策	数学教师
2015.01	YXH（大学教授）	前概念现象与应对策略	全体教师
2015.04	OY（专业研究者）	中小学教师如何呈现和传播教研成果	全体教师
2015.11	WH（研修员）	语文单元整合	语文教师
2015.11	ZY（云教学平台专家）	云教学平台的使用	全体教师
2016.03	WW（大学教授）	互动课堂教学培训	全体教师
2016.04	LYM（研修员）	科研结题报告的撰写指导	所有负责或参与课题研究的教师
2016.06	DXY（研修员）	整本书阅读	语文教师

资料来源:X 小学的档案文件"校本教研活动记录"。

"走出去"是指学校根据每位教师的发展需求,积极支持和鼓励教师参加校外各级教育部门组织开展的学历培训、能力提升培训、优质课的观摩、主题研讨等活动。"走出去"与"请进来"不同的是,"走出去"不仅为 X 小学的教师提供了与校外专家实现互动交流的平台,也为 X 小学的教师与校外其他教师之间相互交流、沟通提供了很好的机会。因此,"走出去"不仅可以从纵向拔高教师的教育教学理性知识视界,还能从横向上扩宽教师的教育教学实践视野,是一种有效促进教师教学研究水平提升的重要渠道。从 X 小学教师"走出去"参与校外学习和培训的基本情况来看,几乎每个学期每个老师都有机会参加 S 区组织的活动,但参加区外活动的机会则相对较少。

"请进来、走出去"更有利于教师真正融入活动中,并与校外专家、外校教师通过互动交流获得发展。在访谈中很多教师都提到了自己的感受。

L 老师:"我们还是更希望校外专家能来到学校指导我们,不管是讲座的形式还是来参加我们的听评课教研活动,校外专家的参与都能给我们注入新鲜的血液,避免我们的教研陷入低水平的重复。"(I-T-LX,2016/11/10)

X 老师:"我觉得有专家参与的校本教研活动,还是那种结合实践案例的研讨活动比较有收获,这种活动一般先安排观摩教学——再分组讨论——组长发表小组意见——专家点评或总结,也有时候专家会结合这个活动的主题继续开展专题讲座,如果是这样的话听起来就会比较认真,因为前面有实践做铺垫,不会觉得是干巴巴的理论灌输。"(I-T-XY,2016/11/10)

D 老师:"如果是专家来我们学校的话,我还是会很主动在活动中发言或结束后去向专家请教一些自己的困惑,他也会有比较多一点的时间来和我交流,毕竟只有我们学校的老师参加。如果是校外的话我发言的积极性就没有了,一方面是面对的人群是陌生人,觉得自己才学短浅,怕提出的问题太肤浅,被别人嘲笑;另一方面的话就是人那么多,即使你想说举手半天也轮不到,活动后专家也没时间和我们一一交流。"(I-T-DCJ,2016/11/10)

J 老师:"我今年参加了两次培训活动,一次是 4 月份研修员 L 老师来学校给我们做《科研结题报告的撰写》的培训讲座;另一次是前些天 YY 小学承办的区小学英语教师培训活动。这两次活动都是结合我们熟悉的实践案例来展开的,所以比较容易接受。但印象比较深的还是后面这次参加《C市的自然拼读培训会》,参与的人有专家瑞格夫妇,C市小学英语研修员WRY老师、全区研修员,还有我们区的所有英语教师和部分区外的英语教师,都来参加培训。这一次流程的设计比较合理,所以我们的参与度非常高。上午瑞格夫妇一个上自然拼读示范课,另一个对这节课进行说课、解读这节课的设计理念以及互动式的教学模式;下午是瑞格夫妇专门针对自然拼读教学做讲座,讲座的过程中他们和我们在座的所有老师通过游戏来互动。这是我第一次在培训中感觉培训专家是在教我们怎样教学。"(TI-T-JSW,2016/11/10)

从以上访谈中教师所流露出的感受来看,教师们借助"请进来、走出去"的平台与专家进行互动交流,总体上体现出这样一些优势和不足。

首先,老师们更喜欢与专家交流一线教师们所熟悉的教学研究实践主题,并希望在开展讲座、培训或研讨活动的时候给予更多的互动空间和时间。在数学组访谈的时候G老师谈到这个问题就特别激动:"如果专家讲一些高大上的东西,讲完还要让我发言,那我只能说'我今天听完很受启发,学到很多东西'这句放之四海而皆准的话来回应了。听都不能听懂还怎么互动啊?又非要互动,那就只能来点形式的话、套话了。"(I-T-GLX,2016/11/10)可见,教师与专家之间共同的话语体系是教师通过专业引领生成和发展其自身的实践性知识的重要前提。

其次,教师们在单向的"讲授—接受"式的研训活动中身体参与率较高,但真正用心参与互动的程度不高。教师们普遍反映,不管是"走出去"还是"请进来"的研训活动,大部分还是以"你讲我听""你说我记""你引领我实践"的形式展开,教师人虽然去参与了,但是否有收获需要另当别论。一般而言,专家试图通过单方面"传授""灌输"的方式让教师"接受""获得"一些他们所认为有用的教育教学理论、学科教学知识或教学研究的实践经验,希望教师能够将这些理论、知识或经验"运用"于自己的教育教学实践。但是教师专业能力的发展所需要的实践性知识并不是单方面通过传输和获取,再将所获取的理论知识和实践经验运用于学校实践这么简单,而应该是理论与实践在不断的相互作用中逐渐实现相互转换。

二 "师徒相授":扎根实践的新老教师互动形式

"师徒结对"是大多数中小学校所采用的促进初任教师成长的重要途径,通常学校将具有丰富经验的老教师与初任教师结成对子,老教师有义务在初任教师上岗后的实际工作进程中,对其实施个别辅导帮助初任教师顺利胜任教育教学工作。这一举措在很大程度上弥补了职前教师教育和在职教师培训远离实践的不足,一方面为初任教师快速适应教师职业走上工作轨道提供了有效指导;另一方面也能够让老教师在指导初任教师的同时对自我教育教学知识和观念进行更新。正如帕克·帕尔默所言:"师徒就是源远流长共舞的舞伴……这是螺旋上升地发展的代际舞蹈,在此过程中,长辈以他们的经验增长晚辈的能量,年轻人以他们新的生机充实焕发年长者,在接触和交流中重新编织人类社会的结构。"[①] 通过"师徒结对",新老教师在互动交往中共同反思,形成"师徒相授"的互动惯习,作为徒弟的新教师能快速获得教育教学能力,老教师的教学能力也进一步提升。依托老教师"培训"新教师的校本研修模式,能够形成校内教师之间互动的"师徒相授"互动范式。

X 小学在对青年教师培养方面特别强调校内具有丰富经验的优秀教师、骨干教师对年轻教师的示范引领作用,一直在更新完善"师徒结对"的具体执行方案,为了将"师徒结对"活动系统化、规范化,X 小学还以"X 小学新教师拜师协议"(以下简称协议)的形式对"师徒结对"的具体要求做了明确规定。协议作为《X 小学青年教师培养方案》的附件,对"师徒结对"这一具体方案做详细补充和解释,从"师傅要达到的目标"和"徒弟要达到的目标"两个方面具体对师徒之间的互动行为方式和互动后应取得的实效做了明确的要求,内容如下:

[①] [美]帕克·帕尔默:《教学勇气 漫步教师心灵》,吴国珍等译,华东师范大学出版社 2014 年版,第 18 页。

X 小学新教师拜师协议①

为了鼓励、帮助新教师迅速提高教育教学水平，以适应教育事业发展的要求和学校工作的需要，更好地发挥自己的特长，展现自己的能力，学校决定对新教师采取师徒学艺的帮扶培训方式。本着相互学习共同提高的原则，经过师徒双方协商，学校认可，达成如下协议：

1. 师傅要从职业道德、教育观念、教育方法、教育科研等方面主动、热心地指导、帮助徒弟，使徒弟达到如下目标：

（1）具备良好的职业道德和组织纪律观念。师傅以身作则，率先示范给徒弟以表率，增强修养和纪律观念。

（2）具备较为先进的教育观念。师傅应让徒弟理解新课标精神，改变教师角色，全面关注学生的发展，注重学生的知识形成过程，明确教师在教学中的作用和地位。

（3）具备驾驭教学各环节工作的能力。从教师的教学组织过程、教学重难点的突破、教师的语言表达、课堂生成问题的处理、学生辅导的落实等方面进行指导，促进教育教学质量的提高。师傅应积极主动听徒弟的课，有必要可进行二次听课。师傅每月检查一次徒弟的教案和课后反思情况，关注学生的辅导情况，争取教学成绩达到优秀。

（4）具备一定的教育科研能力。会开展集体备课；会写教研文章；会开展课题研究。

2. 徒弟应虚心向师傅学习，主动接受指导。具体做到：

（1）积极钻研教材教法，认真钻研本学科的课程标准和教材教法。能积极主动地找师傅研讨有关问题。力争熟悉教学内容。

（2）积极完成教学任务。上好常规课、邀请课、研究课；完成听课任务，每月听师傅的课不少于 1 节。每学期听课累计不少于 20 节；每学期撰写一篇教研文章。

（3）积极将教案和师傅商讨。徒弟应认真按要求备课，随时将教案送师傅研究，征求师傅的指导意见，及时根据自己的实际修改教案后再上课。

---

① 资料来源于《X 小学各项制度汇编》中的《X 小学青年教师培养方案》的附件。

（4）积极邀请师傅听课。上课结束后，徒弟应主动向师傅征求指导意见。

3. 本协议自签字之日起生效，徒弟达到目标后失效。

　　师傅签字：　　　　　　徒弟签字：
　　　年　月　日　　　　　　年　月　日

"师徒结对"在 X 小学的教师心目中具有很强的影响力，不管是当下的新教师，还是曾经在"师徒结对"中成长起来的老教师，对"师徒结对"的作用都有着较高评价。在研究者跟踪观察的三组师徒中，其中师傅 H 老师带了 2 个徒弟，师傅 W 老师带了 3 个徒弟，师傅 Z 老师带了 1 个徒弟。在 X 小学一个师傅同时带两三个徒弟是很常见的，但是为了"师徒结对"的质量一般不会允许一个师傅带两个同时入职的新教师，而是会根据入职的时间交错开来，这样同一"师门"的徒弟之间也可以相互交流、互相帮助。T 老师在访谈中说道："师傅是自己在这个学校里最亲近、最重要的人，从师父那里学到的不仅是如何教学的经验，还有很多在书本上、在大学课堂里、在一些教师培训讲座里都学不到的东西……"（I-T-TS，2016/10/12）

对于初入职场的新老师来说，手把手带着自己成长的师傅是自己职业生涯中的"重要他人"。那么，作为"重要他人"的师傅是如何与徒弟在师徒交往活动中相互产生影响的呢？通过对三组师徒日常交流情景的观察和访谈，研究者发现书面文字、语言、行为是师徒间实现互动的三种主要形式。

（一）师徒间在"书面互动"中实现深刻的自我反思

师徒间的书面互动主要是指师傅和徒弟之间以自己的教案、教学反思、教学日志、教研文章、课题资料、学生作业等书面化材料为载体实现沟通和交流的一种互动形式。

H 老师："因为时间关系，我不可能每一个徒弟的每一节课都到课堂上指导，所以我会要求他们把教学设计提前给我看，电子版或纸质版都行，看完如果觉得有大的问题我会反馈意见回去让她修改了再去上课。另外就是教学反思也是必须按时写好给我看的，我从这两个材料中就会大概知道她哪些已经掌握，还有哪些需要改进。"（I-A-HYJ，2016/10/11）

Z老师："我除了会通过徒弟的教案和反思来了解她的教学情况，还会去看她学生的作业，因为我们是数学学科嘛，学生作业的解题思路和完成情况其实也能够反映教师教的效果。看这些资料我可以有一个比较长的思考时间，有时候忽然拿一个问题来问我，我没有经过深入思考就给予指导效果不一定好。"（I-A-ZGH，2016/10/11）

R老师："我更喜欢师傅以书面形式反馈意见给我。因为师傅在我的教学设计上批注的意见，我可以反复去看，去思考和体会这些建议，并好好想自己怎么改进。有时候当面和师傅聊很容易转身就记不清楚了，又不好意思再问师傅。不过有时候师傅写的我看的时候不能理解，还是要再问一次。所以书面交流有好也有不好……"（I-T-RY，2016/10/13）

书面语言是将无形的经验物化为可视性文字的一种有效手段，而书面文字互动是师徒之间传递信息和表达经验的一种方式。从师徒之间书面往来的内容可以看出书面文字交流互动有一定的优势：一是书面文字互动相对口头语言交流来说具有可重复性，有利于师徒间反复阅读和思考；二是严谨性，书面文字呈现出来的是经过深思熟虑的，相对即时交流往往更具合理性。但师徒之间通过书面交流也同样具有一定的缺陷，正如R老师在与师傅书面互动中所遇到的困难，抽象、简约化的文字有时候脱离生动的语境难以准确理解，还需要口头语言来进行补充和解释。

（二）师徒间在"话语互动"中传递教育教学经验

语言互动主要指师傅和徒弟之间通过相互听评课、研讨活动、课余日常交谈等方式展开的相互交流与相互作用。这是师徒之间以口头语言进行互动交流的重要形式，也是师徒之间交往互动最常用的沟通方式。语言互动一方面表现为师傅将自己工作在教育教学一线多年的经验通过口头表述的方式分享给徒弟，帮助徒弟平稳度过入职初期；另一方面表现为徒弟在教育教学实践中遇到困难时向师傅请教，师傅通过与徒弟展开口头对话将自己的建议告诉徒弟。正如"徒弟"们所说的：

R老师："师傅每天见到我都会问我一些教学的情况，叮嘱我一些需要尽快去完成的任务。我一旦课堂教学上、班级管理上遇到困难，我总会第一时间找师傅讨教。"（I-T-RY，2016/10/13）

T老师:"我们因为是音乐学科,很多时候师傅教我怎样教学、怎样演示,需要面对面地给我讲解和示范,这种情况师傅就会找个时间专门跟我细说,师傅指导的同时我有什么想法或不明白的地方就可以直接跟她沟通,这样交流起来还是比较顺畅、便捷的。"(I-T-TS,2016/10/12)

J老师:"我师傅就带我一个徒弟,所以至少每周听我的一节随堂课。每次听完师傅都会或多或少地对我的课堂教学进行指导,我刚入职时上课总喜欢问学生'对不对''好不好'这种问题,师傅课后就指出我的这个问题。我跟师傅说我之所以这样问是想知道学生懂了没,懂了我就继续往下讲,不懂我就再作解释和补充。师傅却告诉我,这样问大多数时候获得的是肯定回答,因为懂的肯定大声说,不懂的一般坐着默不作声或小声回应,而老师听到的自然就总是肯定回答了。师傅告诉我要想让学生真正学会,那老师不仅应该把知识点讲清楚,还要思考应该如何提问才能了解学生的掌握程度,另外,通过对学生作业的分析来了解他们存在的问题……"(I-T-JD,2016/10/12)

经过对三组师徒办公室日常交流的观察和访谈发现,语言互动是师徒之间进行交往、沟通的主要方式,是师徒之间交流和促进专业知识生成的重要途径。但师徒间语言互动具有师傅主导对话进行的倾向。研究者进一步对办公室内师徒对话的一些小细节(如师傅跟徒弟说话时中气十足,而徒弟就师傅所提意见发表自己观点时小声得巴不得师傅听不见等现象)进行分析发现,师徒之间对话单向倾斜的一个主要原因在于言说者的身份和资质悬殊的现实存在。例如从师和徒的称呼就明显体现出了师傅在师徒关系中的主导地位。而事实上从师徒的教龄和职称等因素来看,师傅的确比徒弟在教育教学方面要更具发言权,进而形成了"话语霸权"。因此,身份和资历的差异使得师徒之间在通过语言进行对话交流的过程中,存在师傅掌握话语主导权,徒弟被动回应的现实状况。

(三)师徒间在"行为互动"中共享缄默知识

行为互动主要是指师徒之间在日常教育教学(课堂教学、班级管理、教学研究等各方面)行动的过程中用自己的行为来向对方展示内化在自己教育教学实践中,自己却又无法用言语来表达的部分教育教学经验以达到师徒交往目的的互动过程。英国哲学家波兰尼认为人类的知识除了能够被以一定符码系统（语言、文字、图表等符号形似）表述和传递的显性知识之外，还有一部分是只可意会不可言传的知识，波兰尼称其为"缄默知识"。那么师徒之间对这部分无法言述却又对相互成长有促进作用的隐性教学知识是如何进行相互传播和共享的呢？

W老师："我觉得很多好的经验是在实践多年之后形成的一点教学智慧吧，比如某个突发事件处理得很巧妙等，你要问我是怎么做到的，我却不知道应该怎么跟别人说。也就是我们说的只可意会不可言传的经验，我觉得很好，但是我又不知道怎么用语言表达出来传授给徒弟，所以我叫徒弟们听我的示范课、随堂课，让这些经验在她们观摩的时候潜移默化地传给他们，今后自己遇到的时候就知道应该怎么办了。同时，我认为'师徒'的影响是双向的，不单是作为师傅的我们在给徒弟传授经验，我的徒弟也在影响着我、更新了我很多陈旧的教育观念。但是徒弟对我的影响主要也是通过听课，她们不会直接指出我教学中的不足。所以从她们那里获得的知识几乎都是在行为中发生的。"（I-T-WSJ，2016/10/14）

R老师："师傅对我的影响很大，她给我带来的变化和成长不仅是作为一个教师所应该具备的能力和知识方面的，还有作为一个老师应该具有的品质。她很关心每一个学生，哪怕是班里最调皮捣蛋的学生她都会非常用心地去呵护。有一个中午我无意中看见师傅从走廊的一个供学生课间下围棋的角落的桌子底下拉出了他们班最调皮的那个男生，当时我心想糟糕了，这男生肯定又闯了什么祸躲在那里，被Z老师揪到这下估计要被收拾了。刚好是午休我也有时间所以我就想看看师傅是怎么处理这件事的，我就索性站在一个不显眼的地方观察他们，听他们对话。

我听到师傅说：'天宇（化名），你为什么躲在这里哭？'他擦了一下眼泪，小声地说：'老师，我把图书室的窗户打了一个洞。''那你说说是怎么打的？''我们快扫完了，我就从口袋里拿出弹珠玩，我一扔，结果不小心打到窗户上，把玻璃打了一个洞''那你下次就不能玩这样危险的弹珠了，它的反弹力还挺大的，要是弹到同学就会造成更大的伤害。''嗯，我不玩了！''这次你虽是无心之过，可是玻璃碎了，怎么办呢？'他听到这个问题，又哭了起来，'老师，我求求你不要告诉我爸妈，求求你了。''可是玻璃坏了，需要找人安装上新的玻璃才行啊，你是无心之过，老师相信你，好好认识自己的错误，以后多注意，爸爸妈妈会原谅你的''求你了，不要告诉他们。''好，老师可以不告诉你的爸妈，可是你能告诉老师为什么不告诉他们吗？''老师，我怕他们打我。'师傅沉默了一会说：'老师可以不告诉家长今天的事，但是老师希望你能亲口告诉爸爸妈妈今天发生的事，你相信老师，只要你主动承认错误，爸爸妈妈一定会原谅你的。我保证你今天不会挨打！'他疑惑地望着我，想了一会，点了点头……

第二天我就问师傅这件事的结果，师傅说她等学生走后打电话先和家长沟通了，跟家长约定好孩子回来如果自己能够主动承认错误就不要打孩子，家长做到了。今天还给了修补玻璃的钱让孩子拿来学校。师傅想通过这件事告诉孩子只要真心认识错误、诚心改正，父母也会原谅的，也让这对父母知道应该怎样做孩子才会真诚地与自己沟通……从师傅处理这件事中我的感触非常大，改变了我以前对差生的看法，也改变了我的教育信念。"（I-T-RY，2016/10/13）

可见，师徒之间是在行为互动中相互传播和共享这部分无法言述的隐性教学知识的。徒弟通过对师傅教学实践行为的观察、模仿来逐渐体悟师傅在教师这一职业演绎中的隐性知识，直至内化为自己所能熟练操作的专业技能和智慧。反过来，师傅也能够在与徒弟的交往行为中获得徒弟身上所潜隐的可取之处。而新老教师在行为互动中相互共享的隐性知识更多地表现为教师的职业意识、专业情意、教育机智等非教学方面的知识。

三 "教师合作学习"：基于自学的学习型交往共同体

信息化社会的到来，新的知识层出不穷，对于教书育人的教师来说，需要树立终身学习的理念，时刻提醒自己更新知识体系以适应发展中的教学情境的需求。正如佐藤学所说，"学校不仅可成为孩子们学习和成长的地方，也是教师作为教育专家共同学习成长的地方。"[①] 学习同样也是提升教师校本教研能力的一种有效方式。为了提升作为校本教

[①] [日]佐藤学：《构建"学习共同体"的学校改革》，《中国德育》2007年第1期。

研主体的教师的学习兴趣和效率,提高教师教研能力,推动校本教研的有效开展,X小学以"教师合作学习"的方式鼓励教师打开各自封闭的边界,与同伴共同学习。"教师合作学习"是基于教师个体主动学习之上,以教师个体之间或团体间的对话、研讨、协作方式进行互动交流,激发出创新观点,进而形成更适宜的教育教学观念,提升教师集体学习效果,实现共同发展。从X小学教师合作学习现状来看,教师合作学习的范围主要限于年级组或学科教研组内,合作学习的内容主要体现在读书交流等方面。

(一)读书交流会

教育领域一直在呼唤教师研究要面向实践本身,但这并不代表作为教研主体的教师就可以只以实践为依托,而完全不需要进行理论知识学习。阅读仍然是教师开展校本教研的重要一环,通过阅读书籍、论文等文献熟悉教育教学相关的理论知识,掌握基本的教育行动研究方法,了解教育发展和改革的最新动态和教育教学研究的最新进展……这些均是教师开展好校本教研的基础。苏联教育家苏霍姆林斯基曾说:"一所学校可能什么都齐全,但如果没有为了人的全面发展和丰富精神生活而必备的书,或者如果大家不喜爱书籍,对书籍冷淡,那么,就不能称其为学校。一所学校也可能缺少很多东西,可能在许多方面都很简陋贫乏,但只要有书,有能为我们经常敞开世界之窗的书,那么,这就足以称得上是学校了。"[①] 可见,读书不仅是学生成长的使命,也同样是教师提升自己专业能力、开展好工作的根本途径。一个不读书的教师很难成为一个好教师,更难以引领和培养学生健康成长。具体而言,X小学基于读书交流会的主体互动过程主要包括以下几个方面。

1. 以身示范:校长引领下的教师读书活动

X小学的Y校长就是一个爱读书之人。一次,研究者预约了Y校长对其进行访谈,当敲开办公室的门的时候,看到他的办公桌上正摊开一本非常熟悉的书,便和Y校长聊起关于读书的话题。

[①] [苏]苏霍姆林斯基:《帕夫雷什中学》,载《苏霍姆林斯基选集(4)》,赵玮等译,教育科学出版社2001年版,第67页。

笔者:"校长,您刚才正在看书吗?"

Y校长:"是啊,(Y校长立刻把书一合,向我露出书的封皮)这本书是上次一个和你一样来我们学校调研的博士推荐的。我以前都不知道有这么好的书,后来他推荐我买了佐藤学的好几本书给老师们看。这些书对教师来说还是很好看懂,语言比较容易理解,内容也贴近学校的实践。这件事让我受到了启发,以前我只要求老师们要读书,读完要分享自己的心得,这次之后我就建议大家互相推荐好书,因为现在的书各种各样,有时候你去书店或网上看得眼花缭乱,都不知道该看什么书,如果老师们把自己看过的觉得好的书互相推荐的话,大家就可以直接看到好书了。但是我要求推荐给别人的书必须是自己看过的书,所以我给他们推荐的每一本都是我自己看过的,我要求他们去看的书我几乎都看过,我作为领导要求老师们看书,那我自己首先就要做到。"(I-A-YMC,2015/12/29)

Y校长还主张教师不仅要读书,还要在读书的基础上加以思考和交流。于是,他将教师读书纳入校本教研计划,要求学校全体教师把读书和教学、研究有机结合作为一项常规校本教研活动来开展。

Y校长:"鼓励他们读书的目的实际上并不是阅读本身,不是说要他们每个人要看多少书、掌握多少理论。而是希望他们在个人阅读的基础上通过相互交流的过程促进思考,能够把阅读所获的理论知识与教学实践进行联系,能够让所学的理论服务于自己的教育教学实践,为教师反思习惯的养成、教学质量的提升提供理论指导。所以我强调让他们阅读之后一定要相互交流,互相分享阅读的内容和阅读后的感受、收获。"(I-A-YMC,2015/12/29)

关于读书P老师在访谈中也提道:"我们学校的老师都知道Y校长的一句经典名言就是'一个人读书,读一本就只收获一本的知识,如果十个教师一组开展读书交流,做到每个教师读一本书,那么十个教师在一起就等于每个教师都读了十本书。'所以'阅读、思考、交流'是我们学校的读书'六字诀',这其实就是校长对我们提出的最基本的阅读要求吧。"(TI-A-PSJ,2016/10/13)

2. 同伴交流:读书交流活动及教师们对读书交流的体验

Y校长要求教师在阅读书籍的时候要结合自己的工作实际进行有针

对性的思考，注意把理论的论述转化为对自己工作中相关问题的解读与说明，注意将自身已有的实践经验与自己所做的阅读分析相联系，最后把自己的阅读所获分享给自己的同伴们，也在同伴们的分享中获得他们读书的体验。这一计划使学校整个教研工作的开展思路在阅读、思考、分享中逐渐呈现并变得清晰起来。Y 校长的设想是非常美好的，但是 X 小学教师的读书交流实际开展情况如何呢？研究者在调研期间只参与过一次语文教研组的读书交流活动，语文教研组长 P 老师告诉研究者，平时语文组内的读书交流活动基本上都是以这种形式展开。

这次交流活动的流程非常简单，由 3 个老师作主发言人，介绍自己这个学期阅读过的书或者文章，再与其他教师分享交流自己阅读过程中的感悟、体会和收获。这次读书活动作为主发言人分享自己所读的书以及收获和心得的分别是：X 老师分享了她阅读的书《小学生心理辅导札记》；L 老师分享的是《做会研究的老师》这一本书的阅读心得；W 老师分享的是一篇李吉林的论文《为儿童快乐学习的情境教学》。从三位老师的分享来看，很明显，X 老师对她所看的那本书深有体会，不仅大致介绍了这本书的主要内容，还分享了好几个她自己总结出来的心理辅导方法。L 老师分享了很多实用的知识，如很详细地介绍了"让学生在'互动式'学习中探究新知——'百分数的应用'教学案例与反思"这一小节，但是并没有很好地阐述自己的体会；W 老师和 L 老师类似，很详细地复述了所分享论文原文里面提到的东西，几乎没有自己的总结和体会。而整个活动只有分享没有交流，是一种典型的读书汇报。这可能是这种"阅读—分享"的读书模式所导致的，因为除了分享者之外其他人没有提前了解过这本书的内容，所以缺乏共同的语言，教师之间难以进行深入、细致的交流。

为了深入了解教师们的读书交流情况，活动结束后研究者通过对 2 位发言教师及 2 位参与教师进行访谈来获得教师们对读书交流活动的真正体会。

对发言教师的访谈：

X 老师："虽然我的专业是中文，但是我很喜欢心理学，我除了自己去看心理学方面的书之外，还会利用周末去培训机构参加心理学方面的学习。所以即使学校不要求，我也会自己去看这些书的，今天我介绍的只是其中一本，因为我觉得这本里面有很多学生心理辅导方面可以直接用到的方法，所以就拿这本介绍给大家，其他上心理辅导课的老师也可以去看。除了读书交流活动外我最喜欢和 Z 老师互相交流读书心得，她以前是你们学校心理学专业的研究生，我的好多书都是她给我推荐的。"（I-T-XML，2016/5/13）

L 老师："我今天介绍这本书主要是因为我们现在在做一个课题，一开始我们都不知道怎么做，所以就去找这方面的书来看。开始找了一些什么教育科学研究方法之类的，感觉很深奥，看完了很难理解，后来无意间发现了这本书，它是那种分篇的，每一个主题都有实践案例，有理论分析，有反思，有延伸，每一篇都不长，语言也好理解，适合我们看。看完对我们学会做小课题研究很有帮助，我们课题组里面几个人都看了这本，我们做课题的时候还讨论过，今天算是介绍给大家看吧。我一般看书都是根据自己的需要来选，我们忙，根本没时间去好好看书，我以前读书的时候是很喜欢阅读的，现在因为工作忙，好久都难得翻一本书了。"（I-T-LX，2016/5/13）

对参与教师的访谈：

C 老师："说实话，我不太喜欢参加读书交流活动。我觉得还不如给这个两小时让我们自己看书。交流就是知道了有这么一些书，我就和他们一个办公室，她们还没说我就知道他们要介绍哪本书了，没必要再去用两小时知道这个。他们说的书我又没看过，有的老师说得好，还可以学到一些东西，有些老师照着念几段，我自己看还可以多看几页。"（I-T-CL，2016/5/13）

J 老师："大家对读书交流不是特别重视，本来安排是隔周一次的嘛，但总是被一些课题研讨、磨课啊什么的事占用了时间，只能没有别的事的时候才会开展读书交流。那要开展的时候了，我们书又没看完，怎么有心得呢，所以只能随便翻几页应付一下了。"（I-T-JSH，2016/5/13）

从这一次读书交流活动的开展实况和 4 位老师的访谈来看，X 小学的教师对读书交流活动的评价并不高，大多数教师属于被动参与读书交流，并没有在交流活动中体现出交流的主体性，而是身体在场的被动参与。甚至有老师觉得形式化的读书交流活动浪费时间，虽然有个别老师喜爱读书和分享自己的读书心得，但是这主要源于她本人自身对她所阅读的那一方面的书籍有着浓厚的兴趣。

可见，校长关于教师读书的美好理念和教师们读书交流实践之间存在一定的差距。Y校长个人酷爱读书，他想通过自己的示范和引领，使读书交流的益处惠及全校教师，但是教师们由于种种原因并未将Y校长的美好蓝图付诸实践。从教师们在访谈中所反映的情况来看，主要存在以下原因：

一是缺乏完善的制度保障。在《X小学各项制度汇编》中并未看到非常完整、明确、具体的读书交流实施细则和制度，只是在其中的《X小学青年教师培养方案》和《X小学教师教研活动制度》中分别提到有关读书交流的内容："隔周开展一次读书交流活动，做到定时、定点、定主讲、定主题。""建立读书制度。增加学习内容，丰富学习形式，在讲究学习成效上下功夫。每周业务学习校长书记做业务讲座，平时安排教师进阅览室学习，每学期读一本教育专著，在教师中掀起广泛阅读、交流阅读、专题阅读的热潮。"而从这两条具体要求的内容来看，并没有具体、明确的从时间、内容、交流方式等方面来对读书交流作明确的指导性要求从而导致当有其他具有制度保障的事情与读书交流活动冲突时，教师们会直接放弃读书交流活动，使得读书交流活动难以持续开展。

二是缺乏读书的内在动力。X小学的读书交流活动交流不起来的一个重要原因还在于没有在"读"这个前提性问题上下功夫。根本原因在于没有读书，思考和交流就成了无源之水、无本之木。有教师表示自己想读书，但没时间，唯一抽时间看的书是因为学校规定每个人在读书交流活动中要发言；有教师表示自己都是需要什么才找什么样的书来看。可见，教师读书要么是被动应付，要么就是出于功利意识，而不是自我专业发展的内在需求，教师读书缺乏内在动力，被动参与的读书交流难以发挥其原有功效。

三是缺乏交流的共性话题。很多老师反应读书交流活动异化成了荐书会，成了主要发言人单方面向参加者介绍和推荐自己所阅读的这一本书的会议，而交流仅限于形式。的确如老师们所说，互荐好书是必要的，但是可以选择其他的途径先推荐，如果要交流还是需要所有教师对这本书有一定的前期阅读准备，才能够互相交流读后的感受，才能在读书交流的过程中呈现自己个性化的读书感受，生发出多元化的认识，互相开阔教育教学视野。

（二）基于网络媒介的课例学习与交流

"'课例研究'即研究中小学特定科目、特定学习内容、以40分钟左右为单位的'课'"①。"课例研究"是中国广大中小学教研活动的核心内容，并在不同的现实情境中形成了"课例研究"的多种形态，有基于公开课、赛课的现场课例研究；也有基于随堂课的现场课例研究；还有基于多媒体技术辅助的优秀课例研究。X小学一般每学期会结合区里和学校的赛课、公开课等研课活动进行两次左右基于课堂教学现场观摩的课例研究，校内每个教研组、年级组也会在平时教研活动时间进行课例研究，让教师们结合课堂教学实践案例相互讨论、交流，在交流中发现问题、分析问题、解决问题，实现共同成长。除这种现场研究的课例研究之外，X小学还会将校外很多优秀教师的教学录像带回学校供教师们自行学习或作为课例组织教师集体观看并进行分析和研究，学习优秀教师的教学经验。

课例是教师进行自我研修的一个能够与实践紧密联系的"支架"。笔者在访谈中发现，通过网络媒介观看他人的优秀课例不仅是X小学老师的一个重要的自我研修方式，也是教师们畅所欲言对课堂教学案例进行讨论、分析的自由空间。

M老师："我们平时的课例研究主要是针对本校普通教师的公开课进行打磨完善，我们也叫磨课或研课。这样的课例研究我们一般都会从备课、说课、上课、评课、完善后再上课……一直到把这一堂课打磨到大家认为基本满意为止。但这一类课例研究有一个很重要的特点就是为迎合评分、评价标准而较为关注怎样做能够获得评委的认可，所以最大

---

① 王荣生、高晶：《"课例研究"：本土经验及多种形态（上）》，《教育发展研究》2012年第8期。

的收获是学会了怎样上公开课。我个人还是更愿意从观看一些常态课的优秀课堂教学案例来学习怎样上好常态课。学校有从外面带回来的优秀课例，老师们也会自己上网站去找课例来一起观看。这种课例我觉得对我们这种年轻教师更有帮助，不仅可以根据自己的实际需求来选择性学习课例，还可以更直观地从教学实例中吸取有益经验。"（TI-T-ML，2016/9/23）

W老师："观看校外拿回来的教学案例进行课例研究有一个最大的好处，就是可以畅所欲言地进行议课，不用有什么顾虑，大家的讨论就会轻松、自由、公正、民主很多。这种形式的课例学习不仅让大家全面地观摩学习了优秀教师的经验和做法，还给我们提供了一个轻松、自由的交流机会。校内面对面地分析课例的话，因为上课的老师就是自己的同事或领导，大家会有所保留。"（TI-T-WSJ，2016/9/23）

从教师们对网络课例学习的感知和互动情况来看，以合作学习为出发点的课例研究更有利于教师之间相互协作、共同发展。基于网络媒介的课例学习主要目的不在于"打磨"好一节课，而是在观摩课例的基础上与同伴相互协作挖掘出课例中的闪光点，在相互的思维碰撞中提炼出对自身教学实践有借鉴价值的共性方案；在相互评议、共同探讨中发现课例中不足之处，并在对课例存在的问题的分析中获得对自身教学实践的启发，以促进教师自身对这一教学案例的学习并获得教学能力的改进和提升。从这个层面来说，以学习为出发点基于网络媒介的课例研究为教师们提供了一个相对开放、轻松、民主、和谐的交往环境，为教师将教育教学理论与实践的链接构建了一个自由的思考空间。

总之，"教""研""训"三种不同教研活动载体为中小学教师主体互动提供了可能的运行空间。对不同载体支撑下的校本教研主体互动过程分析也表明，教师和其他共在的教研主体可以通过不同的方式，借助不同的具体活动形式来实现互动，以支撑校本教研的运转。从各种不同形式的主体互动语言和行为中也可以认识到，教师始终是校本教研最为核心的主体，而互动也是促成校本教研主体关系存在的媒介和推动力，教师基于校本教研的互动行为实际上是教师之间以交往而实现共生的基本前提。"交往反应的不是主体—客体关系，交往的双方，不存在纯粹的客体,每个人都是主体,都是彼此间相互关系的创造者,它们塑造的不是对方,而是相互间的关系,通过对相互关系的塑造而达成共识、理解、融合。因此,交往意指一种主体间的关系或一种内在的相关性(relatedness)。"① 校本教研主体之间正是这样一种主体间性关系,他们通过交往行为来互相作用、相互促进,不同的交往形态和程度决定了他们所能够获取的不同的发展状况。"理想的交往形态是'普遍的交往',它体现为人对交往关系的自由占有。人在对其交往关系的全面占有中,达到了个体和自然、他人、社会的统一,从而获得自身的全面而自由的发展,这就是类本位状态下的主体。"②

虽然校本教研主体互动的实现基于不同的载体,展现出不同的形式,但无论何种互动过程,作为校本教研核心主体的教师大致都遵循着这样一个互动轨迹,即"观望—入场—对话—理解—行动—自主—自觉—自由"(如图 5-3 所示)。

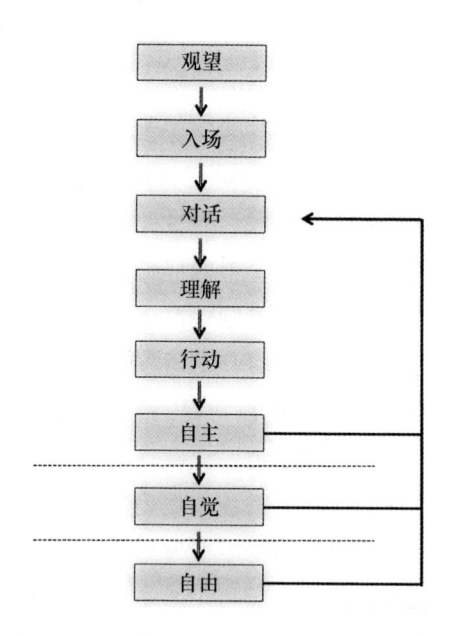

图 5-3　校本教研主体参与互动的融入轨迹

---

① 冯建军:《主体间性与教育交往》,《高等教育研究》2001 年第 6 期。
② 冯建军:《主体间性与教育交往》,《高等教育研究》2001 年第 6 期。

第一，教师这个校本教研的主体总是以"观望者"的身份存在。无论是在日常教学活动中的交往活动，还是全面推进的校本课题研究活动，或是以培训为载体的校本培训活动。在活动开展之初，教师们通常会持"看客"心态，大多数人都不愿意去做第一个尝试者。因此，在最开始开展各项促成互动的活动时，只有极少数教师参加。第二，教师作为主体的入场。虽然更多的教师最开始都是观望的心态，但在学校场域中总有教师处于中心地带，有教师处于边缘地带，而处于中心的教师又往往是最先尝到甜头的主体，自然就会吸引更多的教师入场。观望者的入场形式无论是主动还是被动的，都会发生交互作用，互动就在观望者入场过程中开始产生。第三，主体之间的对话。这种对话不仅仅是语言的，还有行为的，甚至还指向行为和语言所烘托的"事实"。具体来讲，主体的对话就发生在前文所展示的"教""研""训"等活动之中。第四，主体通过对话达至相互间的意义理解。即主体间在相互协作、交流与共享的过程中不断深化对知识的意义建构。第五，基于理论的行动。通过对话交流，基于校本的理解，唤醒了主体的教研欲望和参与热情，参与行动就成为自然而然的发展节点。第六，则是教师行动后的进阶过程，这里又可分为三个阶段：一是功利的自主参与活动阶段；二是为了解决问题的自觉互动阶段；三是超越一切功利目的地面向生活世界的自由互动阶段。教师基于校本教研的主体互动过程走到行动节点时，就会出现明显的分阶，有些教师能够很好地顺着行动的三个阶段不断成长和提升，有些教师或许到了自觉阶段就戛然而止，需要再次通过不断的对话逐渐增强互动的深度。正是行动节点的三个不同阶段的存在，使得教师之间在校本教研能力、实践性知识、专业发展等方面存在差异。总之，校本教研主体互动的进阶程度决定了教师作为主体的校本教研能力，影响了教师作为主体的专业发展程度。

当然，在校本教研互动轨迹运行中，会出现教师的"脱轨"现象。这源于现代社会日益强化的技术理性、工具理性在教育领域的侵袭，最终使学校教学研究陷入"非人性化"的境地。获得外在荣誉称号和物质奖励成为广大教师参与校本教研的直接动因和最终目的，有的教师甚至是需要完成上级任务，为了研究而"研究"。主—客对立的思维方式渗透于教学研究的过程之中，教学研究成了专家、教研管理者对一线教师的控制和训练，从而忽略了教育实践最真实的需求，忘记了教师作为教研主体的存在。使得校本教研的参与者均迷失于传统的教研观念、思维之中，困顿在外在的权威、名利之中。造成这种状况的根本原因在于校本教研主体之间相互关系的断裂、交往精神的缺失和互动行为的不足，以团队研究、群体研究为主要特征的校本教研异化为个体占有式教研。

第 六 章

校本教研主体互动的影响因素分析

> 最广泛、最通常谈及社会性的方式就像相互主观性,即人类固有的对于相互义务和相互呼应的偏好。……在任何情况下人类的特性和经验只能在人和人的关系中,并通过人和人的关系存在。
>
> ——[英] 麦克尔·卡里瑟斯

对个案学校校本教研主体互动行为运行其中的生活世界和教研主体互动的过程进行描述和分析,发现 X 小学的教师参与校本教研的积极性日渐增强,并且能够将教研所获应用于日常教育教学工作中。但教师之间、教师与其他参与者(校内管理者、校外专家等)之间在校本教研活动中相互协作的实效仍有待提高。从校本教研主体互动的实现过程来看,教研主体之间的互动大多数时候仅仅是形式层面的相互交流过程和达成统一观点的结果,并未实现实质意义上的平等、自由和民主的协商,未在辩论性的商谈中达成相互理解和相互认同。是什么影响着校本教研主体之间相互作用、相互合作的效果呢?

对 X 小学调研的访谈资料进行整理、分析、编码和归纳,发现影响校本教研主体互动的因素主要有校本教研主体自身的因素、校本教研主体之间的关系因素、校本教研主体置身于其中的文化因素三大方面(如表 6-1 所示)。从这些因素被提及的频次来看,主体因素对校本教研主体互动的影响作用最大,文化因素次之,而教研主体间的关系因素影响作用较弱。下表中数字呈现的目的只是为了直观地展示影响校本教研主体互动的相关因素被教研主体提及的次数对比，仅为分析各影响因素提供参考。

表6-1 访谈中涉及的校本教研主体互动的影响因素及提到的次数

<table>
<tr><th colspan="5">校本教研主体互动的影响因素</th></tr>
<tr><th>三级编码</th><th>二级编码</th><th>一级编码</th><th>原始记录（范例）</th><th>提及次数</th></tr>
<tr><td rowspan="6">主体因素</td><td rowspan="3">专业素养</td><td>教研能力</td><td>刚接触教研，我感觉无从下手、束手无策，所以很抵触一些集体教研活动
大趋势是这样，自己也不能不参与，参与呢，因为自己没那个研究能力，就只能坐在那里听别人讲</td><td>23</td></tr>
<tr><td>教研领导力</td><td>阅读一些书籍增强自己的教研能力和教研管理能力……改善自己的管理办法，慢慢地我发现老师们的表现有所改变</td><td>9</td></tr>
<tr><td>专业引领力</td><td>专家指导我们，如果我们听不懂，那就是他的指导方式不合适吧</td><td>6</td></tr>
<tr><td rowspan="3">价值观念</td><td>主体意识</td><td>我负责的课题，组员有好几个，但实际上就我一个人在做，他们认为不关自己的事，几乎没人来跟我一起做
我觉得提高教师之间互动合作效率，要从老师的实际需要出发来研究，这样才能增强教师教研自主性</td><td>17</td></tr>
<tr><td>管理理念</td><td>领导的管理理念很重要，以前我们组长有很多条条框框，大家的积极性不高，现在的组长虽然对我们也有严格的要求，但会给我们空间去实践自己的想法，好像我们组现在的教研氛围比起前还要好一些</td><td>11</td></tr>
<tr><td>引导思维</td><td>我经常以专家的身份参加这类活动，也切身体会到，自己很难克服自己作为"知识权威"的心理……显然，这些传统的专家思维带来的"专家心理"和"专家姿态"非常不利于教育研究者与教育实践者之间的互动与交流，不利于专业引领的价值在校本教研中的实现</td><td>8</td></tr>
</table>

续表

校本教研主体互动的影响因素

三级编码	二级编码	一级编码	原始记录（范例）	提及次数
关系因素	业缘关系	共同的事	平时交流最多的就是和自己同年级又同学科的老师 跨学科交流的比较少，但是我偶尔会去别的办公室串门，虽然学科不一样但有些相通的东西我可以去请教其他学科在这块更厉害的老师 相对于校外专家来说，我们校内老师之间，和领导之间的交流机会还是比较多的，因为大家都在同一个学校上班，对学校的情况、教学情况、学生情况等都是比较熟悉的，所以交流起来很顺畅，也没什么困难	10
	情缘关系	共同的兴趣	因为我俩都对心理学感兴趣，我们就经常一起讨论，比如怎么设计心理活动课、怎么处理特殊学生等 我觉得能否真的互动交流起来要看有没有共同的话题	5
文化因素	观念文化	一致的观念	我感觉我们学校"心动教育"这些理念对我们平时去参加教研有很大的鼓舞作用 我们学校的老师还是有比较一致的观念，所以大家平时交往还是比较融洽的	16
	管理文化	组织氛围	在Y校长的影响下，教导主任、学科教研组长等管理者对教研的管理越来越人性化。他们鼓励老师之间常互动，也为我们搭建了很多交流平台	12
	制度文化	规范和引领	以前很少有机会和其他年级、其他学科的老师交流，随着学校校本教研机构和制度的改革，形成了系统的教研交流制度，慢慢地各个学科教师有了共同研究的机会	17
其他因素		性格	性格吧，有些老师天生就善于交际，有些老师本身就比较内向嘛	2
		协作力	主要看大家的协作力怎么样吧	1
		时间	我认为最大的问题是时间，每次活动时间都是安排得很紧凑的，一个流程接一个流程，活动结束了大家都走了，很少有机会相互交流	1
		学科差异	我觉得专职老师之间的交流不存在什么障碍，但和从其他学科来兼职教英语的老师可能会不太好沟通	1

考察影响校本教研主体互动的因素，是为了更好地了解校本教研主体之间如何更好地相互协作，共同推动校本教研的有效开展，充分发挥校本教研促进师生、学校乃至整个基础教育发展的功能。表6-1对个案学校校本教研主体在访谈中提及的影响及其互动的因素进行了整理和归纳，分析得出的三个影响因素（主体因素、关系因素、文化因素）也是形成校本教研主体互动过程的重要条件。如果说校本教研是一个复杂的微观社会系统，那么这个系统中的各个要素和要素之间的关系也是在相互作用中共同推动系统运转的基本条件。其中，校本教研主体是开展校本教研的基本要素，没有主体的参与校本教研活动就无法存在，主体在场的前提下主体的专业素养和价值观念影响着其参与互动的程度；校本教研主体之间的相互关系则是主体之间产生相互作用、达成合作的关键链接，对主体间是否具有互动的机会、互动的深度和广度等具有决定意义；校本教研主体互动行为运行于其中的文化情境不仅影响着主体的主体意识形成，还对其互动行为起着导向作用。

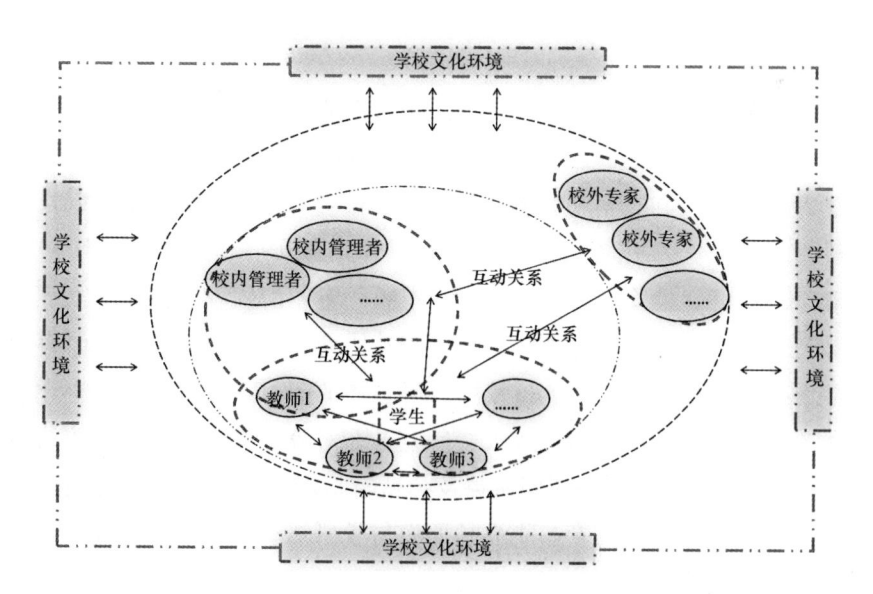

图6-1　影响校本教研主体互动的基本要素及要素间相互作用的示意

第一节　主体因素：教研主体作为校本教研主体互动的基本单元

校本教研是以教师为核心的多元主体互动过程，在这个过程中通过主体之间交互作用、相互影响达成信息交换和行为交互来解决教育教学实践中的具体问题。校本教研的参与人员主要由作为发展主体的教师、作为促进主体的校外专家以及兼具发展主体和促进主体属性的学校管理者三类人员组成。本书认为校本教研各类主体之间在校本教研活动中是平等的主体间性关系，故在此将所有参与人员统称为校本教研主体。对于以团队研究、合作研究为基本形式的校本教研来说，作为校本教研团队成员的每一个教研主体都是互动行为得以发生的基本要素。从对校本教研主体的访谈来看，校本教研主体的专业素养、价值观念是决定其是否参与互动及参与程度的重要因素。其中，校本教研主体自身的专业素养是其参与互动的基础条件；校本教研主体的价值观念主导着主体互动的行为方向。

一　专业素养是教研主体参与互动的基础条件

在校本教研活动中，"教师个人的自我反思、教师集体的同伴互助、专业研究人员的专业引领是开展校本教研和促进教师专业化成长的三种基本力量。"[1] 作为校本教研核心主体的教师、作为校本教研协调者和组织者的学校管理人员、作为校本教研专业引领者的校外专家等校本教研主体之间应是一种平等交往、相互协商、共同促进校本教研有效开展的主体间性关系。因此，校本教研主体的能力素质高低，都将影响校本教研主体间互动的实际效果。研究者在对校本教研主体进行访谈的过程中，"专业素养"是他们所提及的所有影响因素中出现最为频繁的词汇，他们认为基本的专业能力是他们与教研活动中共在的他者进行有效互动的主要因素。

---

[1] 余文森、洪明：《校本教研九大要点》，福建教育出版社2007年版，第2页。

(一) 教师的教研能力是其能否参与互动的根本前提

"科研兴校""向科研要发展"等理念在中小学校日益受到重视，以校为本开展教学研究成为大多数中小学校提升办学品质的重要抓手。校本教研促进学校内涵式发展、师生共同成长等功能如何得以有效实现，取决于学校教师的所思所为，教师作为"教室的负责人"是校本教研当之无愧的主体。以团队研究、合作研究为基本存在形式的校本教研的开展过程就是以教师为核心的多元主体互动过程，互动是多元主体在相互协作开展教研的过程中提升合作实效的重要方式。因此，教师是否具有基本的教研能力不仅是教师能否参与校本教研活动的前提，也是教师能否与其他参与主体进行实质意义上的相互协作的内在决定性因素。

教师的校本教研能力主要指运用教育教学基本理论知识、教育教学研究方法来发现、研究和解决学校实践中存在的实际问题的能力。这种能力包括发现问题的能力、批判反思的能力、分析能力、学习能力、文字表达能力、创新能力、沟通能力、合作研究能力等基本教学研究能力。研究者在对教师、学校管理者、研修员等校本教研相关参与人员进行访谈的过程中，教研能力是他们多次提及并反复强调会影响作为核心主体的教师参与互动的一个重要因素。

首先，教研能力是教师融入校本教研团队，与同伴、与管理者、与专家展开专业对话的前提。调研过程中，教导主任 H 老师建议一定要听听不同的声音，她给我大致介绍了学校教师参与教研的基本情况。比如哪些老师能够积极主动地参加教研，哪些老师能够很好地与同伴合作，哪些老师能主动寻求专业引领，哪些老师则不愿意参加教研等。在 H 老师的帮助下笔者对各种类型的教师进行了访谈，发现"教研能力"是他们提及最多的能够促进或阻碍他们融入互动中的一个重要因素。以下是一则笔者的田野考察日志，记录了一位在管理者眼中不愿意参与教研的老教师的心声。

2016 年 10 月 21 日　　　　　星期五　　　　　晴朗

我与 H 老师从食堂吃完午饭走出来，H 老师忽然停下来，说："你要去访谈一下那个老师。"我顺着 H 老师手指的方向，看到一个身躯有点佝偻的中年男教师正从走廊走进一间办公室。H 老师补充道:"那个老师是我们学校比较典型的不愿意参加校本教研的老师,我负责分管教研工作之后做了他好多次思想工作了。你去和他聊一下看他为什么不愿意和大家一起做教研,回头顺便告诉我,我以后也好开展工作。"

于是,我怀揣着一颗忐忑的心走进了这位老师的办公室,我本以为他会拒绝与我交流,但是在我说明到访意图之后,他却出乎意料地跟我讲述了很多他内心深处的想法:"校本教研对于我们老教师来说的确是一个挑战,我工作 23 年了,习惯了上面有什么新的教育理念、好的教学模式直接拿来用,我主要的工作就是抓好教学。新课改的时候突然搞校本教研,让我们老师也来做教研,当时觉得不可思议,我们教书的人知道做什么研究。那时候科学就不受重视,学校就我一个科学老师,也没有人一起研究,我也没怎么参加学校的教研活动。后来科学受到重视了,学校又来了一位科学老师,也有其他学科的老师开始兼任科学老师,科学老师也被要求必须参加综合学科组的教研活动了。那时候我很抗拒参加集体教研,大家聚在一起也讨论不出什么有用的东西,不如我自己像以前一样在办公室好好地研究一下教材和教法。为了这事,学校领导找我谈话好几次,碍于情面自己也不可能不参与,参与呢,因为自己没那个研究能力,就只能坐在那里听别人讲。听完了让我们发表自己的看法也提不出什么问题,但又必须每个人都说,我就只能随便说点什么来完成这个发言的任务。真是有心无力啊!后来区里又推出教师成长课题计划,我对什么研究方法、写报告、写论文都一窍不通。我读中师的时候主要重视教学技能,所以中师毕业的老师在教学方面要好一点,教学我们还是有自信的,但是搞什么教学研究可能没有现在这些年轻的老师厉害。现在的学生懂的知识越来越多,我也开始觉得的确需要提升一下自己的教研能力了,得多研究下现在的形式、现在的学生、现在的新理念才能跟上时代的步伐了。最近我经常在电脑上自学怎么做教研,学会一点基本功才好跟他们(其他教师)交流。"①

L 老师略带无奈的语言表达了多数与他具有同样经历的老师的心

---

① 资料来源于研究者与 LJ 老师交流后的田野考察日志(节选)。

声。在新的时代背景下，校本教研实际上是每位教师心中所向往的。然而，由于学历背景、学科差异、教研知识储备、教学精力等原因，部分教师教研能力较弱，这成为影响教师"进场"参与互动的首要障碍。这也从侧面证明，教研能力不仅是教师参与校本教研的前提条件，也是影响教师与其他参与者互动交往的重要因素。

其次，教研能力能帮助教师在参与校本教研活动的过程中获得成功体验，进而保持对校本教研的持续关注。教研能力能够使教师在与共在的校本教研主体相互协助开展校本教研的过程中，体验到与同伴合作开展校本教研给自己及他人的专业成长、给整个学校的发展、给学生的成才带来的积极变化，获得成功体验。同时，教师的教研能力也在教研实践过程中再次得到有效提升。因此，教师的教研能力既是教研主体之间互动的必要前提，也是校本教研主体互动的结果，是影响校本教研主体互动的关键因素。M老师在接受访谈时提到自己从"被动"到"主动"参与校本教研，并在这个过程中不断体验到成就感的历程："十来年的校本教研经历，让我慢慢觉得教研与教学工作同样是教师的本职工作。以前总感觉自己不知道怎么做，参加几次之后又觉得没什么效果，所以很抵触一些集体教研活动，觉得是浪费时间。但是，'被动'参加了几年之后，在教研员、学校领导的带领下慢慢地学会了怎样做教研。慢慢发现教研其实和教学并不冲突，是相互融会贯通、互相促进的。体会到和同事一起参加校本教研的好处之后，我喜欢上这种活动了，再忙但我都会参加集体备课、磨课，参与课题研究，还会抽时间去听课。我觉得听课是同事之间最好的交流方式，听课之后我喜欢和上课的老师交流并主动反思自己，设身处地地想'如果是我来上这个课，我会怎样去上呢？'总之，和大家一起参加教研活动，我感觉自己教学进步很快，我教的班级成绩也有所提升。"（I-T-MYY，2016/10/31）

融入校本教研之中，实际上就是进入与学校教研共同体的互动之中，教师自然而然地体会到教研带来的实际乐趣，体验到校本教研给自己带来的积极作用。因此，教研能力的提升是校本教研主体参与互动的前提，也是校本教研主体在互动中促成教研实效和教研自觉、自由的基础。

（二）管理者的教研领导力强弱决定其能否协调多元主体间的互动行为

教研领导力就是领导者通过构建学校教研共同体，依靠自己和下属所形成的共同教研观念和教研行为，在领导过程中所表现出来的一种能够吸引、感召下属自觉为实现教研目标而奋斗的能力。以校为本的校本教研离不开学校管理者的教研领导力。以校长为核心的学校教研管理团队的教研领导力是决定一所学校校本教研质量高低的重要因素。他们对学校教研方向的决策、教研活动形式的组织、教研主体间关系的协调等方面所采取的措施都直接影响着校本教研的效果，关系学校教师参与校本教研的积极性和主动性，主导着学校与校外一切校本教研资源的联系紧密度。在调查研究中，也有多位教师谈到自己与同伴、与专家之间能否进行有效互动都离不开教研管理者的决策和支持。"我们学校几个现任的领导都非常重视校本教研，他们在教研管理方面还是挺民主的，愿意倾听我们的想法。他们为了让我们教师之间能够相互协作一起开展校本教研，在制度上、经费保障上提供了很大的支持。比如允许我们根据需要自主建立团队，为我们邀请校外专家来指导我们做课题，给我们经费出去学习和培训等，这都是在为我们创造和其他老师、和专家互动的机会。"（I-T-MYY，2016/10/31）显然，校本教研领导力作为一个教研领导者所应该掌握的是如何激励和吸引团队成员主动参与团队教研活动，自愿发挥自己最大的能量，在团队中相互协作，共同完成教研任务的一种能力。作为数学教研组组长的Z老师谈到自己在一步步学会如何引导和组织教师们进行有质量的教学研讨活动的过程中，就亲身体会到了教研领导能力对于一个教研管理者的重要性。Z老师在访谈中说道："我做教研组长这几年里，我自己慢慢地摸索，不仅自己的教研能力得到了提升，组织和领导教师们在协作、对话中形成教研伙伴关系的能力也获得了很大的提高。一开始真的不知道怎样组织才能让大家都能相互协作起来，很多老师参加每周的常规教研活动都应付了事。我很苦恼，私底下找个别关系好的老师了解老师们的想法，还去阅读一些书籍增强自己的教研能力和管理知识……后来我改善了自己的管理办法。比如我们的教研活动主题一定要贴近教师们的教学实际；教研活动前要组织教师们'备研',提前熟悉主题和内容,这样大家集体进行课例观摩和分析的时候才会有话可说……改变管理方式之后老师们参加教研的主动性越来越高了。"(I-A-ZGH,2016/5/11)

可见,教研管理者能否及时了解教研主体的需求,有针对性地组织教研活动,并适时为教研主体提供交流互动的机会、协调教研主体之间关系等方面的能力是促进教研主体之间实现实质性互动的重要保障。教研管理者的教研领导力是促成教研主体在协作、对话中形成伙伴合作关系,共同推动校本教研活动有效开展的关键。在这个意义上,管理者的教研领导力就是学校所有校本教研主体在互动中形成教研合力的推动力和凝聚力。

(三)校外专家的专业引领力影响其对教师的专业引领效果

校本教研中校外专家的专业引领能力,主要是指教育理论研究者、研修员等校外专家通过专题讲座、对话交流、现场指导及亲身示范等方式,带领和引导一线教师开展教育教学研究,以增强教师校本教研力,提升校本教研品质的能力。虽然说校本教研要面向实践本身,校本教研的主体要回归教师,但理论是实践的基础。校外专家作为在理论上占有明显优势的专业研究者,他们所提供的专业引领能够为校本教研实践者提供理念上的指引和方法上的指导,是提升校本教研科学性、有效性的重要保障。所以说,"专业人员的参与是校本教研向纵深可持续发展的关键"[①]。然而,并不是只要专家参与就能给一线教师提供良好的专业引领。专业引领效果的实现不仅强调专家对专业理论的充分掌握,更重要的是需要专家自身具备良好的专业引领能力。在调研的过程中很多教师反映,校外专家的参与给教师们带来新的理念,拓展了教师们的视野,但是,也有部分专家没有发挥出专业引领能力,他的参与并未对校本教研起到很好的引导价值。L老师在访谈中就表示:"我教书这么多年,参加过很多的培训、听过很多讲座、也和很多专家合作开展过教研,所以接触过很多不同的研修员、大学教授、专业研究者。我的感觉就是很多专家看起来很有学问,讲起来一套一套的,非常深奥,但是作

---

① 余文森、洪明:《校本教研九大要点》,福建教育出版社2007年版,第44页。

为一线教师的我们就是听不懂；而有些专家就懂得深入浅出，把一些很适合我们一线教师的理论、方法用一些简单的方式或者案例结合来讲得很透彻，我们听得明白也能够操作。所以，和那些讲得太高大上的专家，我们根本搭不上话，有时候单独问他一个问题，他一解答反而把我绕得更晕了。我还是觉得专家不能光有理论知识，还是得琢磨一下怎样才能把这些知识讲出来让一线教师能懂。"（I-T-LX，2016/11/10）

可见，专业引领不仅要求专家自身具有丰富的理论知识、扎实的教育科学研究能力，更加需要专家具有将教育理论转化成实践智慧，有效引领一线教师开展校本教研的能力。这也是一种既能够站在理论的高度，又能够从实践的立场出发，着眼于教师真实需求和接受水平，为教师开展校本教研提供适当帮助，提高校本教研水平的能力。同时，通过与作为实践者的教师对话、交流、分享，专家自身也能从实践中汲取营养，从而进一步丰富和完善自身的教育理论知识，提升自我的专业引领能力。

二 价值观念主导着教研主体互动的行为方向

价值观念是基于人的主观意识而做出的认知、理解、判断或抉择，换言之，价值观念就是指人对待事物的一种思维观念取向，对人的实践行为起着定向和调节的作用。据此而论，教研主体内在的价值观念也将左右其在校本教研活动中的行为导向。对案例学校校本教研活动的调查研究也发现，校本教研主体的价值观念是影响校本教研主体互动行为的重要因素，它影响教研主体之间互动的效果。

（一）教师教研主体意识决定着校本教研主体互动能否从形式走向实质

斯腾豪斯提出"教师成为研究者"的观念，并指出仅仅是教师的工作被研究是不够的，教师要自己亲身做研究。无论从何种角度理解教育研究，都不得不承认教师充满了研究的机会。[1] 然而，受到传统的教

---

[1] 宁虹：《教师成为研究者国际运动理论路径实践》，首都师范大学出版社2002年版，第13—14页。

师观的影响,"长期以来,教师一直是'教书匠'的别称,好像作为一个教师只要教好书、会教书、能教书也就可以了,很少有人把教师也作为一个研究者来看待。"① 教师自己在教育研究的过程中也常常心安理得地将自己置身于被动接受的地位,"欣然"接受自上而下的教研任务"派遣","安心"做专业研究者的研究对象。随着校本教研的兴起,教师在教学研究中的主体地位再一次在教育理论界和教育实践领域受到关注和肯定。校本教研"更强调教师在研究中的'主动参与',而不是成为纯粹的执行者与操作者,更强调教师所作的研究是为了改进自己的教学实践而不是为了验证某个教学假设或教学理论,更强调用教师自己的方式——比如'讲述教师自己的故事'——表达自己的研究成果,而不是盲目地模仿所谓'规范'的格式或'科学'的概念"②。可见,校本教研意在将教师被动接受和完成任务式的教研行为转变为教师主动获取和主动与同伴、专家互相合作开展研究取得共同成长的合作教研行为。教研主体意识的觉醒成为促动校本教研的前提和基本条件。研究者在个案学校调研的过程中也发现,教研主体意识对教师是否能全身心投入校本教研活动中,并与同伴达成实质意义的相互协作关系的价值导向。通过对教师的深度访谈,从所表达的内心想法中可以看出,教师在校本教研中主体意识的缺失,很大一部分原因在于教师过于看重校本教研所带来的外在利益,对校本教研的内在价值认识不足。

笔者:"您在组织语文组内教研活动的过程中觉得大家更愿意参加哪种类型的校本教研活动呢?"

L老师:"肯定是每周定期开展的和我们授课进度相同的教研活动了。像集体备课,开不开展教研我们都要备课,但是如果大家在教研活动的时候集体备课的话这样我们备课会更加充分。老师每天都要上课,如果还做班主任的话,除了上课之外还要管理班级,开展很多活动,所以参加一些与自己的工作联系不是很大的教研活动确实精力不足,所以不会很主动参加。但有些上面交代下来的校本教研的任务必须完成,虽

---

① 郑金洲:《校本研究指导》,教育科学出版社2002年版,第42页。
② 刘良华:《校本教学研究》,四川教育出版社2003年版,前言2。

然和老师手头的教学工作关系不大，但和教师的学期评价、年终评价，还有职称、奖励这些都是挂钩的，但是他们又没时间没精力去钻研。为了把任务完成得好一些就只能直接叫组内在这方面厉害一点的教师全权负责了，或者请专家来给我们提供一些现成可用的东西。这样事半功倍，交上去代表着我们学校的荣誉。"（I-A-LX，2016/11/10）

笔者："您觉得校本教研活动对您的教学工作有帮助吗？您在校本教研活动和其他参与者之间的相互协作有什么实际效果吗？"

Z老师："对工作的作用，这要看是什么类型的教研活动了。如果是和我们的教学密切相关的教研活动肯定有帮助的，如果不相关那就不一定了，甚至还耽误正常教学工作。另外，你说的相互协作有没有效果这既要看是什么样的教研活动，还要看跟谁协作，以什么样的方式协作。如果只是配合领导和专家完成一些命令式的任务，我个人觉得对我自己来说没什么实际效果；如果是一起去探讨共同感兴趣的实际问题，能够激起我来思考这个问题，能让我投入进去，对我、对和我一起做这件事的人都有帮助。"（I-T-ZY，2016/10/31）

J老师："大部分和我们日常教学工作相关的教研活动对工作是有帮助的，在开展活动的过程中我可以和其他老师一起探讨工作中一些难题，解决一些自己冥思苦想也不能解决的问题。"（I-T-JP，2016/10/31）

从以上对语文教研组的教研组长和语文组两位普通教师的访谈来看，作为校本教研主体的教师在教研活动中的主体意识存在两极分化的现象。在教师发展取向的教研活动中，教师的主体意识较强，教师参与互动的积极性高，相应的互动合作的效率也高；而功利取向的教研活动中，教师的主体意识较弱，教师被动参与或不参与，忽略了作为主体的教师的存在和价值。这也反映出当前中小学校本教研实践中仍存在一定的工具化倾向，在部分关乎学校荣誉的教研活动中，往往为了取得更好的效果而忽视教研主体的情感和精神体验，使得校本教研主体意识缺失和互动价值偏移。这主要体现在两个方面[①]：一方面，校本教研主体湮没，导致校本教研主体互动的价值丧失。除了贴近教学实践的日常教学

---

① 谭天美、范蔚：《校本教研主体互动的缺失与回归》，《中国教育学刊》2017年第1期。

型研究之外，研究型和学习型的校本教研活动的重心倾向于更擅长教育研究的校外专家或校内个别骨干教师，使得本应作为校本教研主体的一线教师成了辅助者与配合者。校本教研未能为教师提供自我反思的契机和同伴互助的动力，却成为学校个别管理者和教研负责人的"自留地"，从而导致教研主体之间的互动、交流被阻隔，剩下的只是工具理性操控下的应付式交往。另一方面，教和研的分离，导致校本教研主体互动流于形式。学校校本教研管理者或少数负责教研的骨干教师为了达到自己的预期目的而主导的教研活动，只能按预定的程序和规则进行，脱离了教师的日常教学实际。教研主体丧失了其在教研中的主体性作用和自身的意义。

显然，当前校本教研中仍存在漠视教研主体情感和精神价值的"例行"教研活动，这类教研活动忽视了主体的存在方式和意义，架空主体而追求形式和结果，进而致使活动的虚化、价值的泛化、认识的模糊，甚至责任的推诿。[1] 这是导致本应作为校本教研主体的教师主体意识缺失的主要原因，一旦在校本教研活动中主体性的缺位将使得教师在与同伴、专家的互动中居于被动受控的境地，而无法真正实现通过互动在认知、行为、情感等方面产生相互作用。因此，关注教师作为教研主体在校本教研中的价值，提升教研主体的主体意识是促进校本教研主体互动合作的重要因素。

（二）教研管理者的管理理念影响着教研主体互动的范围

学校教研管理水平直接影响和制约着整个学校校本教研的质量和教师专业化水平。以校长为核心的学校教研管理者团队的教研管理理念，对整个学校的校本教研活动方向和形式起着决定作用。学校教研管理者的管理理念指导下的管理行为对校本教研主体之间的互动能否实现及实现的效果起到了直接的影响作用。因此，学校教研管理者不仅需要具有较强的教研能力，更需要具有良好的教研领导力。这种领导力能够促使教研管理者深入结合学校的办学理念来提炼教研管理理念，并将理念外

---

[1] 吴刚平、余闻婧：《论基于教师改变的校本教研》，《河北师范大学学报》（教育科学版）2011年第2期。

化于制度规范、管理办法之中，促进校本教研主体间在互动中形成教研合力。

受到传统的学校行政管理理念的影响，目前仍有多数中小学的教研管理采用自上而下、单向线性的科层式管理理念。在这样的管理理念指导下，校本教研主体习惯性地依照由上而下单向直线式的运行方式来开展教研活动，校本教研则形成了固定的"专家或校长发出指令、教研室接受指令、教师分配执行的教研管理模式"[1]。这限制了校本教研各层主力之间物质、能量、信息的交互流动。Y校长在访谈中就谈到了自己对传统科层式校本教研管理理念的感受："以前，我作为一名普通老师的时候就特别反感那种布置任务式的教研活动，感觉自己只是一颗配合别人完成任务的'棋子'，没有主体性，只要按照上面布置下来的去做就好了。后来，终于慢慢地通过自己的积极和努力争取成为了骨干教师，算是比较有经验的老师了，也就自然而然成了学校里开展校本教研的'主角'，只要有教研任务，不管是学校领导还是普通老师的眼睛都盯着我，感觉这就是我一个人的事，没有互动合作的氛围。那时候，我感觉自己孤立无援，压力很大。现在，我自己来做校本教研管理了，我尽量更新自己的管理理念和思维方式，比如精简教研管理机构合并了教导处、加强各级教研组织的横向交叉关系等。希望不要再让学校的老师们有我这种经历和感觉，尽量创造条件让每个老师都能成为校本教研的主体，让全体教师互动合作，大家凝聚起来壮大学校的教研实力。"（I-A-YMC，2016/11/10）

开放、民主的教研管理思维则对教师们在校本教研活动中的互动行为起到促进作用。对X小学的教师进行访谈的过程中，大多数教师对以现任校长为核心的教研管理团队的管理理念持认可的态度，并且认为学校人性化的教研管理方式给了他们参与校本教研的精神动力。相对开放的管理理念不仅为教师们创造了发挥自我创造性的空间，也为教师们提供了多向互动的交流平台，拓展了教研主体的互动范围。几个在X小学工作了十几年的教师谈到管理者的理念对教研主体之间合作互动的

---

[1] 范蔚、谭天美：《校本教研生态失衡的根源探析》，《中国教育学刊》2015年第10期。

影响时提道："以前吧，我们教导处和科研处是分开设立的，一个管科研，一个管教学，工作划分很细，对于管理者来说应该是比较好管吧，但是我们下面的老师就比较无奈，很多时候同样的事要做两遍。实际上教学和科研的很多事是交叉的，这样分开管理除了让基层的老师们重复劳动之外，还有一个最大的弊端就是'教学'和'研究'变成两码事了，校本教研脱离了我们的工作实际。所以大家连教研的主动性都没有，还谈什么大家相互协作呢？我们中小学老师做科研肯定大部分还是需要围绕教学来做的。还好后来 Y 校长将这两个部门合并了，教学和研究合并管理，还将管理的重心逐级下移，使每一级别的管理者都要深入实践，多和教师群体沟通交流，了解民意。"（I-A-LX，2016/11/10）

从 L 教师反映的情况来看，偏向于科层式的管理理念虽然具有较高的管理效率，但也是限制教研主体的积极性、创造性，阻隔教研主体之间互动、交流与合作的主要因素。当前 X 小学的教研管理团队持扁平、开放、民主的管理理念，淡化科层、封闭、控制倾向的自上而下的管理思维，帮助 X 小学的教师在校本教研活动中获得作为校本教研主体的身份体验，是推动 X 小学在校本教研主体之间互动合作的重要因素。

（三）校外专家的专业引领思维决定着其在互动中的话语限度

校本教研虽然是立足于"校本"，在本校展开的教学研究活动，但并不完全封闭和局限于本校的力量。校外专家的专业引领也是校本教研有效开展不可或缺的力量。校外专家介入以中小学教师为核心主体的校本教研，对教师进行专业指导，不仅是推动校本教研开展的有效方式，也是促进理论和实践相互沟通，建立"理论与实践之间包容关系"[①] 的重要手段。校本教研中专业引领的过程就是校外专家与一线教师互动的过程。然而长期以来理论优先的传统，在理论上具有绝对权威的专家在互动中拥有着优先的发言权，从而使得专家的互动思维（观念）直接决定了专家与教师之间的互动方式，进而影响着互动的效果。如果专家一味地"以理论话语的形式独霸于教学研究的各个领域，将会使得教

---

① 宁虹：《实践—意义取向的教师专业发展》，《教育研究》2005 年第 8 期。

师的话语权式微和自律性衰退"。① 从而堵塞了教师与专家互动的通道，并同时影响着教师自身的自觉互动与交流习惯。因此，校外专家的专业引领思维决定的话语限度影响着其与教师互动的程度。

校外专家作为校本教研的专业引领力量，引领的关键在于运用理论知识的力量激发教师的教研热情，提高教师的教研能力，提升校本教研的品质。那么，作为具有绝对主导地位的专家能否通过自己的专业引领，激发教师在校本教研中的主体意识和激活教师的实践智慧，这就看专家是以什么样的思维去展开和教师之间的互动。在 X 小学调研期间，参与教研活动的校外专家时间安排紧凑，而且活动空隙跟专家交流的教师特别多，研究者与专家只能进行短暂的交流。后续研究者通过电话或网络访谈的方式与参与 X 小学校本教研活动的部分专家进行了较为深入的交流。有专家表示自己在不断地反思在教研活动中的专业引领行为，长期以来形成的定势思维的确影响了自己与教师的交流效果。以下是一名专业研究者谈到的在参与 X 小学教研活动后的一些感受："走进实践，参与中小学校本教研活动应该成为我们教育研究者的工作常态。所以我经常思考这样一个问题'作为一名专业研究者，我应该如何介入教研活动，提供怎样的引领？'我想，其中最为重要也最难实现的是自己在观念上的角色定位问题。'主导者''主体性''主体间性''学生为本''学生主体'这样的关键词反映出的'学生（员）主体观'是我们较为熟悉的。然而，作为教育研究者，我们往往很难放弃自己的'知识地位'。这样的角色定位导致的后果就是，当我们教育研究者参与中小学教师的教学研究活动时，难以实现真正的平等和真实的互动。例如我参与的 X 小学'问题学生之我见'的班级管理研讨会，结束之后我再一次意识到传统的思维对'专家'身份的固执和危机。这个活动由一名刚入职两年的年轻班主任主持，她向大家抛出了一个真实的'问题学生'案例。在她的班级里有位学生'非常调皮'，经常在上课时间钻到桌子底下，常常把校园的文化墙上的板报撕毁，趁老师不注意的时候跑到校园的花圃把花全部摘掉，甚至有一次还当着来校检查的领

---

① 王鉴、谢雨宸：《论我国教学研究范式的转型》，《高等教育研究》2015 年第 4 期。

导把校园里的观赏水果摘个精光。这是这位教师给大家介绍的她遇到的这个'问题学生'的情况，这位老师也表示多次对学生进行过批评教育但是无果。这个案例抛出之后，一些较为积极的、教龄比较长、经验比较丰富的老师开始陈述自己的观点（这些老师都是主动发言的）。继而又有一些热心的老师开始帮这位年轻的班主任出主意。你一言，我一语，看起来非常热闹。但是在整个两个小时的讨论中，前半段时间反反复复都只是原来的4位老师发言，另外有两位老师间或提出一两句观点，最后大家把几乎一个小时的时间留给了作为专家的我。整个讨论有14人：1名主持人、5位超过10年教龄的班主任老师、4位教龄在5年以上的班主任老师，还有4位刚入职不久的初入职教师（包括主持人）、另外加上1名教育研究者（我）。实际上，整个活动是非常有意义的，切实分析了讨论主题所涉及的问题。但是，其中也有两个较为重要的问题值得思考：一是这种讨论活动多以'经验丰富'的教师为中心，'年轻（新）教师'多作为'边缘人'或'旁听者'的角色存在。二是教育研究者（我）的参与，使得整个研讨的主体和中心发生了位移，从本该以参与的教师为主体转变成了以'专家'为中心。这主要有几点体现：参与讨论的教师在发表自己观点时都习惯地面向专家席；教师们都非常期待专家的发言，并且把大部分时间留给了专家；专家永远都坐在一个中心的位置上。

　　我经常以'专家'的身份参与这类活动，也切身地体会到，自己很难克服自己作为'知识权威'的心理。要么总想把自己所知道的理论知识和研究经验一次性打包灌输给教师，因而导致这种专家身份对整个讨论的'入侵'和'控制'；要么就不轻易地发言，发言都要求自己所说的任何一句话都要有系统性和学理性，以免失了专家高高在上的专业地位……显然，这些传统的专家理念带来的'专家心理'和'专家姿态'非常不利于教育研究者与教育实践者之间的互动与交流，不利于专业引领的价值在校本教研中的实现。"（TI-R-LYF，2016/11/9）

　　那么，什么样的专业引领能够打开不同身份的局限，畅通理论专家和实践教师之间的交流和互动呢？X小学的教师指出，具有针对性的专业指导最为有效。有的专家掌握着丰富的理论知识，又过于心急，巴不得一股脑把自己知道的全部传授给教师们，不知不觉成为了校本教研过程中的"主角"，淹没了本应作为校本教研核心主体的教师在活动中的主体地位；有的专家由于没有先倾听一线的老师所表达的实际需求，所以引导难免缺乏针对性，导致教师难以接收专家所发出的信息。例如 X 小学教导主任 H 老师就说道："在专家介入的校本教研活动中，有时候互动交流环节一不小心从研讨变成专家的独家点评，大部分教师几乎充耳不闻。但如果专家的引领方式一变，教师们还是能够积极参与互动，从专家那获取很多能够解决自己问题的知识。"（I-A-HYJ，2016/10/31）当然，也有专家会适当淡化自己专家的权威身份，以平等的"参与者"身份走进校本教研。在专业引领的过程中与教师之间站在平等的位置，善于倾听教师最真实的观点，与教师之间形成双向信息的传递和共振，而不是专家单方面向教师传输信息。

第二节　关系因素：互动关系作为校本教研主体互动的结构系统

在校本教研活动中作为行动研究者的教师、组织协调者的教研管理人员、专业引领者的专家等校本教研主体在校本教研活动中各自扮演着代表自身特殊性的角色。"角色"一词最初由米德提出，米德使用角色这一概念主要是强调自我与他人之间的相互关系，认为从交往伙伴的角度观察自身的能力，是实现人们之间相互作用的必要条件。[1] 也有研究认为，角色是表示关系的术语[2]，不同的角色在交往互动中建立一定的社会关系。同时，角色也是社会关系的产物，社会关系的存在是角色存在的基础，没有社会关系，角色无从谈起。校本主体的不同角色决定其处于不同的社会互动关系之中，而互动关系是这些角色在社会关系中的一种状态化描述。互动是联结校本教研系统中各主体之间各种互动关系

---

[1] 奚从清：《角色论——个人与社会的互动》，浙江大学出版社 2010 年版，第 4 页。
[2] [英] G. 邓肯·米切尔：《新社会学词典》，蔡振扬等译，上海译文出版社 1987 年版，第 265 页。

的桥梁,各种互动关系的交织构成了校本教研主体互动的基本结构。同时,不同类别的互动关系也影响着各类教研主体对自我所扮演的角色的认同和体认,影响着主体之间互动的效果。

"现实中的一切事物都是相互联系的,所有事物或个体都是由关系构成的。"① 从案例学校 X 小学的校本教研主体互动的现实情况来看,不同类型的教研活动中主体之间构成的互动关系不同。并且校本教研主体互动关系并不是完全静态和固定不变的,而是在基本的互动关系之下随着互动行为的发生而不断变化着的关系结构。有研究认为按照联系的纽带可以将社会关系分为血缘关系、地缘关系、业缘关系、志缘关系和趣缘关系。② 根据校本教研各类主体的身份和主体之间的相互联系,校本教研中主体之间的互动关系主要表现为因工作的联系而形成的业缘关系及因具有共同的志向或兴趣而长期一起共事产生情谊而形成的志缘和趣缘关系的重叠,笔者将其称为情缘关系。不同的互动关系具有不同的优势和劣势,这些优势和劣势对校本教研主体之间的互动起着促进和抑制作用,影响着校本教研主体互动的效果。

一 业缘关系影响着校本教研主体互动的广度

业缘关系是人和人之间因职业(工作)或专业(学业)的联系而结成的社会关系。如领导者与被领导者的上下级关系、同事关系、不同领域工作者的彼此合作关系等。在校本教研系统中,教师、管理者、专家等教研主体之间的互动交往最初就是基于工作的需要而结成的一种最为普通的业缘关系。从校本教研各参与主体所扮演的不同职业角色来看,基于业缘关系的教研主体之间的互动也存在教师同事之间、教师与学校教研管理者之间、教师与校外专家之间、管理者与校外专家之间等错综复杂的关系。并且从任何一个教研主体的立场出发都是一张能够伸缩自如的互动关系之网,它的互动圈子可大可小,因人、因时、因地而

---

① [美] 大卫·雷·格里芬:《后现代科学——科学魅力的再现》,马季方译,中央编译局出版社 1998 年版,第 151 页。

② 奚从清:《角色论——个人与社会的互动》,浙江大学出版社 2010 年版,第 60 页。

定。正如费孝通先生在《乡土中国》中提到的我们的社会结构好像是把一块石头丢在水面上所发生的一圈一圈推出去的波纹。每个人都是他社会影响所推出去的圈子的中心。被圈子的波纹所推及的就发生联系，每个人在某一时间某一地点所动用的圈子是不一定相同的。① 校本教研所涉及的主体之间何以生发互动，其最为重要的原因在于他们处于如费孝通先生所讲的"圈子"之中，这种关系是校本教研主体互动关系形成和扩展的基础。

为了对纵横交错的校本教研主体互动关系进行深入分析，笔者以作为校本教研核心主体的任一教师为中心，对其所涉及的互动关系进行了梳理。从 X 小学校本教研中教师所参与的教研互动情况来看，教研主体之间的互动网络联结主要是以共同的"事"（教研活动或日常教学工作）为媒介和核心向外辐射扩散。也正如在访谈中 L 老师所说："平时交流最多的就是和自己同年级又同学科的老师，学校老师的办公室就是按照每一个学科里面同年级的老师进行分配，所以一般就是一个年级组的老师在一个办公室，每周 2 次的常规教研活动基本上就是我们组内几个老师一起开展。和其他年级、其他学科的老师也会在一些大型的集体教研活动中探讨一些具有共性的问题，但交流相对要少一些。"（I-T-DW，2016/10/31）以共同的工作为纽带的业缘关系是教师建立自己的教研互动关系网络的主要依据。任何一个教研主体的互动关系网络均由同事、领导、校外专家等主体为基本结点，他们之间在具体的校本教研活动中的相互作用关系构成了校本教研主体互动关系网络，教研主体彼此之间互动关系的密切程度则随着共同参与的教研活动的减少而呈层级递减趋势。

以任何一个作为教研核心主体的教师为核心，其本身的自我反思是与他者互动的基础；最近的外圈是在日常教学工作和常规校本教研活动中有着直接互动关系，且即同学科同年级教师及年级组长，他们构成了互动关系的第一层互动联结，这是作为教研核心主体的任何一个教师最为重要的互动关系。这种关系在校本教研活动中交往最为密切和频繁，

---

① 费孝通：《乡土中国》，人民出版社 2008 年版，第 28 页。

属于同伴之间的互助合作；处于第二层的则是同学科不同年级教师及学科教研组长、教研员，与这一层教研主体在教研活动中的互动交流相对于同学科又同年级的同事来说要稍微少一些；处于第三层的则是不同学科教师、学校领导班子教务处主任、分管校长，通常在校级大型的教研活动中才会有互动的机会；再外一层的则是校外专家（教研员、专家型教师、专业研究者等）……教研主体之间的互动关系和互动频次随着共同参与的教研活动的减少而逐层递减，构成一个逐层扩展的教研关系网络结构（如图6-2所示）。但这一关系网络并不是固定、静止的，每一层次之间没有绝对的界限，各级教研主体之间的互动关系会随着教研活动的变化而随时跨越层级产生相互作用。

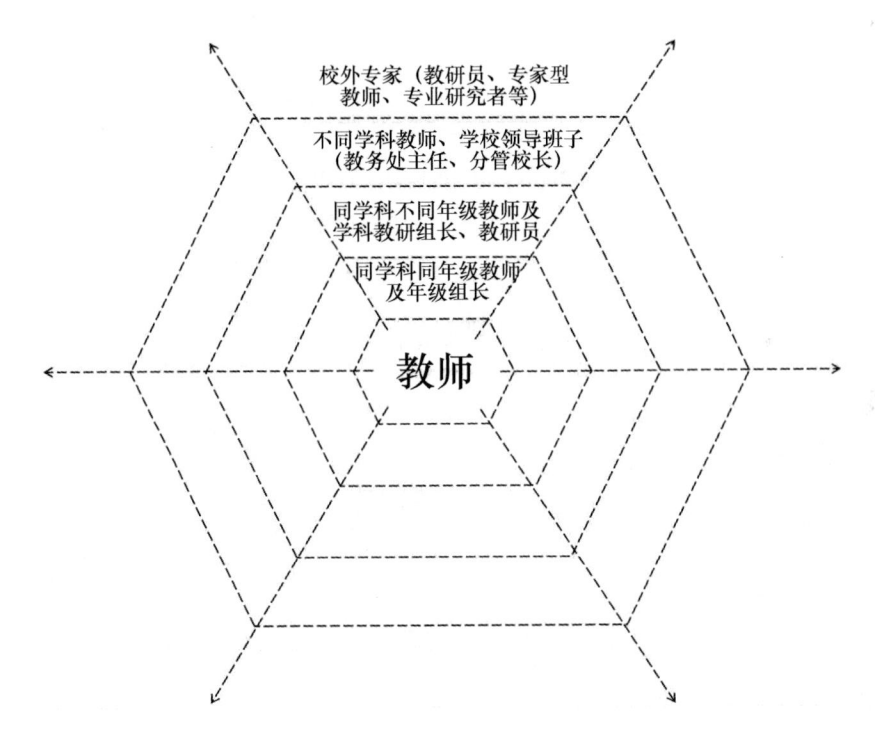

图6-2 基于业缘关系的教研主体互动关系网络素描

从以上分析可知，由业缘关系形成的校本教研主体互动关系的网络结构受到学校教研组织机构设置的影响。校本教研主体之间因共同的工作需要而产生相互作用的关系——业缘关系是校本教研主体之间互动的基本结构,对校本教研主体的互动范围和互动对象起着决定性作用。

二 情缘关系影响着校本教研主体互动的深度

受传统文化观念和社会结构的影响,情感在中国的人际关系结构中占有突出的地位。人和人之间在互动交往中能够产生情感、建构相互之间的互动关系,并且"人和人之间的交往越多,就越容易互相了解,产生深厚的思想感情,建立亲密的人际关系"[1]。反过来,互动情感的深浅和交流机会的多少也影响着人和人之间互动交往的范围和深度。这种"情感是一种弥漫在人身心中的力量,在很多时候它并非能够为理性所解释,但是却在很大程度上决定着个体如何认识以及是否采取行动,包括以何种方式采取行动"[2]。因此,由于共同的兴趣、爱好和志向等情感因素而在交流中结成的情缘关系,是促进人与人之间进一步互动的重要影响因素。X老师在访谈中就谈到自己与D老师之间情谊建立的经历,及这种情感在日常的教研活动中对彼此之间互动的促进作用。

X老师:"我和D老师并不是一个学科的,我教语文,她教数学,而且她在我后面进来X小学,所以一开始几乎没有什么交集。和她认识并成为了生活上的好朋友、工作上的好'战友'是因为我们两个都在上《心理活动》课。我是业余的,我只是对心理学很感兴趣,周末自己在外面参加心理学方面的培训;她是专业的,她是毕业于XN大学心理学部的硕士研究生。在一次学校开展的《心理活动》教研活动上我们熟悉了,学校没有专职的《心理活动》老师,一般都是班主任兼任。整个学校比较专业一点的就是D老师了,但因为她之前学的比较偏理论,《心理活动》课比较偏重于实践应用,而且还需要根据不同教学对象的心理特点来进行设计,要环环紧扣,然后一层一层地引入不同的主题。而我在外面学的就是比较偏实践应用的东西,可能是因为互补

---

[1] 奚从清:《角色论——个人与社会的互动》,浙江大学出版社2010年版,第65页。
[2] 靳玉乐、于泽元:《文化个人视角下教师对新课程改革的适应性探讨》,《西南师范大学学报》(社会科学版)2009年第3期。

吧，所以我们两个在集体教研活动上探讨得比较融洽，我的设计需要她的理论指导，她的想法我可以给她提出怎样更符合实际的操作建议。所以自从那次教研活动之后我们就熟悉了，还有其他几个也上《心理活动》课的老师，我们经常会一起讨论，比如怎样设计心理活动课、遇到一些突发情况怎么处理之类的。慢慢地，我和 D 老师成了无话不说的好朋友，周末一起去参加心理学培训，平时我经常请 D 老师来听我的《心理活动》课，每次她都能给我提出很多的改进建议。"（I-T-XML，2016/10/31）

校本教研主体之间的互动以理解为导向，教研主体之间因为兴趣相投而结成交往关系，循着这种交往关系在长期交往行为之下慢慢形成同伴之间的深厚情谊——情缘关系，而这种情缘关系的建立则成了教研主体间更好地达成相互理解与沟通的促进剂。这种情缘也许就是休谟在其交往行为理论中所提到的"共感"，人和人之间通过情感沟通实现"人类灵魂的交感"，它使得人们的心灵之间彼此成为"相互反映的镜子"。①

虽然情缘关系是促进教研主体之间交往与互动的内在驱动力，但是，很多情况下人与人进行能量的转换、信息的交流、观点的交汇并不能仅靠感性的力量来维持。在教研活动中与人交往如果过于偏重情缘关系，只与跟自己志趣相投、观点相近的人交流，也会限制教研主体交往的广度。在访谈的过程中，有教师就提到自己不喜欢和不熟悉的人交流，这限制了自己专业知识的增长和自身专业能力的发展。当笔者问道："您在工作中遇到问题，您会主动去找哪些人交流探讨呢？"

Q 老师回答："我这个人有股不服输的劲，一般遇到问题我第一时间不会去想找别人，尽量先靠自己解决吧。如果实在是解决不了的话我会跟 L 老师（W 老师在学校的好友）探讨一下。我其实很少找别人去讨论的，因为他们很难理解我的问题，别人只听到我对问题的描述，她不了解我的学生，她说那样好，并不代表我在我的班级这样做就好。而且有的老师和你关系不好，她不会认真去帮你思考你的问题的，如果她

---

① 休谟：《人性论》，商务印书馆1980年版，第420页。

敷衍我这不是浪费时间浪费表情嘛。"此外，Q老师还谈到影响她参与互动交流的因素主要是有无共同话语和相同的实践际遇。

事实表明，由于志趣相投而结成的情缘关系是影响校本教研主体互动的隐形动力，这种关系的建立可以帮助主体之间相互敞开自己的精神世界，实现主体之间精神与心灵的沟通，达到主体相互间的共享、共生。但也正是因为这种关系的存在而使得教研主体不愿意与这种关系之外的其他主体展开交往互动，对于观点不同的参与者不愿意主动去通过相互协商达成相互的意义理解和观点共识，限制主体互动，产生交往区隔，无法形成互动回路。

第三节 文化因素：教研文化作为校本教研主体互动的共生环境

文化是互动的背景，任何社会组织、社会关系都建立在一定的文化背景之下，任何一个个体也总是生长于特定的社会文化背景之中。文化是社会系统中一个独特的构成要素，渗透于各个社会子系统之中，并对其系统产生广泛而深刻的影响。对任何社会行为的研究，不仅要从行为主体及主体之间的关系本身来认识，还要研究其赖以生存的周围的文化背景。那么，何为文化呢？为何它会对个体行为和社会关系产生如此重要的影响？美国学者克罗伯和克拉克洪认为："文化是指借助符号获得有关交流的各种明确的和模糊的行为模式，它构成了人类群体的各项成果，包括物化的成就；文化的基本核心是传统观念，尤其是附属于观念的价值；文化系统一方面是行为产品，另一方面又是构成远期行为的必要条件。"[①] 人类行为创造了文化，但文化也左右着人类的行为。"大凡人们一举一动，一言一念，所以如此而不如彼，没有什么别的理由，只因为他们生在若干社会群体里面。无论是家庭，是教会，是党派，是国家，既然生在那里面，思想行动便跟那里的人学来了……凡是一个人这

---

① A. L. Kroeber and C. Kluckhohn, *Culture*: *A Critical Review of Concepts and Definitions*, Peabody Museum, Cambridge, MA, 1952, p.181.

样地从他的社会群体里面得来的东西,统叫做它的'文化'的一部分。"① 可见,在什么样的文化环境中,就会潜移默化地生成什么样的行为方式,文化影响着人们的行动方向以及行动方式,文化也会牵引着人们以某种特定形式与他人互动,从而实现各种意义的交互和理解。"文化不仅是社会互动的背景,还影响着社会互动的方式和手段。"②

在构成校本教研活动的这个社会子系统中,校本教研各参与者间的互动行为同样受到教研文化的影响。有研究认为,"校级层面的教研对教师缺乏吸引力,不能简单地归因为校本教研制度不健全或学校对教师培训不重视,更深层次的原因是长期以来学校缺乏滋养教师职业精神的教研文化。"③ 同样,校本教研的有效开展离不开教研主体在互动交往中实现真正的合作。因此,教研主体之间互动交往行为的发生需要一个能够支持和促进教研主体之间互动行为的文化环境,即学校校本教研文化环境。哈贝马斯认为,交往行为更多地依赖于作为知识储备的文化因素的调节作用。"文化并不是空洞的事物,它总是表现于一定的社会群体,体现在各种社会组织的行为方式上的。"④ 校本教研文化在观念、制度、行为、物质等多个层面影响着校本教研主体的行为,同时这种特定的文化也需要校本教研主体在教研实践行为中去创造生成。通过对个案学校校本教研主体互动的现状考察,本书认为,对校本教研主体互动产生直接影响的文化因素主要有观念文化、管理文化、制度文化三个方面。

一 观念文化影响着校本教研主体互动的行为表现

"价值观念是文化的核心要素,它决定文化的发展取向,制约文化内部人们的行为方式。"⑤ 在校本教研活动的开展过程中,作为校本教研主体的教师、管理者、专家等行为人长期共处于学校这一教研组织内

---

① [美]路威:《文明与野蛮》,吕叔湘译,生活·读书·新知三联书店2015年版,第3页。
② 悉从清:《现代社会学导论》,浙江大学出版社2009年版,第71页。
③ 陈兴中:《校本教研走向的思考》,《教师之友》2005年第1期。
④ 郑金洲:《教育文化学》,人民教育出版社2000年版,第235页。
⑤ 张宝贵、翟艳:《校本教研的学校文化视阈》,《教育发展研究》2008年第12期。

产生相互作用、相互影响,逐渐形成的比较一致的观念,这种观念与行为融合而成的观念文化反过来又作为价值导向直接影响校本教研主体的行为表现。

校本教研各类主体对校本教研的本质及教研主体之间相互协作开展教研的认识,直接影响着整个学校范围内校本教研主体之间的互动行为。受传统工具理性教研价值观念的影响,校本教研一度沦为"打造"学校"品牌",帮助学校宣传和作秀的工具,"教师参与教学研究的根本目的在于成就学校,为学校争光,学校强势的行政干预,愈加强化了这种观念"[1]。这种价值观念引导下的校本教研活动,导致教研主体的自我反思、同伴互助、专业引领陷入形式化的境地,教研主体之间缺乏能够互动合作的价值导向。学校管理者过于集权的管理理念,使得校本教研对于教师来说成为一项自上而下的行政命令;校外专家过度的话语霸权,导致作为校本教研核心主体的教师被边缘化。其结果是教师持一种被动应付的教研心态,失去了交流互动的主体意识。整个校本教研系统缺乏统一的价值引领,各类教研主体在校本教研价值认识上的分歧,导致校本教研主体之间在教研实践活动中缺乏向心力和凝聚力,难以在互动中形成教研合力。

不断完善学校办学理念和明确校本教研价值取向等观念文化是 X 小学近年来不断取得发展进步的关键。X 小学一改往日把校本教研作为一种行政任务和学校发展工具的价值观念,重新理清思路,将校本教研视为学校内涵式发展和师生共同成长的主要抓手,加深对校本教研价值的认识。学校中人的价值和发展在校本教研中逐渐受到重视。学校教研管理者开放管理理念,注重协调教研管理与教师自觉、专家引领与教师自主的关系。教师作为校本教研主体的核心地位逐渐凸显,校本教研主体之间的互动合作也逐渐地从形式走向实质。在 X 小学工作了 36 年的 G 老师在访谈中谈道:"前几年我们学校在搬迁重建,学校把全部精力放在建设工作上,科研工作这块没有形成核心凝聚力,老师们也各顾各的教学工作,各自抓自己班级的成绩和分数,老师们开展集体教研合作教

---

[1] 李朝辉:《校本教研的转型与重建策略》,《教育科学研究》2010 年第 10 期。

研也都是走走过场，最终还是在自己做自己的。新学校各项工作稳定起来之后也换了新校长，年轻的校长给我们带来了很多新的发展观念。我感觉他很重视校本教研，但他不仅仅是为了利用校本教研提高学校的名气而已，而是真的想通过校本教研带动老师们的成长，促进学生全面发展，提高学校办学品质。你看我们学校现在的办学理念（'激活生命智慧，创造心动奇迹'）和校训精神（'源于心，成于行'）和我们平时的教研活动都是相互联系的。你看比如'心动论坛''心动课堂'等，这些活动让我们想法和行动统一起来，也给我们提供了好多一起交流学习、一起进步的机会和平台。既通过校本教研活动促进了教师们的互动合作，又让老师们在互动合作中把校本教研工作做好了。"（I-T-GWZ，2015/9/18）

G老师的谈话表明，学校的教研价值观念深刻地影响着教研主体的行为，推动教研主体之间的良性互动，实现实质性合作。这种价值观念最关键的意义在于能够形成促进教研主体之间互动合作的开放、创新、平等、自由的观念文化。

二 管理文化影响着校本教研主体互动的组织氛围形成

管理学大师彼得·德鲁克认为："管理不只是一门学科，还应是一种文化，它有自己的价值观、信仰、工具和语言。"[①] 在任何一个组织里，组织内部的管理文化是组织得以有效运行的灵魂，它是一只推动管理工作的看不见的手，也是决定被管理者做出选择的原动力。校本教研的主阵地在学校，学校是一个特殊的社会组织，在这个组织里有上到校长，下到学科内年级组长的庞大管理队伍，在学校管理队伍中很多教师也是校本教研管理者。这些教研管理者对学校的校本教研工作起着直接的指导和监督作用，对校本教研主体的行为起着直接推动作用，对教研主体之间的互动合作起着组织和协调作用。因此，学校校本教研管理者在管理校本教研活动的过程中基于自身独特的管理价值、信仰、工具和

---

① ［美］彼得·德鲁克：《德鲁克管理思想精要》，李维安、王世权译，机械工业出版社2009年版，第9页。

语言所形成的文化，能够无形地影响所有校本教研主体的参与程度和整个校本教研活动开展效果。当然，不同的管理文化，对管理者与被管理者之间的关系以及被管理者的工作态度具有不同的影响。能够让被管理者体会到归属感和成就感，能够吸引被管理者主动自觉参与的管理文化应该是一种理想的、积极的管理文化。这种管理文化是以对被管理者的关心、尊重、重视为基础的一种"目中有人"的管理文化。

调查研究发现，校本教研主体在教研活动中的主体性、积极性，以及教研主体之间的互动氛围均与学校校本教研管理者独特的价值、信仰、工具、语言有密切关系。X 小学的大多数老师反映，在不同的管理文化之下自己在工作中也会有不同的表现。在 X 小学大多数的教师眼中，现任校长 Y 校长是一个思维开阔、心系学校发展、关心教师成长的年轻校长。在他以人文本的管理理念引领之下，X 小学校本教研管理者队伍在教研管理工作中逐步营造出一种团结和谐的文化氛围。一位教师在访谈中提道："Y 校长自己从来没有领导架子，他喜欢和我们每个老师沟通，一有机会都会和我们聊聊，了解我们内心真正需要什么。不仅这样，他还会为我们创造很多和同事、外面的专家、优秀教师接触和交流的机会。比如不仅定期开展心动论坛、组织师徒结对等面对面交流的活动，还引进云教学平台、'钉钉'办公软件等为老师们创造网上交流平台。他还把他自己熟悉的专家、博士请来学校免费给我们座谈，和我们一起做教研。在 Y 校长的领导之下，其他管理者也受到他的影响，对教研活动的管理越来越人性化了，少了等级观念，不管是管理者还是普通教师，只要在校本教研活动的开展过程中我们都是平等的，只要有想法有观点都鼓励我们大胆地提出来。"TI-T-YQ，2016/5/13）

实践表明，X 小学以人为本的教研管理理念，以学校里的人（全体师生）的全面发展为目标，通过共同价值理念的逐步确立和培育，在学校内部营造出了一种相互协作、共同进步、平等和谐的文化氛围。以人为本的管理文化使每一个教师在校本教研中寻找到自己存在的价值，体认到自己作为教研主体的身份。这也使教研主体在与同伴的互助协作中变被动应付为主动交往，在与专家的沟通中变被动接受为主动学习，在与领导的交流中变机械执行任务为创造性生成知识……这得益于学校教研管理者为作为校本教研核心主体的教师营造了宽松、开放的管理文化，创造了平等、自由的交往空间。

基于个案学校校本教研管理的实际案例和上述分析，可以认为管理文化影响着校本教研主体之间的互动行为，而管理文化的形成则与领导者的领导方式有密切关系。美国学者戴维·布雷福德和艾伦·科恩曾在《追求卓越的管理》一书中把领导方式分为师傅型、指挥型和育才型，师傅型和指挥型又统称为英雄型。[1] 英雄型领导方式的特点是权力和责任高度集中于领导者一身，组织内部任何决策都由领导做出，不体察民意，不关心下级的成长和发展，只关注命令的下达和任务的完成；育才型领导则实行分级管理，领导会听取下级的建议，尊重下级的创造性，上下级共同做出决定，共同承担责任，即关心工作任务的完成，也关心下级主体性的发挥和能力的培养，培养团队精神成为领导者注意的焦点，组织内部形成配合默契的团队文化。

如果教研管理者持英雄型管理方式，形成的将是外控型的管理文化。这将导致校本教研主体管理过于僵硬，教研主体之间的互动行为被外在行政控制，而不是出于教研主体内心的互动需求和意愿，最终教研主体之间的合作将会流于形式。例如为了应付上级检查而召集大家在一起学习和讨论某个教育理论问题，或召集所有教师听一场内容和形式并不能被教师接受的讲座并要求教师讨论交流。这种情况下，教师的内心实际上是抵抗的，在貌合神离的互动中，教师之间缺乏真正的放松与互动，缺少坦诚深入的交流，影响互动的效果。在校本教研管理中，管理的根本因素是人。因此，应当以人为核心，发掘校本教研活动中每一个参与者的智慧潜能，关心其成长，在这个基础上营造一个平等、团结、尊重、融洽、和谐的组织氛围。

三 制度文化影响着校本教研主体互动行为的发生和维持

制度文化最先源自于企业文化，是企业领导体制、组织机构和管理

---

[1] [美]戴维·布雷德福、艾伦·科恩：《追求卓越的管理》，尉腾蛟译，中国友谊出版社1985年版，第23—94页。

制度的具体体现。教研制度文化是学校文化的重要方面，是渗透在学校教研组织机构、规章制度、工作细则等载体中的价值取向和行为规约，对校本教研主体的行为起到控制和约束作用。校本教研制度文化不是与生俱来的，也不是自然而然地自发生成的。它最初需要学校通过有关教研组织机构的设置，以及教研制度的建立和推行来规范和管理教研主体的行为，在教研主体实践的过程中逐渐形成学校特有的校本教研制度文化。这种制度文化实际上反映的是学校管理者的教研管理思维，塑造的是教研主体行为的生存环境。因此，教研主体能否在校本教研中确立教研主体性和提高教研积极性，教研主体之间是否能够实现互助协作，对学校的教研组织机构形式和教研制度的规范所形成的制度文化起着重要的推动和协调作用，影响着校本教研主体的互动效果。

X小学的部分领导和大部分教师反映，X小学的教师在校本教研中的主体角色日益凸显，各类教研主体之间的互助合作行为也在不断地往好的方向发生转变，主体之间互动关系网络也在不断拓展和加深。带来这些变化主要的原因在于，X小学的教研制度紧密结合着学校新的办学理念和日渐成型的教研价值观念。这为教研主体之间交流互动提出了良好的平台和保障。从X小学教研组织和管理制度改革的历程可以看出，一方面，X小学的教研组织设置从自上而下的单向线性结构，逐步演变成上下互通的多元交互结构，为教研主体之间从组织设置上创设了很多互动的平台和渠道。正如Y老师所说："以前很少有机会和其他年级、其他学科的老师交流，随着学校校本教研机构和制度的改革，慢慢地各个学科教师有了共同研究的机会，视野开阔了，思维也变得活跃了"（TI-T-YQ，2016/5/13）；另一方面，X小学的教研制度也在逐步以合作互助教研为导向，从零散到逐渐具体化、系统化。作为专管教研工作的教导主任，H老师深有体会："以前的制度比较笼统地规定教研工作要达到什么目标，要求老师要反思、同伴之间要互助、要去寻求专家的引领。我可以把'自我反思、同伴互助、专业引领'这12个字烂熟于心，但是我却不知道怎样去反思，怎样去互助，怎样被引领，即使某个教研活动在学校某一阵风潮的推动下搞得火热，但是热潮过了就过了，因为没有制度的保障很难有持续性。后来，我们学校的教研制度经过不断地修改和完善后，就感觉好多了，很多都是从细节出发，具有可操作性了。比如《校本教研对话交流制度》，就会从备课交流、'五课'交流、读书交流等各方面作出具体的实施办法。有了制度的保障，大家在校本教研活动中的交流互动行为自然就能够持续下去了。"（TI-A-HYJ，2016/6/7）

不难发现，传统教研组织机构和教研制度下形成的教研制度文化最主要的功能在于对教研主体行为的控制和约束，而改革和完善后的教研组织机构和教研制度在实行过程中形成的教研制度文化的功能则体现为对教研主体行为的协调和引领。这种协调和引领是以不断地增强教研主体在互动中的主体意识和合作研究意识为旨归，帮助各类教研主体掌握在校本教研中相互作用的合理限度和基本规范，养成通过对话协商达成相互理解的习惯。因此，X小学的教研制度文化的转变历程充分证明制度文化对校本教研主体互动能产生直接影响，不仅能够为教研主体之间的交往互动提供机会和平台，还能在行动中逐步将组织制度对互动的外在支持和规约转化成教研主体之间的自主、自律的互动行为。

第 七 章

结论与建议

> 理解意味着交往的参与者在话语的有效性上达到了统一,这种一致是主体间对于言说者对他的言语所提出的有效性要求的相互认同。
>
> ——[德] 尤尔根·哈贝马斯

教师是开展校本教研的主要力量,校本教研要真实有效,应警惕校本教研过程中"教师主体性湮没"[①] 和主体之间互动缺失的窘境。作为校本教研主体的教师能否彰显出主体性,教师和其他教研主体之间能否有效互动将直接影响校本教研实效。因此,本书以校本教研主体身份的自我体认及主体之间互动协作的基本行动规则为焦点问题,采用个案研究的方法,对个案学校校本教研主体互动的现实图景进行描述和分析,探明了校本教研主体互动的生活世界样态和互动的真实过程,分析了校本教研主体互动的影响因素。通过研究重新认识了校本教研主体存在形式的基本内涵与旨归,并总结归纳出相应的研究结论,进而在交往行为理论思想的指导下,提出校本教研主体互动的建议。

第一节 研究结论:校本教研作为主体互动的过程

基于前期的研究,本书认为校本教研主体互动缺失的根源在于没有

---

① 葛孝亿:《教师主体性:校本教研应有之义》,《现代教育科学》2009 年第 4 期。

认识和超越校本教研主体存在的基本方式，没有深刻理解校本教研本身作为主体互动过程的意义和价值。要明确校本教研主体互动之旨趣，需先明确校本教研及其主体之本质，并在对校本教研主体及其基本存在方式的理解基础上重建校本教研概念，促进校本教研实效提升。本书具体围绕何为校本教研主体互动，在什么样的学校情境中进行互动，校本教研主体互动过程的现实图景是怎样的，影响校本教研主体互动的因素有哪些，如何促进教研主体在校本教研活动中的有效互动等问题展开研究。通过基本理论的论证和实证个案的研究，总结形成如下研究结论。

一　校本教研是以教师为核心的多元主体互动过程

针对工具理性和科技程式化带来的主体异化问题，哈贝马斯主张关注主体及主体间性，重建"交往理性"，以此来规约人与人之间平等、自由的基本关系。"'交往理性'这一概念是哈贝马斯为了对抗主体中心理性而提出的走出主体哲学的另一途径，所谓交往理性，是指在对话知识观指导下通过主体间的相互理解和相互认知的交往行为而形成的一种内在于主体交往行为的理性结构。"[1] 为此，哈贝马斯提出交往行为是在交往与互动中同时论及客观世界、社会世界和主观世界的事物，即"生活世界"。他认为人只有面对"生活世界"的交往和互动才是合理并有效的，重建"交往理性"在于"生活世界"的回归。此外，为了"判断交往行为的合理性"问题，哈贝马斯进一步提出了"商谈原则"，认为行为最终是否合理（具有普遍性）可以用"商谈原则"来权衡。总之，哈贝马斯认为交往与互动是主体存在的基本形式，并且交往应当是存在于生活世界之中并通过商谈来权衡其合理性的。

以哈贝马斯的交往行为理论为视角，结合本书在第一章对校本教研主体的界定及对个案学校校本教研活动的调研，笔者认为校本教研应是以学校教师为核心的多元主体共同参与、交互作用的教研活动，因而这种活动不只是主体与"外部客观世界"的合目的行为，也不只是主体

---

[1] 何菊玲：《论交往理性教师教育范式》，《陕西师范大学学报》（哲学社会科学版）2010年第3期。

与"社会总体的人"相规范的行为,更不只是主体间在"意识世界"中的戏剧性行为,而是主体间在同时包含客观世界、社会世界和主观世界的"生活世界"中的交往与互动。这里的"主体间"即是指校本教研的多元主体,其包括最为贴近教育教学实践的教师、学校教研管理者,也包括参与学校校本教研活动的校外专家。需要强调的是,教师是校本教研的核心主体,是任何校本教研活动中不可或缺的行动主体;学校教研管理者具有管理者和教师的双重身份,既是校本教研主体互动行为的协调者,也是校本教研主体互动的行动者;校外专家在校本教研活动中则更多地扮演着参与者、引导者的角色,在与学校教师、教研管理者共同开展校本教研的过程中,也同样是具有主体性的行动者。在以教师为核心的多元主体共同参与的教研活动中,通过集体商讨、分工合作,有助于挖掘集体的智慧,尤其是校外专家的参与,还能为教研活动提供更为专业的引领。X小学许多成功的校本教研活动案例便是真实写照。

正如哈贝马斯所言,"交往行为是至少在两个或两个以上具有言语和行为能力的主体之间的互动,主体通过行为语境寻求沟通以便在相互理解的基础上把他们的计划和行为协调起来。"[①] 而"判断交往行为的合理性"问题在于"商谈原则"的建立。也就是说,校本教研主体之间的合作与互动是否合乎理性,其判断标准在于校本教研主体之间是否能够建立所有参与者共同赞同的商谈规范,并在共同遵守的原则之下达成共识。因为,对于哈贝马斯来说,"交往的目的在于增进理解;理解的目的是达成共识;共识的目的是传递知识。"[②] 总之,校本教研应是以教师为核心的多元主体的互动过程,其意蕴暗含教师在校本教研活动中的存在应当是一种互动的存在,标识出相互作用是作为核心主体的教师在教研活动中的本然,是教师交往行为与商谈行为的内在本质。故而校本教研主体互动是指以教师为核心的多元主体在学校场域之中,以教

---

① [德]尤尔根·哈贝马斯:《交往行为理论》(第一卷),曹卫东译,上海人民出版社2004年版,第84页。
② [美]莱斯利·A.豪:《哈贝马斯》,陈志刚译,中华书局2014年版,第34页。

育教学中面临的实际问题为基点，通过语言、文字、动作等符号为媒介，借助"教""研""训"等具体校本教研活动为载体，进行对话交流、信息交换、观点碰撞而使主体之间相互作用、相互影响而发生积极作用的交互过程。这个互动过程以交往理性为逻辑起点，以生活世界为生存场域，以主体间商谈为合理互动的原则。

二 校本教研主体互动受互动系统构成要素的影响

校本教研作为主体互动的过程，其必然存于一定的系统之中，存于不同的关系之中，存于特殊的文化背景之中，因此难以避免地受到系统的构成要素、要素间的结构及系统所处的文化环境等各种因素的影响。在第一章对校本教研主体互动的要素和结构进行分析得出，校本教研主体互动是一个由互动主体、互动关系、互动情境、互动目的、互动载体等要素构成的复杂系统。通过对这个复杂系统中的要素进行调查研究发现，校本教研主体之间是否互动，互动程度如何，互动效果如何均受到构成校本教研主体互动系统的诸多因素的影响。综合分析各个因素对校本教研主体互动的影响及各个影响因素之间的相互作用，发现教研主体、互动关系和文化环境是影响校本教研主体互动的主要因素。

首先，校本教研主体的主体意识和价值观念是决定其是否参与互动的前提性因素。就 X 小学校本教研活动中教师的参与现状来看，有些教师之所以能够积极参与校本教研活动，并自觉履行教研职责、主动形成教研成果，最为鲜明的特征就在于这些教师在校本教研中的主体意识、合作意识较强，能够明确自己作为校本教研主体的身份价值，并能够认识到与共在的教研主体相互协作的重要性。当然，X 小学也存在部分教师因为未积极参与校本教研活动而成为教师集体中的"边缘人"的现象，如教导主任 H 老师极力推荐研究者去访谈的 LJ 老师，在 H 主任等教研管理者眼中，他就是"观望"在校本教研活动之外的"边缘人"。通过对这一类教师的深度访谈，发现原因主要在于这些教师对"参与校本教研有什么用？""我为什么要参加？"这些基本的价值问题没有清晰的认识，从而导致其陷入在校本教研活动中参与积极性不高或被动参与的境遇。显然，作为校本教研核心主体的教师，如果缺乏参与校本教研的主体意识和正确的教研价值观念，是难以在校本教研中体现自身价值并高质量完成校本教研工作的。同样地，作为校本教研活动中共在主体的学校教研管理者、校外专家的专业素养和价值观念也影响着教研主体之间的互动实效。X小学教研管理者的教研领导智慧、开放的管理理念等都是X小学校本教研取得成效的重要保障。X小学的教师也表示，专家的引领方式和话语限度影响着专家在校本教研中专业引领的效果，而这又是由专家的教研引领能力和专家的思维方式所决定的。因此，校本教研主体互动受到各类教研主体的专业素养和价值观念的影响。

其次，校本教研主体间的互动关系影响着校本教研主体的互动广度和深度。校本教研主体不是以独立的个体存在，而是展现出主体间性特征。主体间性在X小学校本教研主体之间直接表征出来的是教师的"业缘关系"和"情缘关系"。这两种关系影响着教研主体是否参与互动，以及参与互动的范围和程度。本书以作为校本教研核心主体的教师为中心，对其所涉及的互动关系进行了梳理。从X小学校本教研中教师所参与的教研互动情况来看，"业缘关系"主要决定了教研主体的互动广度。每一个教研主体均处于一个以自己为中心向外扩散的复杂关系网络之中，而这个关系网络的扩展弧度则主要是以教研主体之间共同的"事"（教研活动或日常教学工作）为媒介决定向外辐射的广度。例如，"师徒关系"和"同事关系"在校本教研主体间的互动情形就不尽相同。研究表明，在学校中处于"师徒"关系的教师之间开展校本教研的相互协作程度会更高。而校内普通同事之间却较少有主动交往的情况。又比如处于"学科关系"和"年级关系"中的教师之间的互动活跃程度也不一样，同学科同年级组之间的教师会由于学校的教研室划分方式而经常有需要共同参与教学、研究或学习活动，从而有了更多的互动交流机会。但是同年级不同学科的教师之间，由于学科关系和互动空间的限制，几乎很少有互动的可能。"情缘关系"则影响到互动的深度。例如X小学的X老师和D老师之间因为共同对心理学有兴趣而建立的深厚情谊，还有X小学新老教师之间的"师徒"情谊等。这种情缘关系的建立则成了教研主体间更好地达成相互理解与沟通的促进剂。

显然，校本教研主体存在于何种关系之中，将会直接影响其参与互动的可能性和互动的程度。因此，校本教研主体互动关系是影响教师互动的重要因素。

最后，校本教研的文化环境对校本教研主体互动行为起着方向性的引导作用。校本教研的有效开展离不开教研主体在不断地互动交往中实现真正的合作。而教研主体之间互动交往行为的发生则需要一个良好的文化环境的支持与促进。研究表明，校本教研活动依托于不同的学校场域而开展，学校的观念文化、制度文化、教师文化和物质文化等文化要素，都会或多或少地影响到校本教研主体互动行为的发生。前文提到教研主体个体的价值观念会影响到教师参与教研互动的程度，而由每个教研主体在同一场域之中共同形成的总体观念文化，则是决定校本教研主体行为的直接因素，也影响着整个校本教研主体互动系统运行。X 小学在以人为本的学校整体价值观念的指导下，逐步形成了以人的发展为本的教研管理理念和教研组织制度。"目中有人"的管理理念及基于此形成的教研组织制度在学校中的落实则日渐形成了有利于教研主体身份体认的教研文化环境。整个学校内部弥漫着以人（全体师生）的全面发展为目标的文化气息，在学校内部营造出了一种相互协作、共同进步、平等和谐的文化氛围。这种文化环境为校本教研主体参与进校本教研活动中营造了强大的吸引力，也为校本教研主体之间实现交往互动提供了持续的推动力。

因此，本书认为校本教研主体是否互动，互动程度如何受到校本教研主体自身的专业素养和价值观念、校本教研主体所处的互动关系结构、校本教研主体生存的文化环境等多种互动系统构成要素的影响。这些影响因素之间又存在相辅相成的关系，任何一个因素的变化将会影响着其他因素功能的发挥。

三 校本教研主体积极互动能够提高校本教研实效

校本教研主体积极参与互动能够提高校本教研效果。从主体互动的视角考察教师参与校本教研的实践过程，发现作为校本教研核心主体的教师参与互动的积极性一定程度上决定着校本教研的实际效果。通过对

X 小学教、研、训三种不同校本教研方式中校本教研主体参与互动情况的考察发现，并不是每一个教师都能够积极参与到校本教研之中，有的校本教研活动开展得较为成功并且硕果累累，但也有少量教研活动却半途而废、颗粒无收。这跟各个教研团队中的教研主体是否真实参与互动、切实做到互助协作有密切关联。因此，体现实效的校本教研过程，可以被称为"一群相互作用的个体智慧和社会性行为的结果"①。

X 小学以"教"为载体的校本教研活动开展得较为成功，并且形成了大量以"心动教育"为核心的教研成果。然而，通过对这些教研成果进行细致的分析却发现，只有数学学科组和音乐学科组取得相当突出的成就，并不是学校所有学科教师在这个领域都获得了发展。研究者以主体互动的视角为切入点，对 X 小学语文、数学、音乐等教研组进行跟踪调研就发现，数学和音乐这两个学科的教研组特别注重组内成员之间的交流与合作，展现出积极互动的良好生态。这可能不是这两个教研组取得成果的唯一原因，但实践也表明主体互动已然成为校本教研成败与否的重要因素。

在 X 小学以"研"为载体的校本教研活动之中，大凡能够探索出切实可行的实践策略，并将其应用于教育教学实践、有效解决问题的教研团队（课题组），其彰显出的团队互动积极性较高。X 小学以"研"为载体的校本教研活动主要包括课题研究和专题研讨。研究结果显示，X 小学的教研主体在课题研究中参与互动的积极性和主动性要远远高于专题研讨。究其原因，X 小学的教师表示自从区域推进"教师成长"课题以来，教师所参与课题的研究问题主要来源于自身的实践，贴近实践的共同话题及研修员有针对性的指导使得课题研究变得触手可及，教师们逐渐在课题研究中获得了主体身份意识。教研主体身份的体认使得教师参与校本教研的积极性再次获得提升。在与同伴之间的互动行为上也体现出协同共生的特性，与专家的互动表现中凸显出专业引领性。故而课题研究的实践效果逐渐显现。2016 年 11 月 4 日，X 小学开展了

---

① ［美］莎郎·D. 克鲁斯、凯伦·S. 路易斯：《构建强大的学校文化》，朱炜、刘琼译，北京大学出版社 2013 年版，第 11 页。

"我在课题中成长"的"心动论坛"。从教师们分享的参与课题研究的情感体验可以看出，他们不仅通过课题研究解决了自己日常教学中遇到的问题，还借助课题研究取得了丰硕的研究成果，进而获得了相应的奖项以及职称的提升。显然，以共同关注点而自由组合的课题组，组内的平等互动关系更能彰显出校本教研的主体性和互动性。但是，X 小学教研管理者组织的专题研讨式教研活动的效果却不理想。调研发现，专题研讨所彰显出来的更多的是教研主体间有序的语言互动，并且研讨中的语言互动带着一定的"被动"和"规制"色彩，所有发言人员发出的互动行为被研讨会的流程所控制，观点和观点之间缺乏平等、民主、公平、自由的交流和互动的机会。故而教研主体参与互动的积极性不高，导致研讨会互动形式丰富而实效堪忧。

在以"训"为载体的校本教研之中，同样展现出校本教研主体参与互动的积极性与校本教研实效之间存在极大相关性。X 小学针对校本教研而展开的教研主体能力提升培训活动主要有校内校外的专家讲座、教研学习共同体和师徒结对三种主要形式。而教师外出学习和专家入校培训都以专题讲座为主要交流形式，并且专家讲座式的培训是互动程度最低的一种形式，其次是教研共同体内的互动交流学习，师徒结对的互动程度最高。对 X 小学以"训"为载体的三种教研活动观察和分析可以看出，"以训促研"仍然需要作为校本教研核心主体的教师积极参与，才能取得良好效果。调查发现，X 小学多对师徒结对小组的教师在积极主动合作中获得了教研能力的提升，也有多数教师反映在讲座式的培训中，由于内容不易理解和针对性不强而使自己很难参与其中，从而收获不多。案例研究中的这些例证充分说明，校本教研主体参与互动的积极性直接影响着校本教研的实际效果。

四　校本教研主体互动能够帮助教师走向自由研究

"何为校本教研主体互动，校本教研主体互动为何？"是本书探讨的重要问题。通过基本理论的论证和实证案例研究表明，互动是作为校本教研核心主体的中小学教师在校本教研活动中的基本存在形式，这种合本质的存在形式是教师通过互动走向教研自由的必然途径。哈贝马斯认为人的"自由丧失"使得人与人之间出现层层区隔，异化了人与人之间的交往与互动行为，使得人与人之间相互理解与共识的达成陷入困境。于是，他主张"交往理性"就是为了突破这些区隔，引导人们走向生活世界，实现从主体缺位到主体自由的回归。同样地，本书通过对以"教""研""训"等具体活动为载体的校本教研主体互动的实现过程进行解析发现，虽然校本教研主体互动的实现基于不同的教研活动载体，展现出不同的互动形式。但无论何种教研形式、何种互动过程，作为校本教研核心主体的教师在校本教研活动中与同伴协作、与专家交往的直接目的在于提升校本教研实效，主要目的在于提升自我专业能力，根本目的则是实现自身的教研自由。通过进一步对个案学校教师参与校本教研主体互动的实现过程进行深入分析发现，作为校本教研核心主体的教师参与互动的目的性强度的递进趋势和其融入互动的轨迹具有内在一致性。并且作为校本教研核心主体的教师大致都遵循着"观望—入场—对话—理解—行动—自主—自觉—自由"的轨迹（如图7-1所示），逐渐融入校本教研活动。

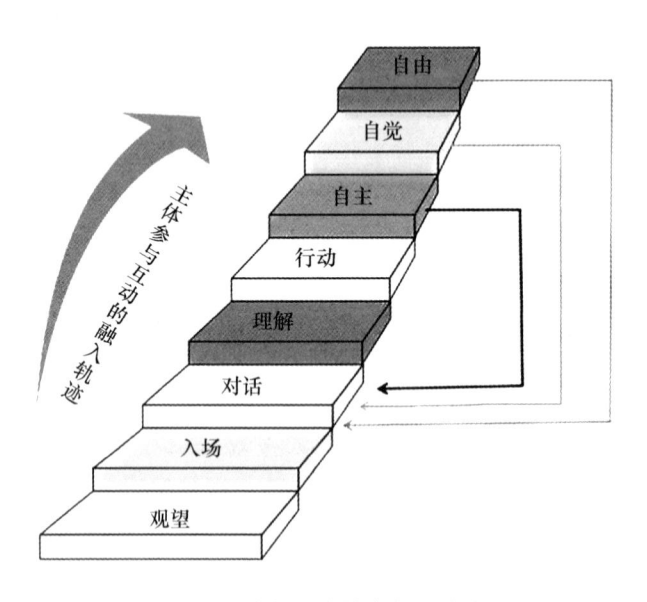

图7-1 校本教研主体参与互动的进阶

最开始，多数教师总是以一个旁观者的身份"观望"于校本教研活动的边缘。因为相对于日常教学工作来说，校本教研对于中小学教师既是一个挑战也是一个新的工作领域，并且受到传统教研观念的影响，教师在校本教研中一时难以领会自身作为校本教研核心主体的身份。因此，难以融入校本教研主体间相互协作、相互交流的合作教研中。然而，以解决学校教育教学中的现实问题为直接目的的校本教研，具有在问题解决的过程中促进教师专业发展的本质特征，故问题解决和专业发展的旨归具有吸引教师"入场"的"磁性"，并且先入场的教师在问题解决和专业发展上体验到的"甜头"会再次释放出引力，吸引仍处于边缘地带的观望者入场。观望者的入场不管是被动还是主动，都会与校本教研活动场域中的参与者发生交互作用。"对话"便是校本教研主体间在交往互动中实现相互"理解"的重要方式，这种对话借助于语言、行为等互动符号而实现，且负载于具体的"教""研""训"活动中。

建构主义指出，个体知识的建构发生在与他人交往互动的过程中。教研主体如若能在校本教研活动中通过专业对话进行交流和沟通，便可以在意义协商的过程中相互启发、相互协助、共享经验、共生共进。在这个过程中每一位教研主体个人的实践性知识得以公开、传播、应用和转化，形成集体实践智慧。这有利于教研问题的解决和教师专业发展，促成教师投入校本教研的"行动"中。X小学的教导主任H老师和数学教研组的组长Z老师之所以能够在校本教研活动中取得丰富的教学和研究成果，快速获得专业成长，正是因为她们在校本教研活动中具有主动性、积极性，能够在与其他教研主体的相互交流、相互协作中获得实践性知识并应用于实践，解决实际问题。从这个层面上来说，她们已经通过主体间的互动逐渐获得了自我专业发展的"自主"和"自觉"。

校本教研主体在互动中"自主"和"自觉"的实现，强调教师对自身作为一名专业教育工作者、教师研究者和终身学习者的专业身份的认同。教师个人的自我反思、教师集体的同伴互助、专业人员的专业引领是有效开展校本教研和促进教师专业发展的三种力量。这三种力量相辅相成，为教研主体构建了一个横向交流和纵向引领的内在互动机制。教师在对自我进行反思的基础上与同伴、专家以对话的形式展开相互协作，在互动中共享成功的经验和失败的教训，这有助于教师澄清和建构自我的专业身份意识。

笔者在对 X 小学的教师参与校本教研活动的情况进行延续一年多的跟踪调查，发现 X 小学多数骨干教师、优秀教师都有随时随地进行探究的自觉教研意识。以 X 小学的年轻骨干教师 TS 老师为例，每次与笔者见面她都会带着很多自己在工作中遇到的问题来主动咨询和开展讨论，平时她们办公室的"微教研"也多数由她发起和"主持"。乐于自我反思和善于与人交流的好习惯，让 TS 老师体验到了与同伴互动、向专家请教的"甜头"。中国古代著名哲学家墨子曾经提出"交相利"的重要思想，这充分说明互动是利益产生的根源。可见，教研主体之间的互动交往也是互惠互利的，教师互动能相互激发和强化自觉发展的内在意愿和动力，进而获得作为一名专业人员的幸福感和成就感。X 小学很多像 TS 老师一样在日常教研工作中积极参与校本教研互动，并将这种互动内化为日常工作之中的一种惯性思维和惯性行为。校本教研使互动交流成为教师最主要的也最真实的存在方式，而教师的专业自觉也正是在这种回归生活本身的交流和互动中得以实现。也许，教师在校本教研活动中的"自主"和"自觉"的实现仍有来自职称、奖励等外在作用力的推动，但这两个阶段是教师超越功利主体和工具理性而走向教研自由的必经之路。有些教师或许暂时无法获得自我超越，需要再次通过不断地"对话"交流逐渐增强在校本教研活动中的互动深度。

无论是基于校本问题解决的自觉研究，还是致力于教师专业的自觉发展，教研主体互动之根本目的在于促成教师的教研自由，并且教研自由的实现也是校本教研实效提升、教师专业发展自觉的一种重要体现。洛克认为，自由是一种自主的能力，是主体有能力按照自己心理的决定或思考来决定某一特殊行动的实现或停顿与否。诚然，教研自由的实现是建立在教师专业自主、自觉的基础之上，而非带有功利目的的外在推动。例如 X 小学倡导的日常"闲聊式"教研、自由组合式教研共同体、钉钉网上互动空间在校本教研实践中的推行，都是希望帮助教师摆脱功利目的，还教师一个自由的互动空间。而事实也证明，回归生活世界的校本教研主体互动，更能够激发校本教研主体参与教研的主动性和积极性。有研究认为,"理想的交往形态是'普遍的交往',它体现为人对交往关系的自由占有。人在对其交往关系的全面占有中,达到了个体和自然、他人、社会的统一,从而获得自身的全面而自由的发展,这就是类本位状态下的主体。"① 可见,校本教研主体互动引导教师投身于日常教育工作境域中无处不在的校本教研。并在这一共同文化境遇之下实现主体间意义协商、相互理解、达成共识、共同成长时,教研主体才得以摆脱外在束缚,超越一切功利目的,走向生活世界中的自由互动,最终实现自由研究。

第二节 研究建议：走向自由的校本教研主体互动

理想的校本教研不是主体失落、人被物化,而应是回归到教师的教研生活世界,回到教研主体之间民主而平等的交流和互动中来,最终实现教师主体的教研自由。这里的自由并非要从"反面"来理解他们的行为或思想受到阻挡或者束缚,而是倡导更为宽松的教研环境和去功利化的教研动机。促成教研主体跳出仅仅"共存"但不"共生"的教研生态,② 走向以互动为基本方式的自主、自觉、自由的教研。哈贝马斯认为人类走向"生活世界"的基本法则在于"交往理性"的重建,而交往理性重建的核心在于人的交往行为合理性权衡。对"校本教研是以学校教师为主体的互动过程"的概念重建正是基于交往理性的理念与逻辑。也正是据于此,本书认为走向自由的校本教研主体互动应在价值取向、场域立场、行为准则③和实践策略上作新的尝试。

一 价值取向：在寻觅自由中确立校本教研主体"互动理性"

案例研究表明,受工具理性思潮影响,校本教研实践中仍存在教研

---

① 冯建军:《主体间性与教育交往》,《高等教育研究》2001年第6期。
② 范蔚、谭天美:《校本教研生态失衡的根源探析》,《中国教育学刊》2015年第10期。
③ 谭天美、范蔚:《校本教研主体互动的缺失与回归》,《中国教育学刊》2017年第1期。

主体错位、教学和研究分离、合作流于形式等现实困境。显然，这不是校本教研所应有的生态。开展校本教研的首要目的在于解决教师在教育教学过程中遇到的实际问题。因此，应强调教师而非专家和管理者在校本教研中的主体地位。校本教研主张作为教研主体的教师与同伴、专家等相关人员之间展开互动交往，是在以教师为核心主体的前提下所主张的校本教研存在的基本形式——以教师这个活生生的人作为主体的交往与互动过程。通过互动促使校本教研主体存在于共享的背景之下和理性的交往之中。当然，凸显主体、强调互动，并不是重建校本教研概念的目的，其根本旨趣在于通过主体互动实现教师的教研自由。自由是人类智慧的根源，没有思想自由，就不可能有学术创新。具有研究性质且以学校教师作为研究主体的校本教研也不例外。"非强制、非压迫的自主、自由的主体间的沟通与理解，是构建具有理性结构的交往关系，进而使社会变成'理想的交往共同体'的前提。"[1] 因此，走向教研自由是校本教研主体互动的重要途径和基本价值取向。

然而，问题在于如何通过校本教研主体互动实现教研自由？根据哈贝马斯的交往行为理论，我们主张通过校本教研主体"互动理性"的达成来实现这一目标。主体"互动理性"即主体通过合乎理性的交流和互动为基本形式来提升校本教研实效。

首先，主体"互动理性"反对权力压制下的个体中心，尊重主体间性，强调作为校本教研主体的教师在同伴互动中产生智慧，在互动交往之中形成合乎理性的契约与惯习，寻求一条使每一个教师都自觉参与教研、且受益于教研的自由之路。如 X 小学鼓励教师自下而上建立教研共同体，形成教师主导的教研制度。这所学校的教研领导者从自己参与和管理校本教研的经历中认识到，在校本教研活动中教师参与教研的自发性和自主性至关重要，自下而上自发建立的教研共同体由对教育教学中某些问题具有共同兴趣的教师自发组成，有着"与生俱来"的共同的愿景。在这样的共同体中教师不再程式化于校本教研的"科学流程"之中，而是在自由、平等的语言交流与行为互动之中寻求话语共

---

[1] 汪怀君：《哈贝马斯论生活世界》，《前沿》2011年第5期。

识，充分解放教师个性、尊重话语的多元性。保证了共同体内每一位教师的主体性释放，主体之间在共同价值取向之下自觉地相互协作、共同成长。

其次，主体"互动理性"还强调每一个有语言和行为能力的教研主体在主动参与中，通过对话、论证、协商的形式达成认识的合理与一致。例如笔者长期跟踪观察的 X 小学教导主任 H 教师，就是在与他人积极交流和互动中一步步成长起来的。H 教师自主开展教学研究，通过进入优秀课堂听课，主动请教老教师教学实际问题，主动邀请老教师听自己的课等理性的互动行为来促进自己成长。在这些互动环节中，该教师以相互达成一致认识为目标，使用商量和请教的口吻与其他教师探讨交流，实现了以自身个体为单元的微校本教研。久而久之，在她发起的互动需求之下更多的教师参与进来，推动了学校教研工作的开展。H 教师就是从较为自由的教研立场出发，基于"互动理性"去实现自身作为教研主体的地位复归和主体间互动的。

二 场域立场：在生活世界中达成校本教研主体"互动空间"

哈贝马斯认为"交往行为的主体始终在生活世界的视野内达成共识"[1]。以主体互动为主要存在形式的校本教研的有效开展，同样需要一个适合主体间相互作用的生活空间或场域，这是作为主体的教师开展一切交互行为的前提，也是互动语言产生的基础。校本教研是为了解决学校中的具体问题，而每一个具体问题都来源于具体的学校情境，且每一个情境都会产生不同的语言和行为。据此逻辑，教研主体互动行为的发生，是具有特定情境性和空间性的。

那么，什么样的空间或者情境才是有效、合理、理想的互动空间呢？哈贝马斯指出，"鉴于世界的构成性，认识主体是科学认识的'参照系'，要追寻知识的意义，就必须对认识进行反思，把握主体在认识中的作用。而只有使认识回到生活世界，使认识对象包括全部生活世

---

[1] ［德］尤尔根·哈贝马斯：《交往行为理论》（第一卷），曹卫东译，上海人民出版社2004年版，第69页。

界，认识主体才能恢复其主体性，认识主体之间才有交流之可能，被实用主义遗失的认识意义和价值领域才得以恢复。"① 主体之间之所以能在交流中相互理解，就是因为他们都生活在同一个意蕴、境遇之中。诚然，校本教研主体互动也应基于生活世界，使教研活动中共在主体的互动行为不会因为脱离了其生活世界的境遇而衍生出虚假互动、被动应付等异形变体。回归生活世界的校本教研主体互动可以从以下几方面努力。

首先，互动的内容应贴近于教研主体的生活世界。教研主体之间的互动应立足学校实际，有针对性地围绕学校教师在教育教学的过程中真实面对的问题而展开，而不是由上级教育部门统一安排主题并自上而下逐层"落实"。X 小学 H 副校长在访谈中说道："影响教研主体互动的因素最主要的就是看所研讨的内容，只要不完全脱离我们的实践，我们都会有很多话说。如果是高深的理论，那我只能听了，有可能还会听不懂。"（I-A-HLS，2016/10/24）数学组的 G 老师也表示："如果讨论的主题正好也贴近我的工作范围或者我也遇到过类似的问题，我肯定会主动参与进去。不然还真的很难让我有发言的动力。如果活动又安排每个人必须交流讨论，那就只能随便说说，这样的话对自己和整个活动没有什么实际效果。"（I-T-GLX，2016/11/10）因此，贴近教师生活世界的共同的话语体系是教研主体之间实现积极互动、提升教研实效的前提。

其次，互动过程应打破过度行政主导的"传播—接受"的单向传输模式，而走向"对话—分享"的多元交互模式。在校本教研活动中，除了教师之外，还会有校外专家、教研员、学校领导、骨干教师等参与者。在这种互动结构之下意义协商的达成，要求各参与者摒弃自身作为共在的教研主体角色之外的一切外在身份，避免因外在身份的特殊性而过于主导了校本教研的运行方向，剥夺了教师自主、自由互动的空间。理想的主体互动空间是一个专业对话的学术交流空间，在这里任何身份的参与者仅仅作为一个教研主体，主体之间以日常教学实践行为和语言

---

① 郑召利：《哈贝马斯的交往行为理论——兼论与马克思学说的相互关联》，复旦大学出版社 2002 年版，第 35 页。

展开平等交流对话，不断激活批判性思考、获得专业性发展。如果教研主体共存于这种共同熟悉的背景或视野（生活世界）之下，那么教研主体之间在互动中实现意义协商的可能性才会大幅增加。主体之间的交流和互动也将更加合乎理性，才能实现校本教研"向学校回归、向教师回归、向教学实践回归"[①] 的目的。

三 行动准则：在商谈原则中规约校本教研主体"互动行为"

研究发现，功利取向的教研动力源和上行下效的机械教研行为使得当前校本教研不断走向点与点、线与线之间一一对应的僵化模式。并且这些行为都是在制度规定和利益的驱动下得以发生、进而催生过于功利化的教研行为。显然，校本教研作为以教师为主体的互动过程，教研主体之间的互动不能仅依赖制度，也不能仅以功利目的为动力，还需要校本教研的主体在互动过程中逐渐就沟通的规范形成共识和默契。这种教研契约是教研主体在共享的互动空间中日渐生发和自觉共同遵守的行为准则和规约。这些准则的正当性来自主体对它的理性认同。正如哈贝马斯所说："人与人之间的伦理关系的调整、共同规范的认可和维护是通过商谈来进行的。"[②] 这种"商谈原则"为校本教研主体的互动行为提供了一个恰当的行动准则诞生方法。哈贝马斯所谓的商谈实际上即是我们所谓的"配合默契"。例如教师在本校的教研行为"何时发生？如何发生？发生后如何？"都应由教师自由组织、商量并自然而然的实现，而不是依靠制度强制执行，也不是管理者统领行为，制度和管理只需要为这些行为的发生提供必要的空间和时间保障。商谈原则是实现教师校本教研实效提升的重要准则，具体而言包括这些尝试：

首先，创设理想的话语环境，为商谈提供可能的外部条件。在哈贝马斯看来，"理想的话语环境是人与人之间进行协商对话的初始条件，每一个进入话语论证的人都必须严格遵守这四个条件：一种话语的所有潜

[①] 余文森：《论以校为本的教学研究》，《教育研究》2003年第4期。
[②] 郑召利：《哈贝马斯的交往行为理论——兼论与马克思学说的相互关联》，复旦大学出版社2002年版，第7页。

在参与者均有同等参与话语论证的权利，任何人都可以随时发表任何意见或对任何意见表示反对，可以提出质疑或反驳质疑；所有话语参与者都有同等权利做出解释、主张、建议和论证，并对话语的有效性规范提出疑问，提供理由或表示反对，任何方式的论证或批评都不应遭到压制；话语活动的参与者必须有同等权利实施表达话语行为，即表达他们的好恶、情感和愿望；每一个话语参与者作为行为人（行动者）都必须有同等的权利实施调节性话语行为。"[1]可见，理想的话语环境是集民主、开放、包容、尊重于一体的。在这个公共空间中任何一个具有意志自由的教研主体的发言机会是平等的、自由的，可以在没有任何强制和约束的环境下就共同感兴趣的问题进行真诚的对话，在思维和观点的碰撞中相互理解、达成共识。例如 X 小学自发构建校级教研团队，构建网络教研生活空间等举措，都为教研主体创设了平等、轻松的交流互动环境。

其次，在不断的沟通中就协作规范达成共识，以保持合作的持续性。"行动规范不是意志自由的个人自我立法的结果，而是意志自由的人们共同商讨的结果"[2]，而"商讨过程必须是论辩性的，必须是排除内在和外在强制的"[3]。校本教研主体在教研活动中相互协作的基本规范应由所有参与者在民主协商中达成一致，建立在学校全体教师利益之上，避免功利化和科层制规则之下的个人利益谋求和"领导"——"下属"与"命令下达"——"任务执行"等单向线性传达的现象，从而使教研主体之间在民主的对话关系、自由的话语环境中开展利益一致的校本教研活动。

最后，遵循规范性商谈的有效性要求，使商谈双方的理解达成一致。哈贝马斯认为，在相互交流、相互理解的过程中，人们的话语必须满足三种（真诚性、真实性、正当性）有效性要求。因此，校本教研主体之间在就某一具体问题展开对话与交流时，每一个言说者应该以真

---

[1] 转引自任岳鹏《哈贝马斯：协商对话的法律》，黑龙江大学出版社 2009 年版，第 79 页。
[2] 王晓升：《商谈道德与商议民主——哈贝马斯政治伦理思想研究》，社会科学文献出版社 2009 年版，第 32 页。
[3] ［德］尤尔根·哈贝马斯：《在事实与规范之间》，童世骏译，生活·读书·新知三联书店 2003 年版，第 379 页。

诚的态度，真实、准确地表达自己的观点，才能使主体之间的言语交流达到相互理解，并最终在论辩性的商谈中对问题达成相互认同。正如研究者在参与 X 小学青年教师成长课赛课活动时，点评环节主持此次活动的科研管理者所说："每个在座的教师都有对这堂课进行点评的权力和机会，但时间有限，为了在最短的时间里将对任课教师最为有用的建议提出来，集思广益促进教师的发展。请老师们在发言前稍作准备，用简洁明确的语言表达出自己的核心观点。"这里所提到的"简洁明确"正是商谈语言有效性的具体体现。

四 实践策略：在新时代语境探寻校本教研主体"互动路径"

根据以上对走向自由的校本教研主体互动的价值取向、场域立场和行为准则的阐述，下面将试图进一步以新时代发展的两个重要背景"共生生态"和"互联网+"，来谈谈走向自由的校本教研主体互动的可能实践策略。

（一）共生型校本教研主体互动生态的创建

基于哈贝马斯生活世界图景的描述，结合共生的相关理论和实践建议，本书认为，在具体实践策略上，可以通过构建以教研主体为基本共生单元组成的共生型生态，来促成教研主体之间的互动、共生。[①]

1. 形成互依互惠的校本教研共生单元

校本教研共生体中存在复杂、多层的共生单元体系，明晰这些共生单元是构建共生型校本教研生态的基础。在整个校本教研生态系统中，每一位教师、每一所学校、校外专家、区域教研机构，甚至是作为客体的"教学"与"研究"都属于共生单元的范畴。例如，在学校场域中，校长、教研员、教师是共生单元；在教研小组中，教师 A 和教师 B、C……是共生单元；在某一主体（教师）层面，教学和教研（教学研究）也是共生单元。显然，无论从校本教研系统中哪一层次的共生单元来看，每一个共生层面的共生单元都离不开教师这一重要的执行主体，教师是构成上一级共生单元和连接下一级共生单元的基本单元，并

[①] 范蔚、谭天美：《校本教研生态失衡的根源探析》，《中国教育学刊》2015 年第 10 期。

与其他单元紧密相连。校本教研何以共生，其关键在于教师。因此，从思想和实践两个层面积极转变教师教研观念，提高教师教研自觉与教研能力是形成互依互惠的校本教研共生单元的有效策略。

首先，提高教师研究的主体意识，转变教研观念，从思想层面实现研究自觉。教师是构建共生型校本教研生态的基本单元，应明确自己是校本教研的研究主体，而不是校外专家和教研员的课题执行者。共生型校本教研应该是以学校教师为主体、其他单元协同推进的共生态。X 小学通过教师自下而上自主开展"成长课题"研究的方式提高了教师研究能力和研究自信，培育了教师们独立自主搞教研的意识。教师通过独立开展"成长课题"研究掌握基本的科研理论和科研方法，使自己从教育教学中发现问题、及时反思、总结规律，进而认识到自己是校本教研的受益者，而不仅仅是行动的付出者，最终达到校本教研的自主与自觉。

其次，提升教师在行动中反思的能力，成为校本教研的行动主体，从实践层面实现研究自觉。"教师对教学的自主决策、反思和研究能力，既不是与生俱来的，也不是从天上掉下来的，而是伴随具体的教学实践及教学研究活动而形成和发展的。"[1] 校本教研的问题来源于学校的教育教学实际，研究成果直接用于解决学校实际问题，故要求教师结合自身和学校实际，切实把自己的所思所想运用于解决教育教学中的实际问题，并通过行动来验证和完善教学实践。例如教师可以在具有校本教研经验的教师协助下开展有针对性的反思式研究，使其能在同伴互助行动中体验到校本教研的效用，在实践中获得对校本教研活动的价值体认。并依此模式展开更广泛的同伴交流互动，进而吸引更多的教师参与到共生型的校本教研之中。

2. 构建协调统一的校本教研共生关系

共生关系体现的是同一共生系统中各个共生单元相互之间某种共生程度的交互行为方式，"以共生单元的分工与合作为基础，从而实现效率较高的物质、信息和能量生产、传递与交换，在频繁的双边交流与广泛的多边交流机制中，使所有的共生单元通过提高生存和繁殖

---

[1] 郭华：《在新课程中生发的以校为本教研制度》，《人民教育》2003 年第 5 期。

能力而获得进化的对称性互惠共生模式,即成为效率最高、最具凝聚力和稳定性的共生形态。"[①] 显然,校本教研共生模式的形成与实践,就是要建立一套系统内部各要素之间有机结合、彼此依存、互惠互利的实施机制。

第一,各司其职,明确定位。校本教研是以校为本,在本校内进行,以解决教师自身的教学问题和学校存在的突出问题为目标的教研。教师和学校教研管理者作为校本教研的核心主体,必须树立研究的主体意识,明确自身在校本教研中的突出地位,清醒地意识到校本教研对学校特色建设、教学质量提升以及教师专业发展的作用。作为参与人员的专家或领导也要权衡自己在教研中的话语权限,调整引导方式,明确自己是校本教研的引导者和促进者而非主导者和替代者。

第二,构建教研共同体,形成校本教研合力。共生系统的整体性、协调性要求关注其系统内部各组成部分与整体间以及各组成部分之间的相互联系与相互依存关系。校本教研的有效运行不仅需要校本教研系统内各单元的积极参与,更强调单元之间形成共同的理念,在思想上、行为上构建协调统一的关系,形成强大的教研合力。例如学校各教研室之间可以积极开展宏观层面的交流活动(研究成果汇报会、校本教研成果展览会、校本教研成果主题讲座),建立校本教研档案管理室等。使各单元之间建立不同层面的交流与合作,使各个单元和单元之间以及每个单元和系统整体之间达成信息沟通、能量互换的共生关系。

第三,建立激励机制,提升教师教研"内驱力"。教师是课堂教学的主要参与者,处在校本教研运行链最基层的教师本应是校本教研的主力军,但由于教师对教研在促进教学和自身专业发展方面的功能认识不足,再加上学校方面的激励机制偏向教学成绩的评定,导致教师"只教不研",对校本教研存在抵触情绪和敷衍心理。校本教研被教师当成教学以外的附加任务,校本教研自下而上的升华缺少底层的温度,自然不会取得良好效果,更不可能实现校本教研预期的理想目标。要推动校本教研良性发展,实现校本教研本真目标,学校必须抓住教师这一内在

[①] 袁纯清:《共生理论——兼论小型经济》,经济科学出版社1998年版,第52页。

动因，合理调整学校的激励机制，加强对教师参与校本教研的激励，不断提升教师进行校本教研的内部动力。例如学校层面可以将校本教研成果（优秀教学、教学反思、教学日记、优秀教案等）列入绩效考核的指标体系之内；也可积极鼓励教师开展校内教研成果交流，并制定一定的团队性奖励措施等。这些措施对践行以学校作为研究的出发点，教师执行、校长负责，专家引领的"上下结合""双向互动"的校本教研共生关系具有积极意义。

3. 创设包容和谐的校本教研共生环境

共生环境主要指各个共生单元之间建立的关系（共生模式）赖以产生和发展的外部因素。"环境相对于某项中心事物，并且总是作为这项中心事物的对立面而存在，它因中心事物的不同而不同，随着中心事物的变化而变化，反过来也给予中心事物以巨大的作用或影响。"[①] 在以人类为中心的社会中，人与环境长期互动形成一种能够传承的意识形态，即对环境的非物质层面产生重要影响的文化。学校作为校本教研的环境支持系统，其中的各种文化对校本教研产生影响。因此，创设包容和谐的"共生型"校本教研文化需要关注校本教研文化与学校自身文化建设之间、教研文化与教学文化之间的相互关系。

首先，构建学校文化与教研文化融合的文化共生环境。新课改以来，学校物质环境建设已初见成效，为校本教研的开展提供了丰富的物质资源和多元的交流平台。但是，校本教研成功与否，根本上有赖于教研文化的创新和创造，即站在文化的高度，从教育价值取向和办学理念等精神层面树立具有普遍指导意义的校本教研文化理念。因此，校本教研需要浓厚的教研氛围，学校应结合自身文化建设和校本教研的需要，进一步创新和完善学校办学理念，在价值观上引领校本教研实践，为教师开展校本教研营造良好环境，搭建广阔平台。作为管理层的校长要认识到校本教研的重要性，积极营造"以研兴校"的学校文化。同时，教师的教研要围绕学校文化特质，开展有针对性的教学研究。例如具有百年办学历史的学校可以开展具有学校历史文化特色的校本课程开发研

---

① 吴富林：《教育生态管理》，天津教育出版社2006年版，第87页。

究；具有民族文化特色的学校可以开展别具一格的民族校本课程研究；此外还可根据学校的优势学科文化开展有针对性的校本教研等。只有真正做到学校文化源于教研文化，教研文化促进学校文化，才能实现两者共同融合发展的共生生态。

其次，构建"教"文化与"研"文化协同的文化共生环境。"教"与"研"紧密相连，休戚相关。教研文化共生，需要以系统的、生态的观点来建构协调共进的"共生型"校本教研文化生态系统。一方面教研要以教学实际问题为出发点；另一方面教研的成果要指向教学实际问题的解决和教学质量的提高。教研文化共生的应然状态是"教"和"研"的文化之间相互尊重、平等对话，在平等的交流与互动过程中吸收他者的有利成分，使两者的文化需求达到真正的满足，形成优势互补、协同发展的共生链，从而达到真正的文化共生。这就要求教师摒弃传统教学思维中顾此失彼的二元对立观念，改变教师"只教不研"、专业人员"只研不教"的既定状态。要认识到教是研的基础，研是教的升华。具体来说，教研需要教学作为研的起点和突破点，同时教研也是提高教学质量的手段。

(二)"互联网+"校本教研主体互动领域的开发

以主体互动为基本存在形式的校本教研能否促成教师专业发展、提高教育教学质量、提升学校办学品质，关键在于校本教研主体互动的实效性。"互联网+教研"作为一种新的教研形态，为校本教研主体互动开拓了新的渠道，为校本教研实效提升指出了新的实践路径。

1. 培养以信息素养为核心的教研主体网络互动能力

"互联网+教研"创造性融合愿景的真正落实，除了要求具备基本的互联网硬件设备，还对教研主体的信息素养提出了更高的要求。教研主体具备基本的信息素养是其利用互联网进行互动交流、开展合作教研的基础。"信息素养"是全球化、信息化时代背景下人们必备的一种基本生存能力。校本教研主体作为从事教育教学研究的专业人员，其所应具备的信息素养具有指向教研实践的特殊性。因此，培养基于教研主体互动的信息素养就是以教研活动为中心，从信息意识、信息技能、信息伦理等方面进行系统培训和修炼。具体而言，信息意识的培养主要从认知层面加强教研主体对信息在自我专业发展中的性质、地位和价值的认识，提升教研主体对信息的认可度和敏感度，能够在网上教研活动中准确定位自己所需要获取的信息源；信息技能主要指向教研主体的实践操作层面，在信息技能的培养上应偏重于对教研主体有效获取信息资源，适当加工、处理信息以及正确地创造信息的能力的培训；信息伦理主要指向教研主体的思想意识层面，是信息安全的基础，在教研主体信息素养的提升中应着重加强基本信息道德准则的学习，并将道德准则内化为教研主体从事网络教研的信息伦理道德观念。以信息意识、信息技能、信息伦理为核心内容的信息素养在培训方式上，应结合教研主体身份的特殊性，以自主学习和集体培训的形式使教研主体形成与先进的互联网基础设施配套的信息意识、技术、思想，为开展网上教研互动奠定基础。

2. 践行以交往理性为基础的教研主体网络互动原则

教育教学问题的复杂性、对象的多变性、情境的动态性等特征决定了教育教学问题的研究不可能全凭教师个体的自我反思来实现，而是需要与其他教研主体在互动中不断交流、总结和提升经验，不断完善问题解决方案。然而也并不是只要有交往与互动就能解决问题，而是只有在交往合理性原则之下的互动，才能确保互动行为的有效性。网络教研中的主体互动是对线下教研活动的补充和完善，借助网络虚拟空间展开的校本教研活动和现实中面对面的教研活动一样，必须在平等关系的基础上，通过相应制度规约，才能使教研主体之间的交往行为具有合理性。哈贝马斯认为"社会交往的核心在于建立人与人之间的和谐关系，主张人们以真诚的'对话'来解决矛盾、争端和冲突，以'对话'的方式来增强人际沟通，让人们通过'对话'达到'相互理解'，进而'达成共识，取得一致'"。[①] 教研主体是具有理性的话语主体，教研活动的有效性需借助以"交往理性"为基础的教研主体之间的互动得以实现。哈贝马斯的交往理性认为以可领会性、真实性、正当性、真诚性作为有效性要求的交往行为在本质上更具合理

[①] ［德］尤尔根·哈贝马斯：《交往行为理论》（第一卷），曹卫东译，上海人民出版社2004年版，第94—101页。

性。在互联网虚拟空间展开的教研主体互动,更加强调以可领会性、真实性、公正性、真诚性作为衡量教研主体互动行为的有效性原则,拒斥外在权力的控制或者在功利化的条件下发出形式化、虚假性的互动符号。因此,在网络互动中教研主体应坚持的原则是:必须做到使自己表达的观点能够被同伴准确理解;互动的内容必须围绕实践中真实存在的问题发表自己真实的想法;传递信息的方式必须正当得体;必须真诚可信地表达自己的观点。

3. 创设以学习型组织为载体的教研主体网络互动文化

"同伴互助,形成教师集体的合作文化,是校本研究的一项重要内容。"[①] 教研主体间的合作是校本教研的灵魂,互动和交流是达成合作的前提,因此,创设一种有助于主体间互动的文化尤为重要。彼德·圣吉在20世纪90年代初提出了一种汇聚新的组织文化的学习型组织,这是一个通过培养弥漫于整个组织的学习气氛,以充分发挥员工的创造性思维能力,而建立起来的具有人文性和可持续发展文化的组织。教研主体借助互联网展开的网上对话与交流相较于现实面对面的互动而言具有自发性、无组织性等特征,需要相应的文化力量使互动行为得以规范和持续。因此,以互联网为媒介的教研主体互动与合作的问题域转向如何创设有利于教研主体互动的网络文化,学习型组织蕴含着解决这一问题的思维路径。

首先,教研主体自我能力的超越。以教研主体为核心成员的学习型组织最重要的是要具备有创造性的教研主体,故要求教研主体在教研知识和信息化素养等方面不断完善自我、超越自我,并敢于突破在传统教研中"封闭、独立奋斗、静态思维、习惯性防卫"[②] 的心智模式,在行动中修炼自我与信息时代所匹配的创新、开放、合作、共享的心智模式。其次,教研主体合作文化的创设。校本教研是一项群体性的教研活动,涉及的人员多、面对的情境复杂多变。因此,要形成教研主体之间

---

① 余文森、洪明:《校本研究九大要点》,福建教育出版社2007年版,第17页。

② 邓涛:《关于促进教师合作发展的思考——兼谈学习型组织理论对教师教育的若干启示》,《中小学教育》2005年第10期。

的合作文化，必须具有洞悉自我与团队关系的系统思维，认识到自己与整个网络教研系统内各主体的深层联系；必须具有与团队保持一致的愿景并积极参与团队学习，在朝着共同奋斗目标前进的过程中形成团队精神与合作文化。总之，以学习型组织为载体营造弥漫于整个校本教研团队的网络互动文化，能够为校本教研主体利用互联网互助协作开展教研活动形成一股无形的凝聚力和推动力。

总之，校本教研主体应在交往与互动中，互相融合、相互协作、构建共同的价值和意义。互助协作是校本教研主体之间交往互动的一种理想状态，然而，冲突也是主体互动中不可避免的过程，这就需要双方学会调试自我，在消解矛盾冲突中达到最终的融合，建立共通的价值和意义。从这个意义上来说，校本教研主体互动的过程也是主体之间对立整合、求同存异、兼容并包的成长过程。反思、对话进而实现互动，最终走向自由，这是校本教研主体互动的过程愿景。其中，反思是教师校本教研主体走向互动的前提。"判断一个教师到底是一个教书匠，还是一个研究型的教师，最根本的标志在于他能否对自身的实践进行系统化的反思，通过反思找出教育教学中存在的问题，进而寻觅出解决问题的对策。"[1] 马克斯·范梅南也认为："理论反思使人具有责任感，通过反思，自己看问题就有了新的视角和新的理解。"[2] 对话是校本教研主体得以互动的条件。社会建构主义认为，"对话性沟通超越了单纯意义的传递，具有重新建构新意义、生成新意义的功能。来自他人的信息为自己所吸收，自己的既有知识被他人的视点唤起了，这样就可能产生新的思想。在同他人的对话中，正是出现了同自己完全不同的见解，才会促成新的意义的创造。"[3] 也正如保罗·弗莱雷所言："没有了对话，就没有交流；没有了交流，也就没有真正的教育。"[4] 反思和对话都是为了

---

[1] 郑金洲：《校本研究指导》，教育科学出版社2002年版，第44页。
[2] [加] 马克斯·范梅南：《教育机智——教育智慧的意蕴》，李树英译，教育科学出版社2001年版，第1—81页。
[3] 钟启泉：《社会建构主义：在对话与合作中学习》，《上海教育》2001年第7期。
[4] [巴西] 保罗·弗莱雷：《被压迫者教育学》，顾建新等译，华东师范大学出版社2001年版，第41页。

促进互动的有效开展。舒伯特强调交往互动在教育研究中的重要性，"我们也希望教师学问更加成为教育探究的一个合理的方式，促成教师、学者与有关方面合作地解释实践，没有严肃的对话、会话和共享，这是不可能的"。[1] 总而言之，校本教研主体之间通过"自我反思、同伴互助、专业引领"实现多元互动，是重建和发展他们教育教学知识的有效途径。

---

[1] Schubert, W. H., *Teacher Lore. A Basis for Education*, New York：Teacher College Press, 1991, p. 223.

参考文献

一 中文文献

（一）著作类

鲍传友：《做研究型教师》，教育科学出版社2009年版。

曹卫东：《曹卫东讲哈贝马斯》，北京大学出版社2005年版。

陈霞：《教师专业发展的实效性研究》，北京大学出版社2012年版。

陈向明：《教师如何作质的研究》，教育科学出版社2001年版。

陈向明：《质的研究方法与社会科学研究》，教育科学出版社2000年版。

陈永明等：《教师教育研究》，华东师范大学出版社2003年版。

丛立新：《沉默的权威：中国基础教育教研组织》，北京师范大学出版社2011年版。

崔岚、黄丽萍：《如何当好教研组长》，华东师范大学出版社2011年版。

丁小平：《中小学校本研究》，湖南人民出版社2005年版。

傅道春：《教师成长与发展》，教育科学出版社2001年版。

高秉江：《胡塞尔与西方主体主义哲学》，武汉大学出版社2000年版。

顾明远：《教育大辞典》（增订合编本），上海教育出版社1998年版。

顾明远总主编：《教育大辞典》（第6卷），上海教育出版社1990年版。

顾燕萍、李政涛：《课程文化转型中教研共同体建设的校本研究》，同济大学出版社2011年版。

郭东崎：《校本研修的实施与推进》，陕西师范大学出版社2006年版。

郭元祥：《生活与教育——回归生活世界的基础教育论纲》，华中师范大学出版社2002年版。

郭湛：《主体性哲学》，云南人民出版社2002年版。

国家教育发展研究中心：《发达国家教育改革的动向和趋势》（第一集），人民教育出版社1990年版。

胡庆芳、陈向青等：《校本教研制度创新》，教育科学出版社2007年版。

胡庆芳、汤立宏等：《校本教研实践创新》，教育科学出版社2007年版。

黄书光：《中国基础教育改革的历史反思与前瞻》，天津教育出版社2006年版。

教育部教师工作司：《小学教师专业标准解读》，北京师范大学出版社2013年版。

教育部教师工作司：《中学教师专业标准解读》，北京师范大学出版社2013年版。

教育部师范教育司：《教师专业化的理论与实践》，人民教育出版社2010年版。

柯孔标：《校本教研实践模式研究》，浙江大学出版社2008年版。

雷树福：《教研活动概论》，北京大学出版社2009年版。

黎奇：《校本教研基地建设模式》，首都师范大学出版社2010年版。

黎奇：《新课程背景下的校本教学研究》，首都师范大学出版社2006年版。

李丹：《人际互动与社会行为发展》，浙江教育出版社2008年版。

李森：《有效对话教学》，福建教育出版社2012年版。

刘宝剑：《教研员的视角与思考》，浙江大学出版社2007年版。

刘翠鸿：《校本教研教育叙事研究》，首都师范大学出版社2005年版。

刘晶波：《社会学视野下的师幼互动行为研究》，南京师范大学出版社2006年版。

刘尧：《中学教研组建设论纲》，西北大学出版社2001年版。

柳夕浪：《教师研究的意蕴》，教育科学出版社2007年版。

卢乃桂、操太圣：《中国教师的专业发展与变迁》，教育科学出版社2007年版。

罗炜：《校本教研教师行动研究案例》，首都师范大学出版社2010年版。

蒙培元：《中国哲学主体思维》，人民出版社2005年版。

倪梁康：《面对事实本身——现象学经典文选》，东方出版社2000年版。

倪梅、陈建华：《参与式规划与学校发展》，北京大学出版社2010年版。

聂劲松、邹飞雁：《中国百年教研制度审视》，湖南师范大学出版社2009年版。

宁虹：《教师成为研究者：国际运动理论路径实践》，首都师范大学出版社2002年版。

秦国龙：《教研论》，辽宁大学出版社2005年版。

全国教育科学规划办公室：《教育科研大家谈》，教育科学出版社2007年版。

全国教育科学规划领导小组办公室：《中国教育科学规划回顾与展望——从"六五"到"十五"》，教育科学出版社2006年版。

任平：《走向交往实践的唯物主义》，人民出版社2003年版。

荣静娴：《微格教学与微格教研》，华东师范大学出版社2012年版。

上海市杨浦区教师进修学院：《同创共享——上海市杨浦区初中教研联合体》，高等教育出版社2012年版。

沈凌：《校本教研新视野》，国家行政学院出版社2013年版。

时伟：《当代教师继续教育论》，安徽教育出版社2004年版。

孙凤山：《有效校本教研运行机制构建研究》，水利水电出版社2013年版。

陶秀伟：《教研工作的理论与实践》，人民出版社2011年版。

汪行福：《通向话语民主之路：与哈贝马斯对话》，四川人民出版社2002年版。

王福强:《用心做研:一线教师最需要的教研策略》,吉林出版社 2010 年版。

王洁、顾泠沅:《行动教育——教师在职学习的范式革新》,华东师范大学出版社 2007 年版。

王晓升:《商谈道德与商议民主》,社会科学文献出版社 2009 年版。

王永和:《教研组建设简论》,华东师范大学出版社 2008 年版。

吴刚平:《校本课程开发》,四川教育出版社 2002 年版。

奚从清:《角色论——个人与社会的互动》,浙江大学出版社 2010 年版。

熊川武:《反思性教学》,华东师范大学出版社 1999 年版。

徐丽华:《"诊疗式"主题教研的理论与实践》,浙江大学出版社 2013 年版。

雅斯贝尔斯:《什么是教育》,邹进译,生活·读书·新知三联书店 1991 年版。

杨向谊:《互动·共享·创新——学校教研组建设的新探索》,上海教育出版社 2009 年版。

叶敬忠、刘燕丽、王伊欢:《参与式发展规划》,社会科学文献出版社 2005 年版。

于泽元:《课程变革中的学校课程领导》,人民出版社 2014 年版。

余文森:《探索以校为本的教学研究》,华东师范大学出版社 2005 年版。

余文森、洪明:《校本研究九大要点》,福建教育出版社 2007 年版。

张伟春:《论区域教研:提高教学质量的理论、技术与实践》,广东人民出版社 2007 年版。

张行涛、李玉平:《走进校本教》,开明出版社 2003 年版。

张扬,张建中等:《有规矩 成方圆——区域推进以校为本教研制度建设》,华东师范大学出版社 2010 年版。

章国锋:《关于一个公正世界的"乌托邦"构想——解读哈贝马斯〈交往行为理论〉》,山东人民出版社 2001 年版。

赵才欣:《有效教研——基础教育教研工作导论》,上海教育出版社

2008年版。

郑金洲：《校本研究指导》，教育科学出版社2002年版。

中国大百科全书总编辑委员会：《中国大百科全书·教育》，中国大百科全书出版社1985年版。

中国教育年鉴编辑部：《中国教育年鉴（1949—1984）》，中国大百科全书出版社1984年版。

周小山，严先元：《教研的学问》，四川大学出版社2010年版。

邹尚智：《校本教研指导》，首都师范大学出版社2010年版。

［德］菲迪南·滕尼斯：《共同体与社会》，林荣远译，商务印书馆1999年版。

［德］马丁·布伯：《我与你》，陈维钢译，生活·读书·新知三联书店1986年版。

［德］尤尔根·哈贝马斯：《公共领域的结构转型》，曹卫东等译，学林出版社1999年版。

［德］尤尔根·哈贝马斯：《后形而上学思想》，曹卫东等译，译林出版社2012年版。

［德］尤尔根·哈贝马斯：《交往行为理论：行为和理性与社会合理化》，曹卫东译，上海人民出版社2004年版。

［德］尤尔根·哈贝马斯：《交往与社会进化》，张博树译，重庆出版社1989年版。

［德］尤尔根·哈贝马斯：《在事实与规范之间：关于法律和民主法治国的商谈理论》，童世骏译，生活·读书·新知三联书店2003年版。

［俄］伊·阿·季姆娜娅：《教育心理学》（第2版），杜岩岩译，教育科学出版社2008年版。

［美］L.舒尔曼：《实践智慧：论教学、学习和学会教学》，王艳玲等译，华东师范大学出版社2013年版。

［美］彼得·圣吉：《第五项修炼》，张成林译，中信出版社2009年版。

［美］凯西·卡麦兹：《建构扎根理论：质性研究实践指南》，边国英译，陈向明校，重庆大学出版社2009年版。

［美］兰德尔·柯林斯：《互动仪式链》，林聚任等译，商务印书馆

2012年版。

［美］马汀·奇达夫、［美］蔡文彬：《社会网络与组织》，王凤彬、朱超威等译，中国人民大学出版社2006年版。

［美］欧文·戈夫曼：《日常生活中的自我呈现》，冯钢译，北京大学出版社2014年版。

［美］唐纳德·舍恩：《反映的实践者：专业工作者如何在行动中思考》，夏林清译，教育科学出版社2007年版。

［日］尾关周二：《共生的理想》，卞崇道、刘荣、周秀静译，中央编译局出版社1996年版。

［日］佐藤学：《静悄悄的革命》，李季湄译，长春出版社2003年版。

［日］佐藤学：《学习的革命——从教室出发的改革》，黄郁伦等译，天下杂志2012年版。

［日］佐藤学：《学习的快乐——走向对话》，钟启泉译，教育科学出版社2004年版。

［日］佐藤学：《学校的挑战：创建学习共同体》，钟启泉译，华东师范大学出版社2010年版。

［英］密尔：《论自由》，许宝骙译，商务印书馆1959年版（2015.12重印）。

（二）学位论文类

董美荣：《校本教研研究范式探析》，硕士学位论文，南京师范大学，2012年。

关桂芹：《通向解放的乌托邦之路——哈贝马斯交往思想研究》，博士学位论文，吉林大学，2009年。

韩红：《交往的合理化与现代性的重建》，博士学位论文，黑龙江大学，2004年。

胡方：《文化理性与教师发展：校本教研中的教师文化自觉》，博士学位论文，西南大学，2013年。

黄迪皋：《从外推走向内生——新中国中小学教研制度研究》，博士学位论文，湖南师范大学，2011年。

江怀霞：《中小学教研组长领导力现状分析》，硕士学位论文，上海师范大学，2013年。

蒋美凤：《学研型教研团队塑造个案研究》，硕士学位论文，广西师范大学，2012年。

金美福：《教师自主发展论》，博士学位论文，东北师范大学，2003年。

李洪修：《学校课程实施的组织社会学分析》，博士学位论文，东北师范大学，2010年。

李小波：《论教师的教育研究》，博士学位论文，华东师范大学，2006年。

李岩：《"同课异构"教研活动探究》，硕士学位论文，河南大学，2012年。

李志厚：《教师校本学习研究》，博士学位论文，西北师范大学，2005年。

刘芳：《"和合型"教研团队构建研究》，硕士学位论文，华东师范大学，2010年。

刘伟龙：《基于专业学习共同体的教研员专业发展研究》，硕士学位论文，西南大学，2013年。

刘中起：《理性主义的范式转换及其当代价值》，博士学位论文，华东理工大学，2011年。

陆玉胜：《商谈、法律和社会公正》，博士学位论文，复旦大学，2012年。

吕敏霞：《中美校本教研比较研究》，博士学位论文，华东师范大学，2008年。

马梅铃：《教研机构教研员绩效考核体系的科学构建》，硕士学位论文，福建师范大学，2012年。

马玉宾：《新课程背景下教师合作文化的重建》，博士学位论文，东北师范大学，2007年。

邱慧：《科学知识社会学中的科学合理性问题》，博士学位论文，浙江大学，2004年。

施祥胜：《教研互动与教师专业成长研究》，硕士学位论文，南京师范大学，2004年。

孙赫：《小学校本教研有效性研究》，硕士学位论文，西南大学，2013年。

覃丽君：《德国教师教育研究》，博士学位论文，西南大学，2014年。

田娜娜：《基于教师合作文化理论的网络教研平台研究》，硕士学位论文，山东师范大学，2012 年。

王栋：《网络环境下的校本教研实施策略与平台设计研究》，硕士学位论文，东北师范大学，2013 年。

王江涛：《哈贝马斯公共领域思想研究》，博士学位论文，华东师范大学，2009 年。

王锐：《小学校本教研现状的调查研究》，硕士学位论文，辽宁师范大学，2012 年。

王雪茹：《学校转型变革背景下教研组长角色研究》，硕士学位论文，华东师范大学，2012 年。

夏彩云：《小学校本教研保障体系存在的问题与对策研究》，硕士学位论文，重庆师范大学，2013 年。

夏巍：《劳动与交往》，博士学位论文，复旦大学，2008 年。

谢颖：《日本教员研修中心研究》，硕士学位论文，上海师范大学，2011 年。

徐闻：《哈贝马斯的商谈民主论研究》，博士学位论文，山东大学，2011 年。

杨礼银：《哈贝马斯的话语民主理论研究——以公共领域为视点》，博士学位论文，北京师范大学，2006 年。

于林龙：《回归生活世界交往范式的意义理论》，博士学位论文，吉林大学，2010 年。

张群：《校本教研活动促进教师专业发展的个案研究》，硕士学位论文，华中师范大学，2012 年。

张霞：《网络教研的深度互动研究》，硕士学位论文，南京师范大学，2013 年。

张向东：《理性生活方式的重建——哈贝马斯政治哲学研究》，博士学位论文，复旦大学，2004 年。

钟芸芳：《网络教研制度实施的实践研究——基于上海市 Q 区初等职校的实践探索》，硕士学位论文，华东师范大学，2010 年。

（三）期刊类

白昊：《校本教研与教师专业发展的关系探析》，《教育探索》2008年第1期。

北京景山学校教育改革研究所：《组织中小学教师进行教育科研的研究报告》，《教育科学研究》1996年第3期。

蔡守龙：《校本教研：从理解到行动》，《上海教育科研》2004年第2期。

陈必聆：《综合实践活动实施中的问题与对策》，《上海教育科研》2007年第3期。

陈大伟：《教师期待教研革新》，《人民教育》2014年第1期。

陈芳、王蔷：《教师主体性校本教研的多维动态模式——基于对个案的研究》，《教育理论与实践》2015年第4期。

陈桂生：《略论中小学教师的"教研"与"科研"》，《基础教育课程》2007年第10期。

陈华忠：《校长在校本教研中的作用》，《陕西教育（教学）》2005年第8期。

陈军令、杨志现：《聚焦教研 集慧网络——网络环境下的校本教研》，《中国电化教育》2008年第1期。

陈平：《校本研究制度为本——谈以校为本教学研究制度的建设》，《中国教育学刊》2003年第9期。

陈雨亭：《内向型校本教研》，《教育发展研究》2014年第Z2期。

程晋宽：《比较教育视野下着眼于学校改进的中小学校本教研》，《外国中小学教育》2010年第8期。

丛立新：《中国基础教育三级教研组织研究》，《教育科学研究》2011年第9期。

崔天裕：《农村中小学校本教研现状的调查研究》，《教育理论与实践》2007年第4期。

崔天裕：《新课程背景下的教研工作》，《教育理论与实践》2010年第6期。

崔允漷：《论教研室的定位与教研员的专业发展》，《上海教育科研》

2009 年第 8 期。

崔允漷、郑东辉：《论指向专业发展的教师合作》，《教育研究》2008 年第 6 期。

董绍才：《知识管理视域下基础教育教研室的课程领导》，《教学与管理》2009 年第 9 期。

董守生、魏薇：《校本教研制度建立的意义与价值探析》，《中国教育学刊》2005 年第 7 期。

杜卫国、张振国：《繁荣教育科学事业加强教育科研工作》，《山东教育科研》1999 年第 1 期。

范佳午、杨明全：《校本教研：校本课程开发的有效途径》，《教育科学研究》2015 年第 7 期。

范蔚、郭寿良：《川、渝、云、贵中小学校本课程开发现状的调查报告》，《西南大学学报》（社会科学版）2008 年第 1 期。

范蔚、谭天美：《校本教研生态失衡的根源探析》，《中国教育学刊》2015 年第 10 期。

高翔：《从规约走向文化的自觉——探寻校本教研变革的行为路径》，《教育理论与实践》2010 年第 26 期。

高翔、杨远萍：《组织方式、管理内容和评价跟进：校本教研有效实践的结构要素——从一所高中学校校本教研自主变革的案例说起》，《中小学教师培训》2013 年第 12 期。

龚国胜：《中小学校本教研活动开展的现状与思考》，《上海教育科研》2006 年第 4 期。

顾泠沅：《专业引领与教学反思》，《上海教育科研》2002 年第 6 期。

顾泠沅、王洁：《校本教研：从制度建设到聚焦课堂》，《人民教育》2007 年第 19 期。

郭华：《评教学"回归生活世界"》，《教育学报》2005 年第 1 期。

郭华：《在新课程中生发的以校为本的教研制度》，《人民教育》2003 年第 5 期。

韩江萍：《校本教研制度：现状与趋势》，《教育研究》2007 年第 7 期。

韩江萍：《校本教研制度的回顾与展望》，《教育实践与研究》（中学版）2006 年第 8 期。

何光辉、黎杰：《国外中小学校教育科研改革举措》，《外国中小学教育》1998 年第 6 期。

洪亮：《大数据时代校本教研转型策略及路径》，《中国教育学刊》2015 年第 7 期。

胡惠闵：《在传统的学校教研基础上发展校本教研》，《全球教育展望》2008 年第 2 期。

胡庆芳：《我国校本教研理论研究的多维度检视》，《中小学教师培训》2005 年第 8 期。

胡庆芳：《我国校本教研理论与实践研究的综述》，《中小学教师培训》2005 年第 4 期。

胡小勇：《信息化环境中区域教研协作的社会网络分析》，《电化教育研究》2011 年第 7 期。

黄甫全：《新中国课程研究的回顾与展望》，《教育研究》1999 年第 12 期。

黄堂红：《教研信息化的内涵、意义及发展对策探讨》，《电化教育研究》2009 年第 3 期。

姜丽华：《校本教研：内涵、特征及其价值》，《教育科学》2004 年第 6 期。

姜正国：《教育理论与实践的品质》，《大学教育科学》2011 年第 2 期。

蒋士会、陈庆文：《论校本课程开发与学校特色的创建》，《基础教育研究》2004 年第 12 期。

金春兰：《校本教研文化研究》，《教育研究》2007 年第 4 期。

金美福：《教育科研能力养成与教育学课程改革》，《锦州师范学院学报》（哲学社会科学版）1996 年第 4 期。

靳玉乐：《校本课程的实施：经验、问题与对策》，《教育研究》2001 年第 9 期。

柯言：《校本教研：意义、问题与对策》，《课程·教材·教法》2005 年第 6 期。

孔凡哲、李利璋：《中小学校本教研与校本培训的具体内容》，《中小学教师培训》2005 年第 12 期。

孔凡哲、张胜利：《中小学教研模式创新的思路与实践》，《中国教育学刊》2010 年第 11 期。

李保强：《校本教研制度建设研究回顾与前瞻》，《教育理论与实践》2007 年第 9 期。

李敏：《校本教研现状之分析》，《教育理论与实践》2005 年第 5 期。

李明汉：《教师校本科研与教育叙事研究》，《中国教育学刊》2003 年第 12 期。

李莎：《当前中小学教育科研存在的问题及对策》，《中小学教学研究》2004 年第 4 期。

李树国、常荣：《改进集体备课操作方式引领校本教研深入开展——关于集体备课的尝试及思考》，《中小学教师培训》2007 年第 5 期。

李政涛：《教育研究的叙事伦理》，《教育研究》2006 年第 10 期。

李政涛：《实践哲学场域内的教育学派之构建——重审"理论与实践关系"的初步构架》，《教育学术月刊》2014 年第 6 期。

李子建、丁道勇：《课例研究及其对我国校本教研的启发》，《全球教育展望》2009 年第 4 期。

林静：《李积雄：聚焦课堂 创新机制 以有效校本教研推进全县教研工作——青海省湟中县教研工作专题访谈》，《中国教师》2013 年第 15 期。

林静：《梁威：中国特色教研制度尚需不断创新》，《中国教师》2013 年第 13 期。

林静：《田慧生：全国教研要凝聚合力，更专业地服务于教师、学生和学校》，《中国教师》2013 年第 13 期。

林美、刘莉：《校本教研对教师专业发展的影响研究——基于北京市 S 小学的个案调查》，《教育学术月刊》2016 年第 8 期。

刘畅：《创新校本教研机制 实现教师自主发展》，《中国教育学刊》2008 年第 6 期。

刘方：《校本教研的理念及特征简析》，《教育理论与实践》2004 年第 2 期。

刘良华：《"问题"还是"方法"？——走出校本教研的"方法中心"》，

《教育发展研究》2004年第9期。

刘良华：《行动研究、叙事研究与校本教研》，《教育科学论坛》2005年第1期。

刘凌波、杨全印：《"做中学"：关于新型教师校本教研能力开发方式的探讨》，《教育科学》2007年第4期。

刘义兵：《教师专业能力训练的体系构建与教学探索》，《教育研究》2013年第8期。

刘永东、游小蓉：《"科组三人行"区域教研模式的构建和实施》，《教育导刊》2011年第12期。

刘裕权、林伟：《国内外中小学教研组活动有效性文献综述》，《四川教育党报学报》2010年第10期。

刘云：《教研在新课改中的地位和作用》，《课程教材教学研究（中教研究）》2005年第Z1期。

卢立涛、沈茜、梁威：《我国近三十年教研员研究的元分析》，《教育学术月刊》2014年第2期。

吕晓娟、颜晓程：《代际差异影响下的校本教研文化省思》，《中国教育学刊》2016年第9期。

吕型伟：《我们究竟在探求什么？——建国后基础教育的回顾》，《教育发展研究》2004年第3期。

罗生全：《中小学教师有效教学行为调查研究》，《教育研究》2014年第4期。

罗伟、崔燕：《听评课是教研活动的重要载体》，《教育教学论坛》2011年第10期。

罗燕：《架起区级教研与校本教研之间的桥梁》，《天津教育》2011年第3期。

孟宪乐：《农村"立体化校本教研"与教师专业发展》，《课程·教材·教法》2006年第4期。

聂劲松：《中国教研制度的形态演进》，《湖南科技大学学报》（社会科学版）2010年第1期。

潘光文、李森：《论课程实施转向条件下的新型教学研究制度：校本教研》,《教学与管理》2006 年第 6 期。

彭钢:《校本研究:基本规范与价值取向》,《教育研究》2004 年第 7 期。

乔雪峰、卢乃桂、黎万红:《从教师合作看我国校本教研及其对学习共同体发展的启示》,《教师教育研究》2013 年第 6 期。

秦磊:《论以专业服务理念完善教研组织架构》,《教育研究》2013 年第 4 期。

渠东剑:《从集体备课视角看校本教研》,《中国教育学刊》2009 年第 4 期。

沈伟:《教研员作为边界工作者:意涵与能力建构》,《教育发展研究》2013 年第 10 期。

施秋奕:《校本教研:为教师发展助力提速——基于浙江省长兴县校本教研情况的调研》,《教育理论与实践》2011 年第 17 期。

宋萑:《论中国教研员作为专业领导者的新角色理论建构》,《教师教育研究》2012 年第 1 期。

孙来勤、秦玉友:《校本教研与西部农村教师专业发展的契合及促进》,《教育理论与实践》2012 年第 2 期。

孙立春、张茂聪、张彩霞:《基础教育教研工作的若干思考》,《中国教育学刊》1999 年第 2 期。

谭天美、范蔚:《校本教研主体互动的缺失与回归》,《中国教育学刊》2017 年第 1 期。

谭永清:《走进校本教研新天地—新课改背景下校本教研的内涵、意义及其行动研究》,《现代中小学教育》2007 年第 9 期。

陶西平:《拓展学校教育的空间》,《基础教育参考》2006 年第 3 期。

童世骏:《没有"主体间性"就没有"规则"——论哈贝马斯的规则观》,《复旦学报》(社会科学版) 2002 年第 5 期。

王鉴:《论教育与生活世界的关系》,《华中师范大学学报》(人文社会科学版) 2006 年第 3 期。

王鉴、李泽林:《如何让教师在合作学习活动中掌握合作学习方法》,《课程·教材·教法》2012 年第 6 期。

王鉴、宋生涛:《课堂研究价值定位:以理论创新推动实践变革》,《教育研究》2013年第11期。

王枬:《创新型教师培养与教师教育创新》,《国家教育行政学院学报》2012年第9期。

王枬、王彦:《大学与中小学伙伴协作共同体的构建》,《教师教育学报》2014年第1期。

王少非:《校本教师教育的国际经验及其对我们的启示》,《全球教育展望》2001年第7期。

王跃辉、吕萍:《区域教研如何引领教师开展理论学习——以"高中数学教学目标的陈述"为例》,《人民教育》2013年第20期。

王占魁:《从"个体教学"到"集体教研"——论当代教师的现场学习力》,《教育发展研究》2013年第4期。

王中男:《校本教研存在的问题分析与路径选择》,《教育理论与实践》2014年第2期。

温国良:《校本教研促进教师专业成长》,《中国教育学刊》2009年第7期。

闻国强:《支撑每个教师学习和发展的校本教研——区域推进校本教研制度建设的行动案例》,《全球教育展望》2005年第12期。

吴刚平:《建立以校为本教学研究制度的基本思路》,《教育发展研究》2003年第10期。

吴刚平:《校本教学研究的意义和理念》,《人民教育》2003年第5期。

吴刚平、余闻婧:《论基于教师改变的校本教研》,《河北师范大学学报》(教育科学版)2011年第2期。

吴敏敏:《一体化办学中跨校研修的校本教研策略》,《上海教育科研》2015年第11期。

吴岳军:《论主体间性视角下的师生关系及其教师角色》,《教师教育研究》2010年第2期。

吴紫彦:《创办现代化教育科研机构的若干思考》,《教育研究》1996年第7期。

奚梅萍、吴晓君:《校本教研:由"骨干霸权"走向"集体对话"——

由两则校本教研案例说起》,《教育科学研究》2005 年第 2 期。

肖川、胡乐乐:《论校本教研与教师专业成长》,《教师教育研究》2007 年第 1 期。

谢泽源、吴昊文:《机制创新:校本教研的根本出路——江西省赣州市整体推进区域性校本教研均衡发展的策略与行动》,《中小学教师培训》2009 年第 2 期。

辛继湘:《校本教研:教师自主如何成为可能》,《江西教育科研》2004 年第 5 期。

辛旸:《教育科研与教学研究的关系》,《教育科学研究》1992 年第 4 期。

熊得雅、李坤平:《浅论教研文化的构建》,《教学与管理》2005 年第 6 期。

徐君:《校本教研:农村教师专业发展的"治本之策"》,《课程·教材·教法》2006 年第 3 期。

余保华:《校本教研与教师专业发展》,《教育探索》2004 年第 8 期。

余清臣:《交互主体性与教育:一种反思的视角》,《教育研究》2006 年第 8 期。

余文森:《论以校为本的教学研究》,《教育研究》2003 年第 4 期。

余文森:《校本教学研究的实践形式》,《教育研究》2005 年第 12 期。

余文森:《专业人员如何促进校本教研》,《人民教育》2003 年第 5 期。

余文森:《自我反思、同伴互助、专业引领(一)——以校为本的教学研究的三个基本要素》,《黑龙江教育》2003 年第 28 期。

臧俐:《日本的教师教育改革——试析近年来日本提高教师素养的政策》,《当代教师教育》2008 年第 2 期。

曾新:《论主体性教育中的主体间性》,《华中师范大学学报》(人文社会科学版)2001 年第 5 期。

张宝贵、翟艳:《校本教研的学校文化视阈》,《教育发展研究》2008 年第 12 期。

张传燧:《教育的主体与主体性教育散论》,《教师教育研究》2004 年第 3 期。

张伟平:《中小学校本教研:如何走出误区?》,《教育发展研究》2006年第12期。

张伟平、赵凌:《当前中小学校本教研的问题与对策》,《教育研究》2007年第6期。

张行涛:《问题解决与研究者成长——校本教研实践策略研讨会综述》,《教育理论与实践》2005年第1期。

张学忠、李森:《校本教研:特点、内容与方式》,《当代教育科学》2003年第15期。

赵传江:《国外中小学教育科研工作及其对我们的启示》,《中国教育学刊》2002年第2期。

赵学漱:《教育科研成果鉴定初探》,《教育研究》1995年第6期。

郑金洲:《走向"校本"》,《教育理论与实践》2000年第6期。

郑召利:《程序主义的民主模式与商谈伦理的基本原则》,《天津社会科学》2006年第6期。

钟和军:《网络校本教研的实践模式与推进策略》,《中国电化教育》2004年第9期。

周卫:《区域推进校本教研制度建设——"以校为本教研制度建设研讨会"综述》,《教育发展研究》2004年第2期。

周卫:《应对课程改革校本教研的新取向》,《上海教育科研》2005年第10期。

朱德江:《引领校本教研向纵深发展——"校本教研"背景下区域性教研工作的实践与思考》,《中小学教师培训》2005年第2期。

朱宁波、齐冰:《基于教师专业发展的校本教研专业引领的实施策略》,《教育科学》2008年第6期。

朱宁波、张萍:《教师同伴互助的校本教研模式探析》,《教育科学》2007年第6期。

朱宁波、张萍:《校本教研中的教师同伴互助》,《教育科学》2005年第5期。

庄严、郭向军:《走向有深度的校本教研——基于录像片段的体验欣赏式校本教研新尝试》,《教育科学研究》2016年第7期。

（四）报刊类

陈杰：《普惠教研智慧服务》，《中国教师报》2013 年 12 月 11 日。

陈越：《五平台让校本培训进入"参与式"》，《中国教师报》2017 年 1 月 25 日。

高影：《创新成就新教研》，《中国教师报》2013 年 4 月 10 日。

刘良华：《我们为什么要做校本教研》，《中国教师报》2004 年 1 月 7 日。

尚文宇：《校本教研"本"在哪里？》，《中国教育报》2005 年 2 月 22 日。

孙玉红：《教研：如何发挥作用》，《中国教育报》2014 年 3 月 26 日。

田慧生：《由传统教研转向现代教研》，《中国教育报》2014 年 3 月 5 日。

王湛：《教研：新使命和新任务》，《中国教育报》2014 年 3 月 5 日。

吴占军、刘亮亮、欧阳信强：《让教研对接战场》，《光明日报》2014 年 4 月 2 日。

杨碧君：《校本教研研究什么》，《中国教育报》2012 年 7 月 19 日。

赵小雅：《教研制度：理直气壮的中国特色》，《中国教育报》2014 年 3 月 5 日。

二 外文文献

（一）专著类

Dewey J., *How to Think: A Restatement of the Relation of Reflective Thinking to the Educative Process*, Boston: D. C. Heath, 1933.

Edge J. and Richards K., *Teachers Develop Teachers Research: Papers on Classroom Research and Teacher Development*, Oxford: Heinemann International, 1993.

Forsdale L., *Perspectives on Communication*, New York: Newbery Award Records, Inc. 1981.

Goble N. M. and Porter J. F., *The Changing Role of the Teacher*, Paris:

UNESCO, 1977.

J. McKernan, *Curriculum Action Research: A Handbook of Methods and Resources for the Reflective Practitioner* (2nd. Ed.), Kogan Page Limited, 1996.

Joseph Murphy, *Connecting Teacher Leadership and School Improvement*, Corwin Press, 2005.

Jurgen Habermas, *The Theory of Communicative Action* (Volume 1), Translated by Thomas McCathy, Beacon Press, 1984.

L. Stenhouse, *An Introduction to Curriculum Research and Development*, London: Heinemenn Educational Books, 1975.

L. Stenhouse, *The teacher as researcher: Controversies in Classroom Research* (2nd ed.) *Martyn Hannersley* (ed.), Buckingham: Open University Press, 1993.

Latour B., *Reassembling the Social: An Introduction to Actor-Network-Theory*, New York: Oxford University Press, 2005.

Martyn Hammersley and *on the Teacher as Researcher*, Educational Action Research, 1993.

Mclntyre D. and Black-Hawkins K., *Reflections on School-university Research Partnerships Cational Research*, New York: Routledge, 2006.

Sparks, Dennis Arlene O'Connor & Judy Sharkey, *Teacher-researcher Collaboration in TESOL: Defining the Process of Teacher-researcher Collaboration Hirsh. stephanie. A new vision for staff Development*, Association for Sunervision & Currieulum Deve, 1997.

（二）期刊类

Arlene O'Connor and Judy Sharkey, "Teacher-researcher Collaboration in TESOL: Defining the Process of Teacher-researcher Collaboration", *TESOL Quarterly*, No. 2, 2004.

Carol M. Santa. and John L Santa, "Teacher as Researcher", *Journal of Behavior*, No. 3, 1995.

Carr, W. and Kemmis, S. , "Becoming Critical: Education, Knowledge and Action Research", *Canadian Journal of Education*, No. 13, 1986.

Elody Rathgen, "In the Voice of Teachers: The Promise and Challenge of Participating in Classroom-based Research for Teachers' Professional Learning", *Teaching and Teacher Education*, No. 5, 2006.

Gary M. Crow, Diana G. Pounder, "Interdisciplinary Teacher Teams: Context, Design and Process", *Educational Administration Quarterly*, No. 2, 2000.

Joyce B. and Showers B. , "The Coaching of Teaching", *Educational Leadership*, No. 1, 1982.

Leeman Y. and Wardekker W. , "Teacher research and the aims of education", *Teachers and teaching*, No. 1, 2014.

Martyn Hammersley, "On the Teacher as Researcher", *Educational Action Research*, No. 3, 2006.

Robert E. Glenn, "What Teachers Need to Be", *Education Digest*, No. 9, 2001.

Santa C. M. and Santa J. L. , "Teacher as Researcher", *Journal of Reading Behavier*, No. 3, 1995.

Schwab J. , "The Practical: A Language for Curriculum", *School Review*, No. 1, 1969.

Wilson and Suzanne M. , "Finding a Canon and Core: Meditations on the Preparation of Teacher Educator-researchers", *Journal of Teacher Education*, No. 3, 2006.

附　录

附录一　访谈维度与访谈提纲

访谈对象	访谈资料获取维度
案例学校教师	维度一：案例学校校本教研主体互动的文化背景 维度二：案例学校校本教研主体互动的实现过程 维度三：影响校本教研主体互动的因素 维度四：促进校本教研主体互动的建议
案例学校教研管理者	
参与案例学校教研活动的部分校外专家	

案例学校教师访谈提纲

您好！首先，非常感谢您能抽出宝贵的时间与我交谈，这给我的研究提供了很大的帮助。校本教研对于提升学校办学品质、促进师生共同成长具有重要意义。而作为校本教研主体的教师开展教研的主动性和主体之间的互动合作是充分发挥校本教研功能、提高校本教研实效的关键。因此，本书试图通过对贵校在校本教研活动中教研主体之间的互动情况进行深入了解，探究校本教研主体互动的成功经验，分析存在的问题和影响互动的因素，以期为中小学开展校本教研提供有益启示。在此，我想具体就这一研究主题向您请教几个问题，答案无所谓对错、优劣，只要是您的真实想法就好。因为这些信息对我的研究很重要，所以我将对谈话进行录音，以便我在日后的研究中整理相关材料，希望得到您的允许。

（一）个人基本情况

1. 教龄、到 X 小学任教时间　　2. 所教学科、年级　　3. 其他

(二) 访谈主要问题

维度一：学校基本情况及学校校本教研开展情况

1. 学校开展了哪些校本教研活动？您认为开展这些教研活动对您和其他教师的工作、学生的学习、学校的发展有什么影响（可以说积极影响，也可以说消极的影响）？

2. 学校对教师开展校本教研提供了哪些方面的支持？学校为促进教师之间交流和合作提供了哪些制度、政策或者平台？

3. 学校常规教研活动的主题是如何制定的（学校制定学期教研计划时统一制定，还是根据教师们在日常教学中的实际需要制定的）？

4. 学校领导对学校教师开展教研的态度是怎样的（可举具体的事件或例子说明）？学校领导能够积极为教师们提供参与校外教研活动的机会吗？您认为学校领导在校本教研中起到什么作用？您希望学校和领导为教师们在教研方面提供哪些帮助和支持？

5. 请谈谈您对学校领导与普通教师之间上下级关系，还有教师和教师之间的同事关系的感受？您认为目前学校的这种人际关系对于您在教研过程中与他人互动合作有什么影响？

维度二：校本教研主体互动的过程

1. 在学校开展的校本教研活动中，您主要参与了哪些方面的工作？您是出于什么动机或者目的参加这些工作的（学校规定、领导的指派还是出于自身工作的需要）？

2. 您在学校或校外参加过哪些形式的教研活动？您所参加的集体教研活动通常以什么样的形式或流程展开？除了活动的主讲教师、教研员、专家之外，您和其他的一线教师在活动中发言的机会多吗？当您在活动中对讨论中的问题有自己不同的看法时是否会主动发表自己的观点？专家或主讲教师会耐心倾听和回应吗？

3. 在日常教学工作中，当您遇到难以解决的问题时主要是自己去探究解决方法还是与他人（同事、领导或专家）讨论交流、商讨解决的方案呢？

4. 除了学校组织的集体听课活动外，您和同事之间会主动互相听课、互相讨论教学问题吗？

5. 您和同事之间在日常工作中，通常以什么样的形式或渠道进行互动和交流呢？交流沟通主要围绕哪些内容展开？与其他老师在互动和交流中您最大的收获是什么？

6. 在您的校本教研经历中，有机会与专家就您自己的疑问进行交流与沟通吗？您认为校外专家在参与您们学校组织的校本教研活动的过程中起到什么作用？对学校或对学校的教师带来什么影响？您可以举具体案例说明。

7. 您和其他教师主要通过哪些方式来提高自己的专业能力和理论素养呢？

维度三：校本教研主体互动的影响因素

1. 您认为在校本教研活动中和其他参与者之间互动存在哪些困难？

2. 您认为影响您与其他校本教研参与者之间互动的因素主要有哪些？

维度四：对校本教研主体互动的建议

1. 您对改善校本教研主体之间的互动过程、提高校本教研主体之间的互动效果有什么建议？

案例学校教研管理者访谈提纲

您好！首先，非常感谢您能抽出宝贵的时间与我交谈，这给我的研究提供了很大的帮助。校本教研对于提升学校办学品质、促进师生共同成长具有重要意义。而作为校本教研主体的教师开展教研的主动性和主体之间的互动合作是充分发挥校本教研功能、提高校本教研实效的关键。因此，本书试图通过对贵校在校本教研活动中教研主体之间的互动情况进行深入了解，探究校本教研主体互动的成功经验，分析存在的问题和影响互动的因素，以期为中小学开展校本教研提供有益启示。在此，我想具体就这一研究主题向您请教几个问题，答案无所谓对错、优劣，只要是您的真实想法就好。因为这些信息对我的研究很重要，所以我将对谈话进行录音，以便我在日后的研究中整理相关材料，希望得到您的允许。

（一）个人基本情况

1. 教龄、到 X 小学任教的时间　　2. 所教学科、年级

3. 担任什么教研管理职务　　　　4. 其他

（二）主要访谈问题

维度一：学校基本情况及学校校本教研开展情况

1. 学校的教研组织机构设置是怎样的？近年来有没有进行改革？您主要负责管理哪些教研工作？学校在实际操作层面是否严格按照这份制度上的组织结构进行，如果不是，那么学校实际执行的教研领导组织是怎样的？原因是什么？

2. 学校有哪些专门针对教学和研究而制定的制度？这些制度是怎样制定的？

3. 学校有哪些常规的定期开展的教研活动？有哪些临时的教研活动呢？（可追问老师所说的某些活动中的互动情况）

4. 您觉得学校在教研管理和领导这一块有哪些做得较好的方面吗？举例说明。

维度二：X 小学校本教研主体互动的现实情况

1. 根据您的了解，老师们参加校本教研的主动性和积极性怎样？您组内的教师能够自觉地进行自我反思吗？教师们在日常工作中遇到问题能主动跟您沟通和讨论吗？教师之间能够主动就一些教育教学工作上的问题进行交流吗？

2. 学校层面为支持校本教研主体之间（教师和教师、教师和学校管理者、教师和专家、教师和学生、教师和家长等）的互动交流做了哪些工作、提供了什么平台？

3. 您认为目前学校形成了一些教研共同体吗？有的话，共同体是如何逐渐形成的呢？没有的话，您认为是什么原因导致的？

4. 哪些教研活动会邀请校外专家来学校指导？在有专家或教研员参与的教研活动中，主要是以什么样的形式进行？普通教师在这一类活动中能够有机会直接和专家沟通交流吗？除了这种公开的集体活动之外，教师们有没有其他的平台和渠道可以获得专家的指导？专家在校本教研活动中起到什么作用？

维度三：影响校本教研主体互动的因素

1. 根据您个人在校本教研管理工作中的经验，您认为影响您管理或组织领导其他教研主体开展教研活动的因素主要有哪些？
2. 您认为影响教师同伴之间相互沟通的因素主要有哪些？
3. 您认为影响教师和校外专家交流的因素有哪些？

维度四：对提高校本教研主体互动效果的建议

1. 您认为应该从哪些方面来促进校本教研主体之间互动、提高教研主体之间合作开展教研的实际效果？

校外专家访谈提纲

您好！首先，非常感谢您能抽出宝贵的时间与我交谈，这给我的研究提供了很大的帮助。校本教研对于提升学校办学品质、促进师生共同成长具有重要意义。而作为校本教研主体的教师开展教研的主动性和主体之间的互动合作是充分发挥校本教研功能、提高校本教研实效的关键。因此，本书试图通过对您所参加的校本教研活动中教研主体之间的互动情况进行深入了解，探究校本教研主体互动的成功经验，分析存在的问题和影响互动的因素，以期为中小学开展校本教研提供有益启示。在此，我想具体就这一研究主题向您请教几个问题，答案无所谓对错、优劣，只要是您的真实想法就好。

（一）个人基本情况

1. 所在工作单位、岗位　2. 参与 X 小学校本教研活动次数、频率
3. 其他

（二）主要访谈问题

维度一：学校基本情况及学校校本教研开展情况

1. 您对 X 小学近十年的发展情况有所了解吗？
2. 根据您所参加的 X 小学的校本教研活动，您觉得 X 小学开展校本教研的氛围如何？可举例说明。
3. 就您的了解，您认为 X 小学的 Y 校长在校本教研领导方面，有哪些做得好的方面，或者有哪些需要改进的方面？

维度二：X 小学校本教研主体互动的现实情况

1. 根据您的了解，X 小学的老师们参加校本教研的主动性和积极性怎样？（在您所参与的教研活动中教师能够认真倾听、自觉反思、积极发言吗？教师能就活动中涉及的问题主动与您进行沟通交流吗？）

2. 您所参与的 X 小学的校本教研活动，主要是以什么样的形式进行？（在活动中参与的教师是否有机会与您直接交流？除了这种集体教研活动之外，教师们有没有其他的平台和渠道可以获得您的指导？）

3. 您认为自己的参与给 X 小学的校本教研活动有哪些积极作用？

维度三：影响校本教研主体互动的因素

1. 根据您参与 X 小学校本教研活动的体验，您认为影响您对校本教研活动实施专业引领的因素主要有哪些？可举实际案例说明。

维度四：对提高校本教研主体互动效果的建议

1. 您认为应该从哪些方面来促进校本教研主体之间互动，提高教研主体之间合作开展教研的实际效果？（主要从专家和教师之间的互动来谈）

附录二　观察维度与观察记录表

观察对象	观察内容
学校整体教研环境	1. 学校软、硬件环境　2. 学校教研组织制度 3. 学校人际关系氛围
集体教研活动	1. 参与人员　　　　　2. 活动主题、类型、形式 3. 参与者的行为表现
办公室日常工作场景	1. 参与人员身份　　　2. 参与人员之间互动关系 3. 参与人员互动行为表现

集体教研中教研主体互动行为的时序记录

第一部分 基本信息

观察者：　　　　　　　　观察时间：

观察地点：　　　　　　　活动类型：

观察对象：

第二部分 记录内容

时间	教研环节	教研主体行为描述			观察者感受
		校外专家	教研管理者	学校教师	

办公室日常工作场景中教研主体互动行为观察提纲

第一部分 基本信息

观察者：　　　　　　　观察时间：

观察地点：　　　　　　活动类型：

观察对象：

第二部分 观察内容

教研主体	教研主体互动行为	影响教研主体互动行为的因素	观察者感受

后　　记

　　本书是在我的博士论文基础上修改而成。在修改书稿的过程中，读博期间标准的"三点一线"式生活再次浮现在脑海，非常怀念那纯粹于学习与研究的三年时光。再度回首读博那三年，仍然觉得那是"多么漫长而又多么短暂，多么难熬而又多么珍贵，多么艰辛而又多么美好"的时光，终生难忘。

　　感谢我的博士生导师范蔚教授。她在我心目中不仅是一位学识渊博的女博导，还是一位兰心蕙性的女学者。从师至今，与恩师之间从陌生到熟悉，再到相互理解，回首在恩师指导下学习的时光，一切尽是美好与幸福。我一直都觉得老师和我之间存在着冥冥之中的师生缘，还记得2014年2月21日，我到西南大学参加博士入学考试报名的现场确认，非常幸运地我在田家炳大楼的电梯里偶遇到了我报考的导师范老师，那是我和老师的第一次见面，但竟是那么的亲切和熟悉。老师的一句"祝你心想事成"是我那一个月里拼命复习的巨大动力。入学后，在老师的悉心、智慧的指导下，我从一个汇报要照着稿子念的"胆怯者"，逐渐转变成在沙龙上能提出一两个有价值的问题的主动"思考者"。每一次我将自己写的粗浅的论文发给老师指导，老师总在第一时间给我反馈建议。作为女性的老师深深理解我们女博士读博的艰辛，在学术上总是尽量给我们营造最为开放、宽松的学习"环境"，但又会不失时机地给我们循循善诱的引导。记得一次茶余饭后的闲聊中老师曾说："你们读博士本身就很'痛苦'，如果我再给你们一个自己不感兴趣的题目，那岂不是更痛苦。"虽说我的博士论文选题并不是老师给的"命题"，但却和老师平时在门内沙龙、课堂及办公室对话中的引导有着密切的关系，是与老师交往中生发的灵感启发着我慢慢找到自己感兴趣的研究领域，并一步步聚焦到现在所研究的核心问题。在论文研究和写作的过程中，我一次次带着困惑敲开老师办公室的门，与老师讨论、交流，又一次次揣着豁然开朗的心情离开。记忆之门一打开心犹如决堤的河坝，与老师相处的点点滴滴尽现眼帘，但对老师的感谢之情言不明道不尽，只能常怀于心头。

读博的幸福感还来源于西南大学教育学部睿智、风趣、博学的老师们，靳玉乐老师、朱德全老师、徐学福老师、李森老师、于泽元老师、兰英老师、吴晓蓉老师、赵伶俐老师等深入浅出、内蕴深刻的课堂上，或谈学术，或谈读书，或谈为人处世……都能让我生发出更强烈的求学激情与自我提升的欲望。毕业论文中的许多想法都来自于课堂上老师们对我的启发。一开始选定"校本教研"这一领域的时候，我心中充满犹豫和疑虑，这是一个比较老的话题，但在于泽元老师的课堂上，当我说明自己的想法和疑虑之后，得到了于老师的肯定和指导，于老师的"指点"使得我坚定了自己的想法也更加拓展了自己视野。敬爱的刘义兵老师、罗生全老师、吴晓蓉老师、夏海鹰老师在开题中给我提出了宝贵的意见，让我跳出来清晰地看到了自己某些不合理的观点，也帮助我坚定了我应该坚持的研究方向，在这里对他们的悉心指导表达我真诚的感谢。尊敬的徐学福老师、李森老师、吴晓蓉老师、兰英老师、张家军老师、张辉蓉老师在毕业论文预答辩会上又给我提出了许多宝贵的建议，对我论文后续的完善和优化起到了重要作用。正是因为有了老师们一路上的"保驾护航"，我的研究历程才得以这么顺利。

我所扎根的 X 小学使我的研究从设想成为现实，感谢 X 小学的 Y 校长、H 副校长、教导主任 H 老师及所有参与我调研的 X 小学的老师和校外专家们的支持和帮助，是你们的热情使我的论文变得更加生动而真实。感谢我的同学、闺蜜莫巧梅，是你的倾诉使我进一步了解教育实践中的的确确存在的问题，找到了理论和实践的结合点。

感谢我的硕士导师广西师范大学的杨丽萍教授。2010 年 9 月，有幸成为杨门弟子，7 年来，老师亦师亦友，学术上对我严格要求，生活上给予我无尽的关爱，在我心中您早已是我的亲人。感谢玉林师范学院的陈庆文老师，当我还是一个对教育一知半解的本科生时，是您的鼓励和引导让我坚定地走上了教育学研究之路。感谢在我博士论文写作期间以及本书出版过程中给予帮助和支持的同学、朋友们。感谢中国社会科学出版社的赵丽女士为本书出版付出的辛劳。

家人是我最坚强的后盾。感谢爸爸妈妈给了我生命，又给我营造了一个和睦、温暖、幸福的大家庭。从小到大作为一名教师的爸爸并没有对我施以非常严格的管教，而是在日常生活中以自己正直、真诚、善良、低调、认真、严谨的言行熏陶感染着我。这正如爸爸赐予我"天美"这一名字时所寄予的期望——"天地有大美而不言，四时有明法而不议，万物有成理而不说。圣人者，原天地之美而达万物之理，是故至人无为，大圣不作，观于天地之谓也。"爸爸的教育理念也是我得以完成自我、获得心灵自由的根本。

我的爱人、同学、同事欧阳修俊先生，我们相识、相知、相爱十余载，在相互鼓励、相互扶持中互相成就。俊美天成、携手前进。

还记得在一次座谈会上，李子健老师曾说，写论文就是与自己所选的研究主题谈恋爱，你要结合自己的研究兴趣从初步确定研究主题，到慢慢地爱上它，这样你才会想深入地去认识它、细细地去体会它。我想，我与"校本教研主体互动"这一研究主题已经"相爱"，并且会继续深入。

谭天美
2017 年 5 月 7 日于西南大学田家炳楼 409 室
2020 年 1 月 2 日修订于广西师范大学田家炳楼 509 室